和秋叶一起学

秒懂短视频剪辑

全彩印刷

剪映+AI实例精讲

秋叶 和煦 编著

人民邮电出版社
北京

图书在版编目（CIP）数据

秒懂短视频剪辑 ： 剪映+AI 实例精讲 ： 全彩印刷 / 秋叶，和煦编著. -- 北京 ： 人民邮电出版社，2025.

ISBN 978-7-115-67768-6

Ⅰ. TP317.53

中国国家版本馆 CIP 数据核字第 20257ED756 号

内 容 提 要

本书聚焦短视频剪辑的各类方法与技巧，助力读者快速入门，制作出自己的作品，实现从新手到高手的蜕变。

全书精心编排 6 个章节，内容涵盖了解剪辑、基础剪辑、AI 智能创作、美化视频、创意视频和综合案例等方面。本书包含了关于短视频剪辑的 70 多种常见方法和技巧，每种技巧都配有清晰的使用场景说明、详细的图文操作说明、配套练习，以及动画演示，全面而直观地展现剪映的强大短视频剪辑能力。

本书紧贴初学者的认知曲线，内容由浅入深，语言表述通俗易懂，适合对短视频创作和后期剪辑有兴趣的初学者阅读。

◆ 编　　著　秋　叶　和　煦
　责任编辑　王旭丹
　责任印制　王　郁　胡　南

◆ 人民邮电出版社出版发行　　北京市丰台区成寿寺路 11 号
　邮编　100164　　电子邮件　315@ptpress.com.cn
　网址　https://www.ptpress.com.cn
　临西县阅读时光印刷有限公司印刷

◆ 开本：880×1230　1/32
　印张：6.75　　　　　　2025 年 9 月第 1 版
　字数：187 千字　　　　2025 年 9 月河北第 1 次印刷

定价：49.80 元

读者服务热线：(010)81055410　印装质量热线：(010)81055316

反盗版热线：(010)81055315

前 言

这是一本适合利用碎片化时间学习的职场技能类图书。

目前市面上很多职场技能类图书的内容大多偏向大全型，不太适合职场新人“碎片化”阅读。因为，对于急需提高职场技能的职场新人而言，他们并没有太多完整的时间去阅读、思考、记笔记。他们更需要的是一本能够随用随查、快速解决问题的字典型技能类图书。

为了满足职场新人的办公需求，我们精心策划并编写了本书，针对职场新人关心的痛点问题一一解答。我们希望读者无须投入过多的时间去思考、理解，翻开书就可以快速找到所需信息，及时解决工作中遇到的问题，真正实现“秒懂”。

此外，我们在介绍传统知识的基础上，在第 3 章对剪映中的 AI 功能进行了集中讲解。这些 AI 功能可以通过智能分析关键词、智能识别视频内容等方法，迅速完成部分剪辑工作，显著提高剪辑效率。不过，鉴于剪映自身更新较为频繁，不同版本之间在部分功能名称和内置素材方面存在一定差异，建议大家依据自己所使用的版本灵活变通学习。

本书有着开本小、内容新、效果好的特点，紧紧围绕让工作变得轻松高效这一编写宗旨，根据职场新人的“刚需”来设计内容。它不仅提供了针对性的解决方案，还全面涵盖了剪映的核心功能与实用技巧，确保读者在解决问题的同时，能够深入理解背后的原理与方法，做到“知其然亦知其所以然”。

因此，本书在撰写时遵循以下两个原则。

（1）内容实用。为了保证内容的实用性，书中所列的技巧大多来源于真实的场景，汇集了职场新人最为关心的问题。同时，为了进一步提升本书的实用价值，我们还借鉴了抖音、快手平台上的一些热点技巧，并择要收录。

（2）查阅方便。为了方便读者查阅，我们将收录的技巧分类整理，使读者在看到标题的一瞬间就知道对应的知识点可以解决什么问题。

我们希望本书能够满足读者的“碎片化”学习需求，帮助读者及时解决工作中遇到的问题。

做一套图书就是打磨一套好的产品。希望“秋叶”系列图书能得到读者发自内心的喜爱及口碑推荐。

我们会在未来的创作中精益求精，与读者一起进步。

编著者

2025年3月

目录

秒懂短视频剪辑：剪映+AI实例精讲（全彩印刷）

第 1 章 了解剪辑：初步掌握剪辑要点

随着社交媒体和移动互联网的普及，短视频已成为人们日常娱乐和信息消费的重要形式。想要成为一名出色的短视频剪辑高手，首先要了解剪辑的基础知识，其次要明确素材的查找方向，最后要熟练掌握常用的剪辑手法，为后续的短视频制作打下坚实基础。

1.1 基础知识：掌握这4点，初步了解剪辑

本节通过介绍剪辑的基础知识、素材的查找与压缩以及常用的剪辑手法，使读者对短视频剪辑有一个宏观的认识，从而更高效、便利地进行后续的短视频制作。

01 剪辑的目的：为什么要对视频素材进行剪辑？

剪辑是制作高质量短视频不可或缺的一环。短视频往往要求短小精悍，因此需要从大量原始素材中精选最有价值的部分，去掉冗余或无关的内容。即使是没有明确剧情的视频，也能通过对其使用合理的剪辑手法，帮助创作者构建清晰的故事框架和叙事流程，有序地引导观众理解和感受创作者想要传达的信息。

除此之外，剪辑还包括声音和调色层面的处理。适时的配乐、旁白、音效等音频元素，以及色彩校正、特效应用等视觉修饰，都能极大地丰富短视频的表现形式，增强其感染力。最终形成一部具有连贯性、逻辑性和表现力的作品，以便更好地推广和传播。

02 剪辑的核心概念：如何掌握镜头语言和剪辑节奏？

短视频剪辑中的镜头语言是通过精心选择和编排不同类型的镜头，来表达情感、推进故事、突出主题的一种艺术手段。在短视频制作中，镜头语言尤为重要，因为它能在有限的时间内迅速抓住观众的注意力，有效传达信息。

而剪辑节奏是短视频制作的核心要素之一。在剪辑过程中，要合理安排镜头的切换速度、特效的运用等，使视频整体节奏紧凑、富有

张力。同时，也要根据不同的内容选择相应的剪辑风格，如快节奏剪辑适合表现紧张、刺激的场景，慢节奏剪辑则适合表现温馨、浪漫的场景。

03 剪辑的学习方法：剪辑的基本逻辑是什么？

很多新手在学习短视频剪辑的过程中，经常会因为只学习了软件的操作方法，并没有捋顺剪辑的基本逻辑，而在实际应用中无从下手。但实际上，只要按照一定的步骤，很快就能上手。以下是一份以剪映 App 为例，针对新手编写的短视频剪辑学习指南。

1 了解剪辑软件的界面。

启动剪映 App 后，即可进入首页界面。首页界面底部主要由“剪辑”“剪同款”“消息”“我的”4 个板块组成，点击对应的功能按钮可以切换至对应的功能界面。

在首页界面中点击“开始创作”按钮并导入素材后，即可进入剪辑界面。剪辑界面包括 4 个部分，分别是顶部工具栏、素材预览区域、时间轴区域和底部工具栏。

2 掌握素材拼接的方法。

在导入视频素材后，即可使用“分割”工具将素材中不需要的部分切割并删除，调整片段的顺序，从而形成流畅的故事线。虽然确定哪些部分需要保留、哪些部分需要删除看起来是非常基础的操作，但这一过程非常考验剪辑技巧和经验，需要创作者在长期的实际操作中不断总结，才能做出准确判断。

另外，在剪映 App 的“我的 > 创作课堂”中，也有针对新手的基础剪辑教程，可帮助创作者快速上手。

3 掌握常见的叙事结构。

一个好的短视频，需要在叙事结构上注重紧凑性和完整性。良好的叙事结构能够吸引观众的注意力，有效传达核心信息或情感。

在剪映 App 的“我的 > 创作课堂”中，有着丰富的叙事结构讲解视频供用户学习。用户可以通过拉片的方式进行学习，并将所学内容在后续练习时运用到自己的视频中。需要注意的是，这些叙事结构并非孤立存在，而是需要根据视频的具体类型和内容进行灵活组合使用。

拉片是指反复观看视频作品，逐帧分析，记录并总结每个镜头的内容、运镜方式、景别、剪辑、声音、画面节奏等元素。其目的是通

过深入研究视频作品的视听语言，提高专业技能和艺术修养。

4 掌握视频调色的方法。

根据短视频的风格对视频素材进行调色，可以快速营造出不同的氛围。

想要熟练掌握调色技巧，首先需要了解色彩的基础知识，明确影响色调的主要参数，如亮度、对比度、饱和度、高光、阴影等。

在剪映 App 中，除了可以通过调节参数为视频调色以外，还可以使用软件内置的丰富滤镜为画面快速调色。

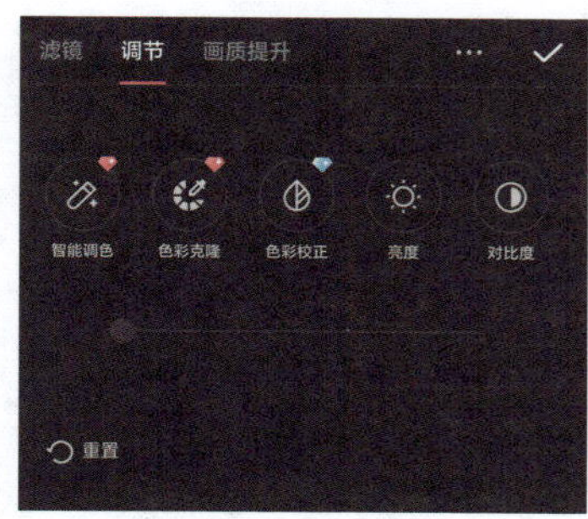

5 掌握转场与特效的使用。

转场是指短视频中不同镜头、场景之间的转换和过渡，其作用是使整个影片流畅自然，减少突兀感。在剪映 App 中，内置了多类转场，如叠化、幻灯片、运镜等。除此之外，还可以通过其他功能的结合制作出更具创意的转场效果。

特效同样是剪映内置的特色功能之一。剪映 App 提供了多类特效，如氛围、动感、边框等，能够极大增强视频的表现力和吸引力。

04 剪辑的流程：如何高效地完成视频剪辑？

在短视频剪辑中遵循一套系统的流程，不仅可以提升工作效率，保证视频质量，还可以避免后期遇到素材混乱、找不到所需镜头等问题。下面我们继续结合剪映 App 这款软件来进行讲解。

1 获取素材。

巧妇难为无米之炊，进行短视频剪辑的第一步就是获取素材。创作者可以根据自身实际情况，使用手机、相机等设备拍摄视频素材。

2 整理素材。

在视频素材拍摄完成后，需要对素材进行初步筛选和整理，删除效果不佳的素材，并根据结构对素材进行分类和排序。

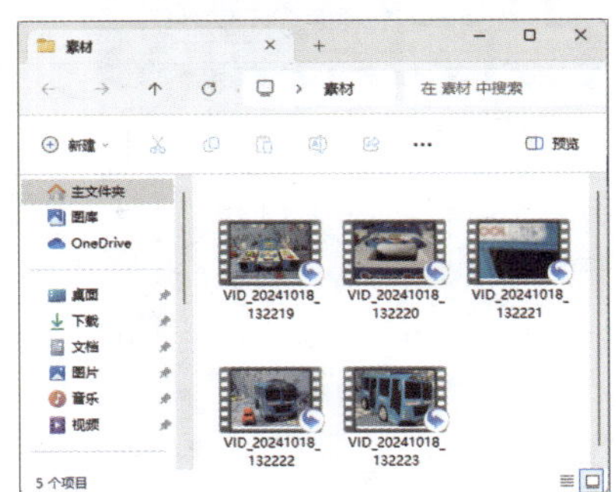

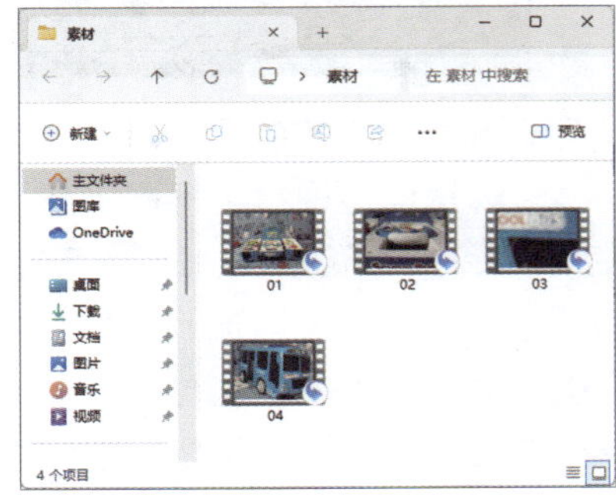

3 导入素材。

在剪映 App 的首页界面，点击“开始创作”按钮，进入“照片视频”导入界面，选择需要的素材，点击“添加”按钮，即可将素材导入剪辑界面。

4 基础剪辑。

在这一步可以对导入的视频素材进行分割、删除、合并、变速等基本操作，按叙事结构对素材进行排列，使拼接后的视频段落更连贯，形成基本框架。

5 精细编辑。

视频素材剪辑完成后，为提升视频的观赏性，可以进一步对素材进行比例调整、背景设置等操作，还可以添加转场、特效、贴纸、动画、蒙版等多种精细处理。

6 添加音频。

在视频画面不再变动的前提下，可以去掉视频中的杂音，添加背景音乐、音效或解说旁白，同时需要确保音频与视频内容协调，从而提升短视频的专业度。

如果需要制作踩点类型的短视频，则应当在导入素材之后添加音频，再根据音频的节奏剪辑视频素材。

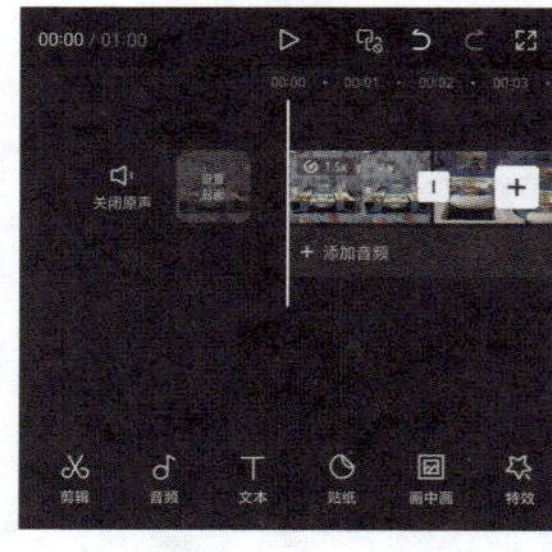

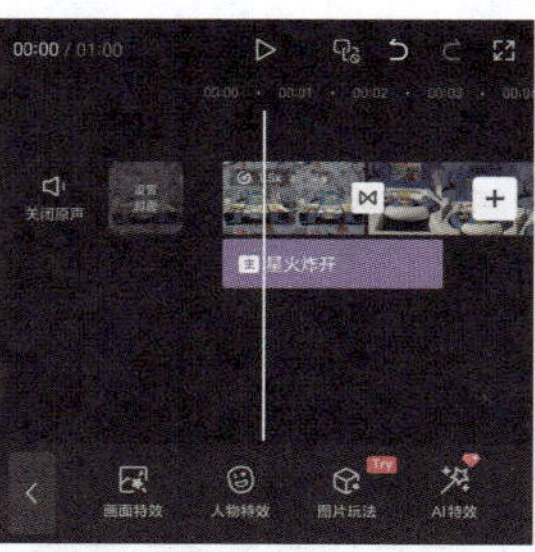

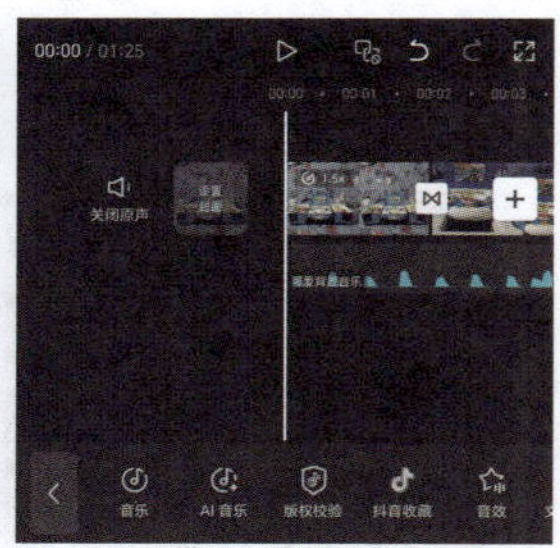

7 添加字幕。

一个精彩的标题通常会给观众留下深刻的印象，而在视频的重要信息部分添加字幕则更便于观众理解。

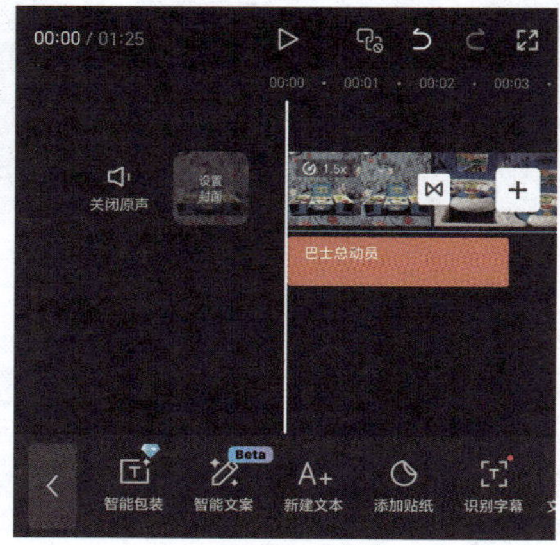

8 检查导出。

短视频制作的最后一步是根据视频的用途选择合适的视频格式，如 MP4、GIF、实况等。设置视频的分辨率、帧率、码率等参数，以确保视频质量。完成所有编辑后，导出视频文件到本地存储设备，准备上传至社交媒体或视频平台。

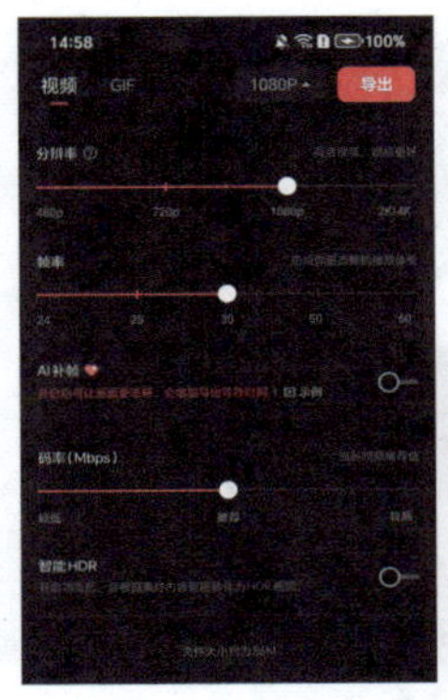

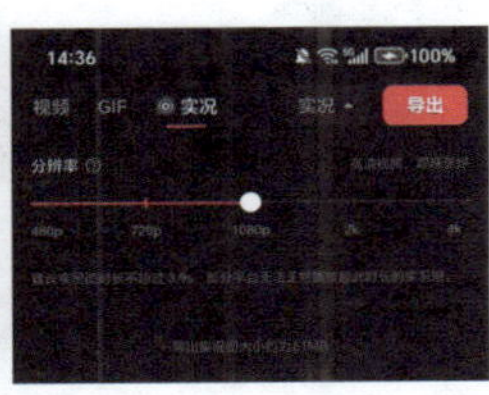

综上所述，遵循剪辑流程对于保证短视频的制作质量至关重要。当然，这并不意味着要死板地照搬每一步，而是要在熟练掌握的基础上灵活运用，根据不同视频的特点适当调整，从而发挥流程的最大效益。

1.2　素材的查找与压缩：在哪获取免费高清素材

本节通过分享查找视频、音频素材的网站和无损压缩视频的软件，帮助创作者大幅提升查找素材的效率。

01　查找视频素材：去哪里寻找视频素材？

在剪辑视频时，并不是只能使用自己拍摄的素材，但下载他人拍摄的视频往往又存在侵权风险，因此我们为创作者推荐 5 个网站，在这些网站中均可以下载高清、无版权问题、无水印的视频素材。

1 Pixabay。

Pixabay 网站提供大量免费图片、插图、矢量图、视频和音乐素材。该网站支持中文检索，用户无须注册登录即可直接下载素材。

2 Pexels。

Pexels 网站提供的图片和视频素材是由用户上传或在免费照片网站中挑选的，具有高分辨率和专业水准，能够满足多种设计需求。

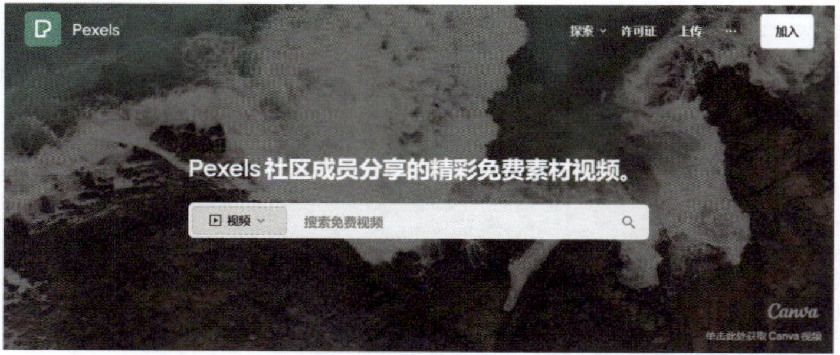

3 Coverr。

Coverr 网站中的视频素材涵盖了多种类别，如自然、科技、人物、城市、动物等，均为高质量内容，部分视频还有 4K 超高清版本。

4 VIDEVO。

VIDEVO 网站提供大量的视频、动画、音乐和音效素材，其中视频素材多数以 4K 分辨率呈现，保证了视频的清晰度和专业度，但其中部分素材需要付费使用。

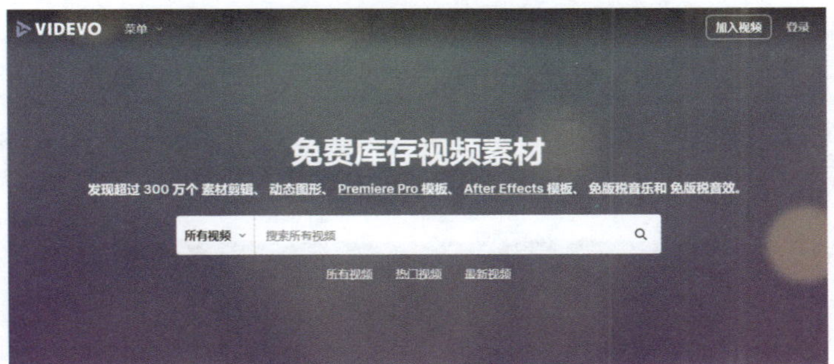

5 Mazwai。

Mazwai 网站是由专业视频团队打造的高质量电影风格视频素材平台，这些素材适用于各种创意视频制作，能够呈现独特的视觉效果。

02 查找音频素材：去哪里寻找免费音频素材？

在没有专业设备的情况下，自行录制的音频通常很难达到理想效果，后期调整也费时费力。因此我们为创作者推荐 6 个网站，在这些网站中均可以下载高质量、无版权问题的音频素材。

1 淘声网。

淘声网提供了超过 100 万种不同类型和风格的声音资源，包括人声素材、游戏配乐、实地录音、节奏音源和音乐样本等。

2 耳聆网。

耳聆网不仅提供各种类型的音效素材，包括自然环境音、城市声音、交通工具声音、动物叫声、乐器声音以及人声等，还具有音频工具箱功能。用户可以利用这些工具进行音频的变速和格式转换等后期处理。

3 Free Music Archive。

Free Music Archive 网站提供广泛的音乐内容，其中的音频素材是由用户上传的，并通过“知识共享”许可协议提供。

4 Freepd。

Freepd 网站收录了多种类型的高质量音乐，包括积极乐观、恐怖、浪漫、喜剧、电子等类型。用户可以直接在线试听和下载音乐，无须注册登录。

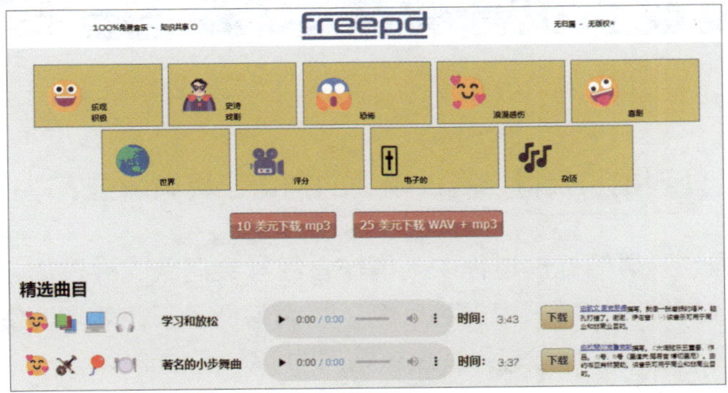

5 Mixkit。

Mixkit 网站提供大量免费可商用的视频片段、动画、音乐和音效，适用于短视频制作等多种自媒体项目。

6 Bensound。

Bensound 网站提供丰富多样的音乐资源，包括民谣、流行、电子等多种风格。这些音乐仅限用于非营利性作品，禁止商用。用户在使用时通常需要按照网站的授权要求注明音乐来源。

03 处理视频素材：高效辅助的神奇工具有哪些?

在视频素材的处理过程中，创作者经常会遇到文件过大、格式不兼容导致文件无法打开等多种问题，极大降低了工作效率。使用以下推荐的 3 个软件，可以轻松解决这些问题。

1 小丸工具箱。

小丸工具箱是一款非常实用的视频压缩和转换工具，能够帮助用户在保证视频质量的前提下，有效地减小视频文件大小，并支持转换视频格式。

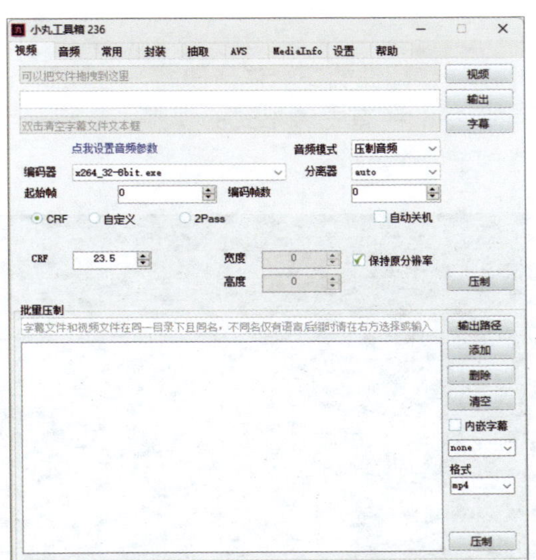

2 格式工厂。

格式工厂是一款多媒体文件转换软件，主要用于各种音频、视频、图像格式之间的转换。除此之外，它还提供视频剪辑、音频提取、屏幕截图、水印添加、修复损坏文件等高级编辑功能。

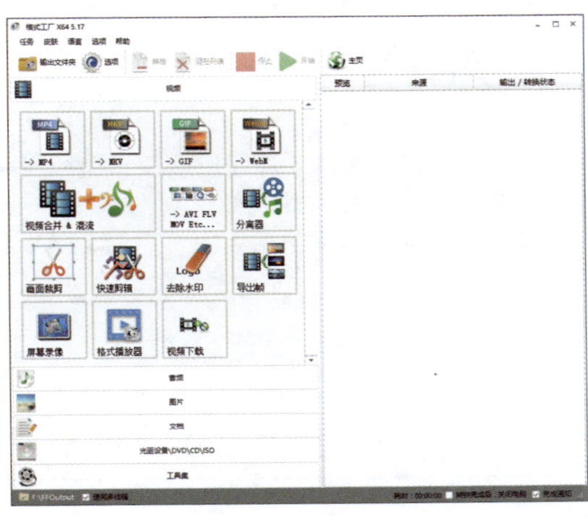

3 PotPlayer。

PotPlayer 是一款高性能多媒体播放器，内置了一整套高效的解码器库，几乎可以播放所有主流格式的视频、音频，且占用内存小，界面简洁，非常便于操作。

1.3 常用剪辑手法：学会这 4 招，轻松摆脱“新手”标签

短视频剪辑不仅是简单地将几个片段拼接在一起，更需要运用多种技术和创意手法来讲述故事、表达情感或传递信息。以下是几种常用的剪辑手法，这些技术被广泛应用于影视作品、广告、MV（音乐视频）等领域。

01 动作顺剪：如何快速剪辑场景相同的素材?

动作顺剪是指通过两个镜头的连接，将一个动作自然流畅地呈现出来，使观众感觉动作或场景的转换是无缝衔接的。例如，下面的两个镜头即为人物背对画面的镜头接上了转身后的镜头，虽然动作是前后连贯的，但通过两个镜头来展示。

02 匹配剪辑：如何使场景不同的素材衔接更自然？

匹配剪辑的核心在于通过视觉元素、动作、形状、色彩、纹理或其他视觉线索的相似性，在两个不同的镜头或场景之间建立联系。这种剪辑手法经常被用于短视频的转场。例如：在以下两个镜头中，人物在画面中的位置基本一致，而背景发生了变化，将这两个镜头剪辑在一起，就可以实现匹配剪辑转场。

03 跳切剪辑：怎样突出必要内容？

跳切剪辑是一种故意打破传统剪辑规则的剪辑手法，通过较大幅度的跳跃式镜头组接来突出某些必要的内容或情感，省略不必要的过程。这种剪辑手法通常用于表现时间流逝或者渲染人物情绪。

例如，在一部关于城市变迁的纪录片中，通过跳切手法快速展示同一地点在不同年份的照片，可以生动地表现出城市风貌随时间的演变过程。

04 分割剪辑：如何有效避免画面转场的突兀感?

分割剪辑包括 J 型剪辑和 L 型剪辑两种类型，是常见的音频与视频剪辑技术。这两种剪辑技巧涉及音频与视频的同步方式，主要用于改善叙事流畅性和增强观众的情感投入。

J 型剪辑是指在视频剪辑中，下一个场景的音频在画面切换之前就开始播放，有助于预先设定观众的预期，使他们对即将到来的转变做好准备，从而实现更流畅的过渡。这种剪辑方式使得音频和视频轨道形成类似字母“J”的形状，因此称为 J 型剪辑。

L 型剪辑是指将前一个场景的声音延续到下一个场景中，即使画面已经切换到新的场景，但音频仍然保持前一个场景的声音。这种剪辑方式可以用来强调某个视觉时刻的重要性，同时增强场景之间的连贯性。这种剪辑方式使得音频和视频轨道形成类似字母“L”的形状，因此称为 L 型剪辑。

此外，还可以合理运用音频的“淡入淡出”功能，使声音过渡更加平滑。

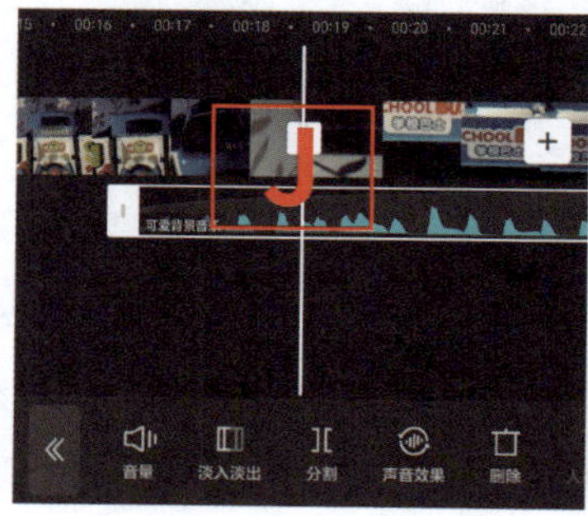

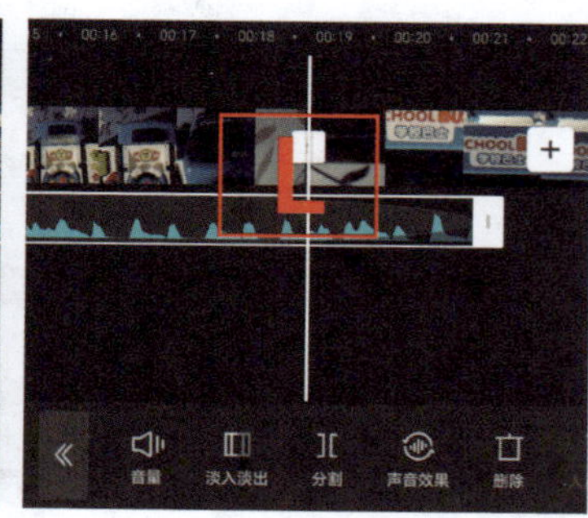

秒懂短视频剪辑：剪映+AI实例精讲（全彩印刷）

第 2 章 基础剪辑：关于剪辑技巧的实战指南

初学者在拍摄视频时往往无从下手，拍摄完成后又不知该如何处理视频和音频素材。本章讲解了快速入门拍摄短视频、编辑视频和编辑音频的方法，帮助初学者逐步建立坚实的视频剪辑基础。

2.1 快捷功能：提升工作效率的高效拍摄和剪辑方法

在拍摄和剪辑短视频的过程中，常有一些客观因素降低工作效率。本节将介绍 6 个提升拍摄和剪辑效率的方法，帮助创作者快速成片。

01 拍摄：小白轻松掌握的拍摄方法有哪些?

剪映 App 内置了丰富的拍摄模板，创作者可以参考模板进行拍摄，从而快速制作具有专业效果的视频。

1 启动剪映 App，点击“展开”按钮，选择“拍摄”选项。

2 点击“灵感”按钮，在“美食”分类下选择“餐桌全景”拍摄模板，点击“√”按钮，便可以一边在左上角预览参考模板，一边进行视频拍摄。

02 创作脚本：如何快速厘清拍摄思路？

剪映 App 中的“创作脚本”功能可以帮助创作者规划视频的大纲，包括片段、分镜和台词等元素。

1 启动剪映 App，点击“展开”按钮，选择“创作脚本”选项。

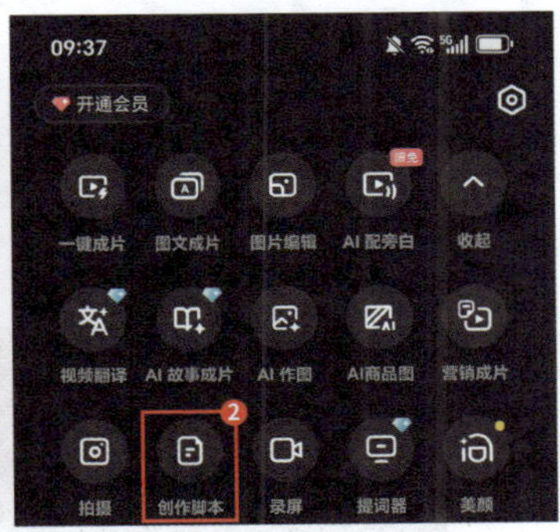

2 在“旅行”分类中点击所需的创作脚本，可预览完整的参考视频。点击“去使用这个脚本”按钮，跳转后的页面将提示拍摄多个分镜的方法，还可以输入所需的台词。

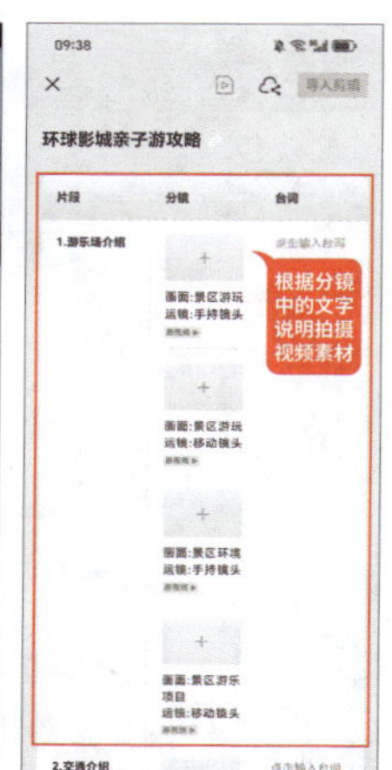

03 快速成片：如何高效利用“剪同款”功能?

使用剪映 App 中的“剪同款”功能可以找到各种风格和主题的热门视频模板。创作者只需选择一个模板，导入自己的视频素材，即可生成一个与模板风格相同的短视频。

1 点击“剪同款”按钮，进入“全部模板”界面。选择“旅行”分类，设置“片段数量”为 3~5，搜索相应的模板。

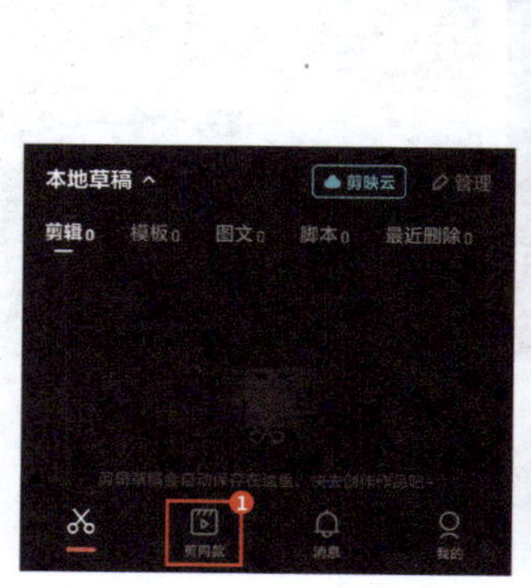

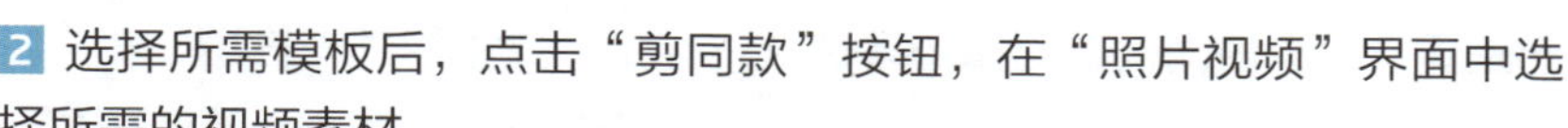

2 选择所需模板后，点击“剪同款”按钮，在“照片视频”界面中选择所需的视频素材。

3 点击“下一步”按钮，将素材合成为模板中的效果。如果对效果不满意，可以点击相应的视频素材缩略图进行编辑。点击“更多模板”按钮，可以更换其他模板。

04 文字转音频：如何将文字转为音频?

在制作短视频时，经常需要为视频配音，以便观众更直观地理解视频内容。对于大多数人来说，自己配音往往难以达到理想的效果。这时，可以尝试使用剪映 App 中的“文本朗读”功能，将文本转为音频。

1 导入所需视频素材，执行“文本 > 新建文本”命令。

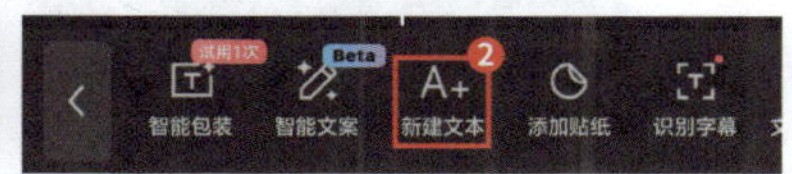

2 输入所需文字并选择合适的字体，点击“√”按钮生成文字。在底

部工具栏中向左滑动以显示更多选项，点击“文本朗读”按钮。

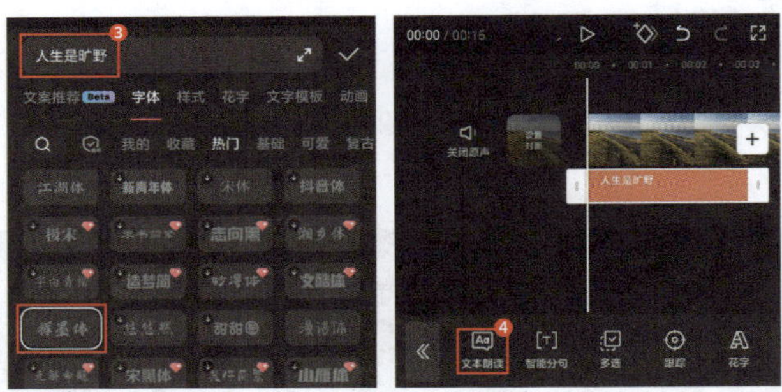

3 选择“解说”分类下的“知识讲解”音色进行试听。若满意，则点击“√”按钮，即可在文本轨道的上方生成一条音轨。连续点击左侧的箭头«，返回初始工具栏。

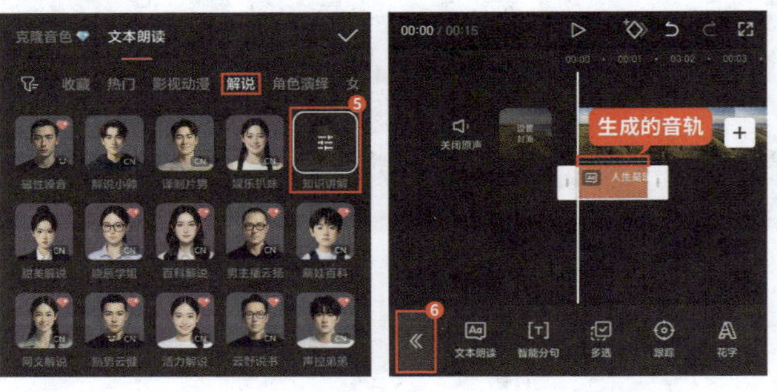

4 选中音频，可以对音量、淡入淡出、声音效果等进行进一步调整。

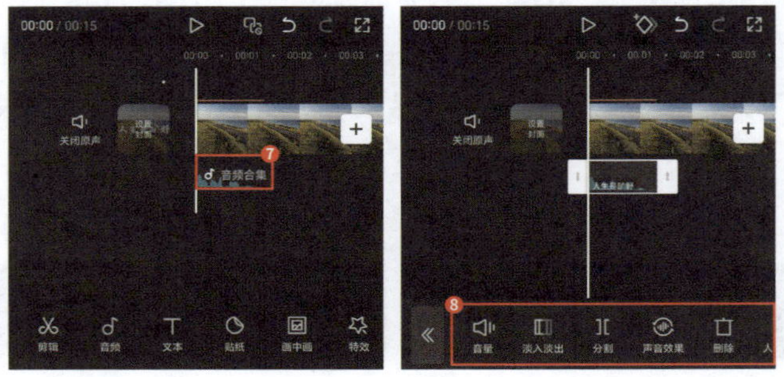

05 音频转文字：怎样快速生成音频对应的字幕？

在剪辑带有解说或对话内容的视频时，为了便于观众理解，经常需要为视频添加字幕。此时可以尝试使用剪映 App 中的“识别字幕”功能。该功能可以方便、快速地为视频生成字幕。

1 导入所需视频素材，执行“文本 > 识别字幕”命令。

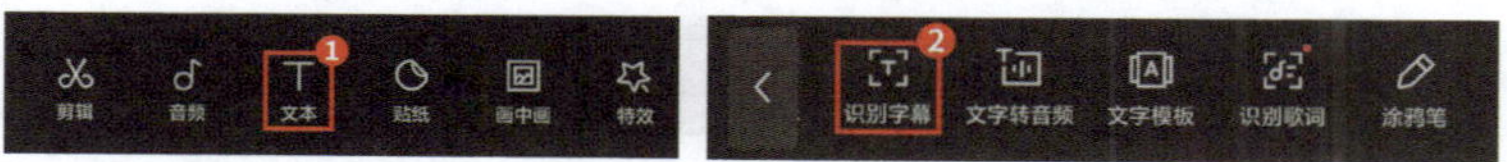

2 选择“仅视频”选项，点击“开始识别”按钮，剪映 App 将自动识别音频内容并生成字幕。用户可通过左右滑动检查识别出的字幕内容，若发现错误，可以点击“编辑字幕”按钮进行修改。

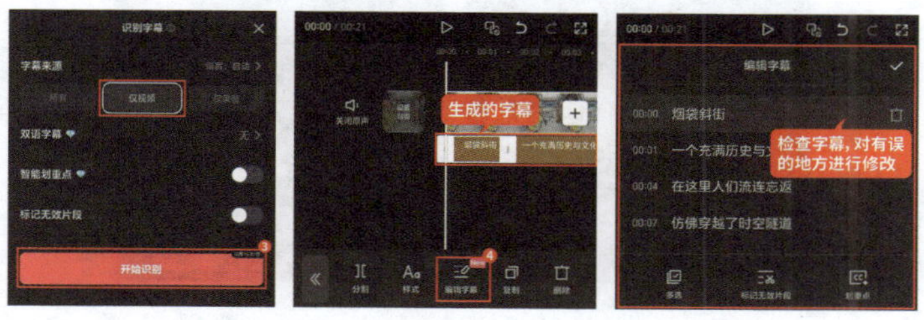

3 点击“样式”按钮，可调整字幕的字体、字号、颜色等显示效果。调整完成后，点击“√”按钮，系统会将相同的调整设置应用到其他字幕中。

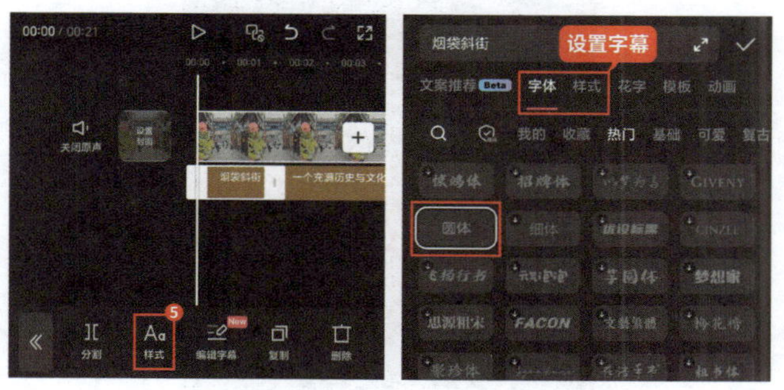

06 人物换脸：视频中不想露脸怎么办？

在制作口播类视频时，若拍摄的人物不想露脸，可以尝试使用剪映 App 中的“人物特效”功能，生成虚拟头像。这样既能保护个人隐私，又能呈现有趣的视觉效果。

1 导入所需视频素材，执行“特效 > 人物特效”命令。

2 选择“形象”分类，点击“可爱猪”效果，预览区域中就会显示对应的卡通头像。

3 点击“√”按钮，在视频轨道的下方生成一条特效轨道。向右拖动“可爱猪”特效右侧的边界框以调整时长，使特效与视频素材的时长一致。

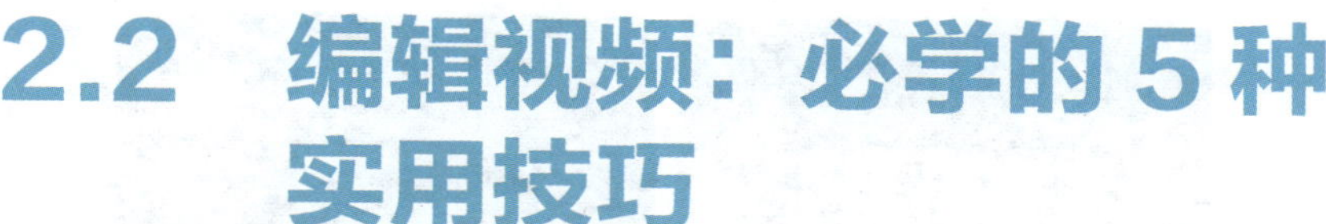

2.2 编辑视频：必学的 5 种实用技巧

初学者在前期的短视频剪辑学习中，经常会遇到一些基础的问题。本节介绍的 5 个实用技巧，能快速弥补前期拍摄中的不足。

01 剪辑视频：如何删除不需要的视频片段?

前期拍摄的视频中，经常会有一些效果不佳的片段，这些片段需要在后期剪辑时删除。

1 导入所需的视频素材，并选中素材。拖动时间轴上的白色滑块至需要进行分割的位置，点击“分割”按钮。分割后系统将自动选中右侧的素材。

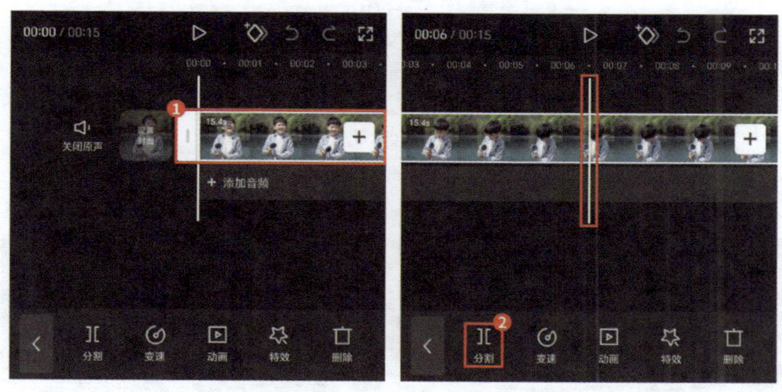

2 选中不需要的视频片段，点击“删除”按钮，即可删除。点击“导出”按钮，即可导出剪辑后的视频。

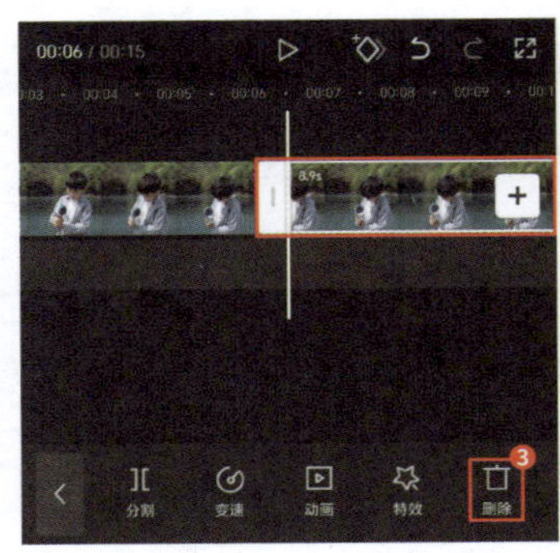

02 视频防抖：如何解决拍摄素材时的画面抖动?

在拍摄时，如果没有稳定器或三脚架等用于提高稳定性的辅助设备，那么使用手持相机或手机进行拍摄时难免会出现轻微抖动的情况，而抖动情况需要在后期进行优化调整。

1 选中视频素材，在底部工具栏中向左滑动以显示更多选项，选择“防抖”选项。

2 在弹出的选项菜单中，通常选择“推荐”选项。如果生成的效果不够稳定，可以选择“最稳定”选项。但需要注意，稳定程度越高，对画面的裁切会越多。

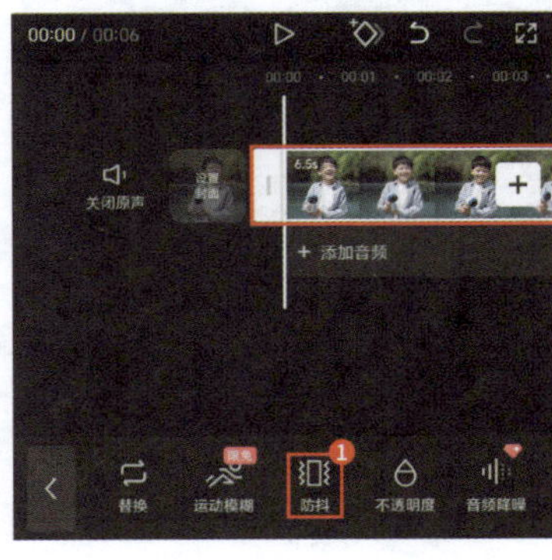

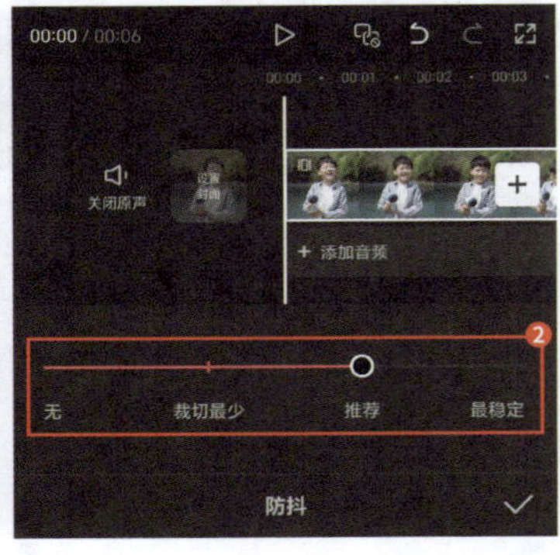

03 变速视频：如何加快或减慢视频节奏？

若视频素材节奏过慢，则可使用“变速”功能轻松调整。

选中视频素材，执行“变速 > 常规变速”命令。在弹出的选项菜单中滑动圆形滑块以调整视频速度，同时可以在“时长”显示区域中看到视频变速前后的时长变化。

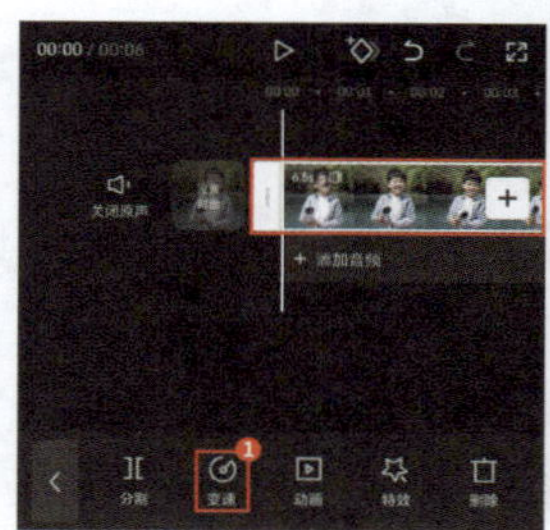

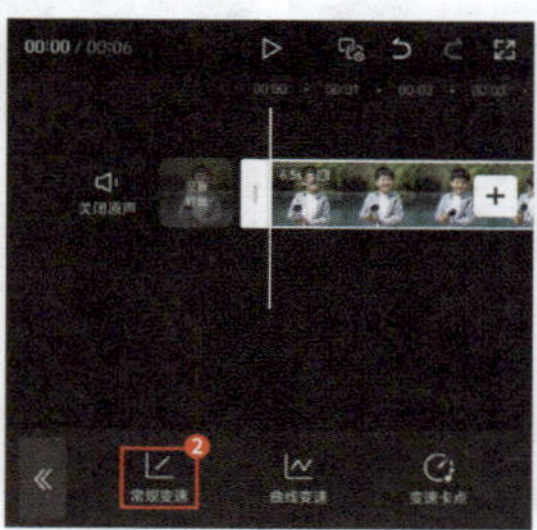

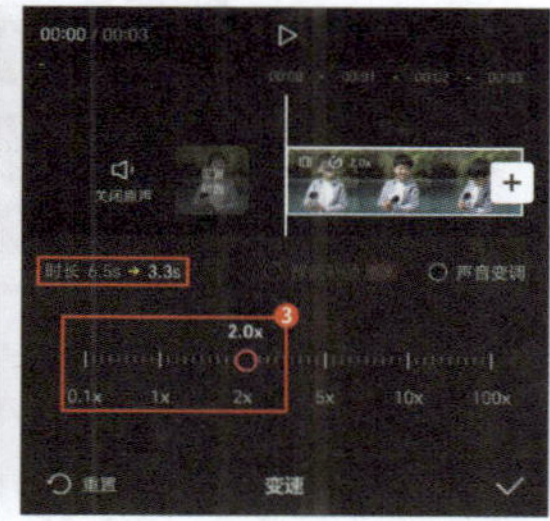

04 视频比例：如何快速调整视频比例？

剪映 App 提供了多种画幅比例，创作者可以使用“比例”功能在横屏视频与竖屏视频之间进行切换。

方法 1：放大调整法

1 导入所需视频素材，在底部工具栏中向左滑动以显示更多选项，点击“比例”按钮。

2 在弹出的选项面板中，选择“9:16”选项，即可将横屏视频转换为竖屏视频，但转换后的视频上下部分留有黑边，不太美观。

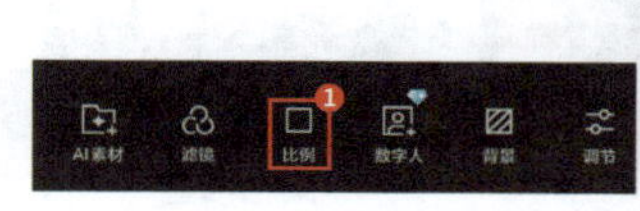

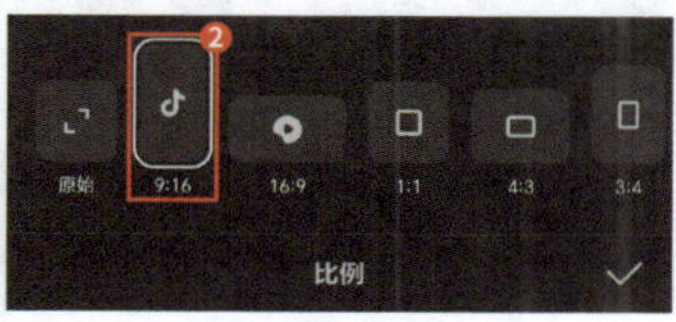

3 消除黑边的方法非常简单：使用双指在预览区域向外侧张开滑动以放大画面。这种方法可以使视频画面充满屏幕，但同时也会裁切掉部分画面。

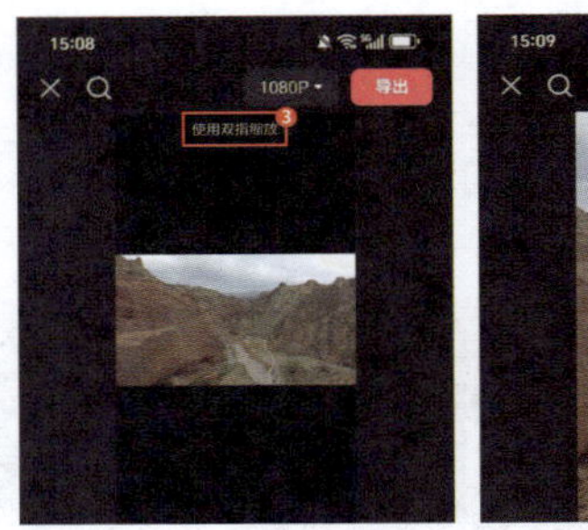

方法 2：填充背景法

1 为视频设置“比例”后，点击“√”按钮，生成效果。在底部工具栏中点击“背景”按钮，弹出选项菜单。

2 可以分别尝试 3 种背景效果，根据实际视频素材进行选择。

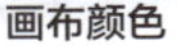
画布颜色

画布样式

画布模糊

05 导出视频：怎样输出完整作品？

在导出视频时，并不是将所有的参数都设置为最佳选项才更好，因为那样做反而会使文件变大，不利于推广和传播。

以下推荐的设置参数，既能使文件尽可能少地占用内存空间，又可以保障画面品质。

点击剪映 App 上方的“导出”按钮，在弹出的选项菜单中，将“分辨率”设置为“1080p”，将“帧率”设置为“30”，将“码率（Mbps）”设置为“较低”。在该界面底部可以看到文件的预计大小。这样设置，导出的视频文件小且画面清晰。

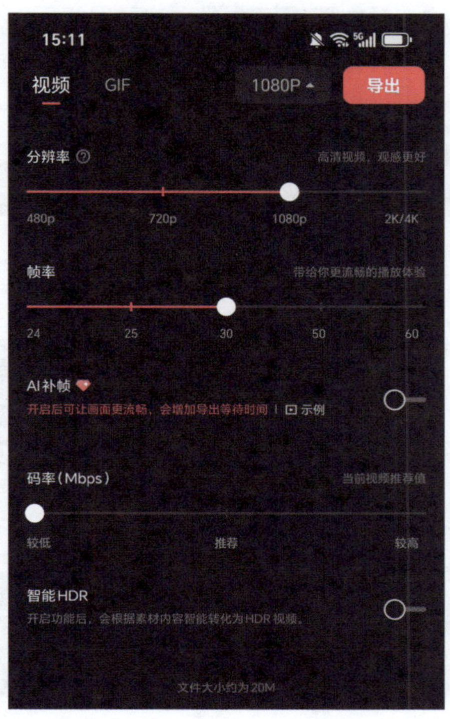

2.3 编辑音频：4种常用的音频处理方法

音频是短视频中非常重要的一部分，不仅能够增强视频的情感表达，而且能提高视频的传播效果。本节将介绍4个常用的音频处理方法，帮助创作者掌握音频的基础编辑要点。

01 提取音频：怎样提取其他视频中的音乐？

想要在自己的视频中使用其他视频的背景音乐，如果无法根据音乐名称搜索，那么可以尝试使用剪映App中的“提取音乐”功能。

1 导入所需视频素材，执行“音频 > 提取音乐”命令。

2 在“照片视频”界面中选择需要提取音乐的视频素材，点击“仅导入视频的声音”按钮，即可提取素材中的音乐。

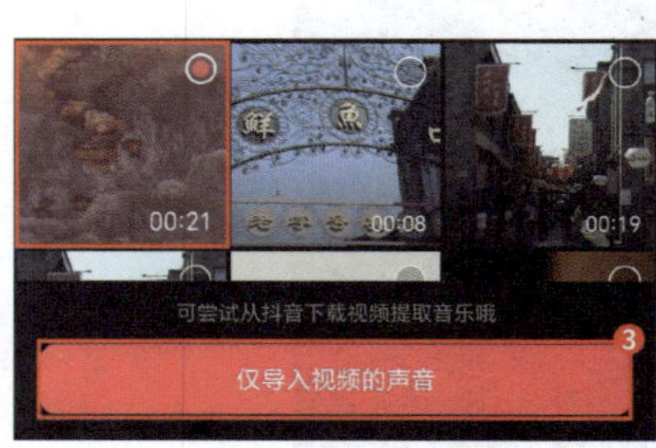

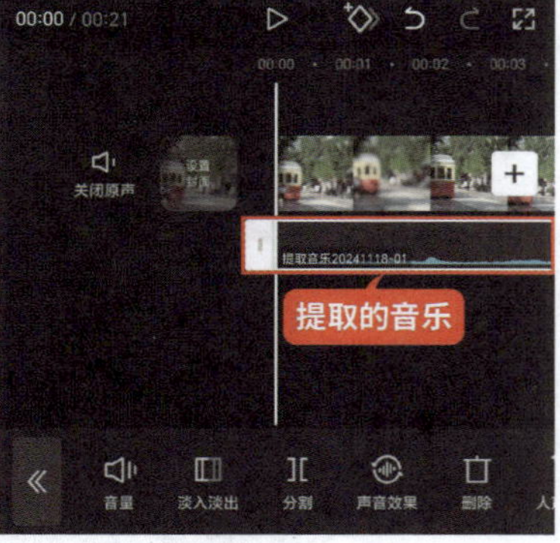

02 音频踩点：怎样快速制作出有节奏感的视频？

对背景音乐进行踩点，可以使视频的节奏感变强，这是制作卡点视频的重要步骤。踩点主要分为手动踩点和自动踩点两种方式。

1 选中音频素材，在底部工具栏中向左滑动以显示更多选项，点击“节拍”按钮。在弹出的选项菜单中打开“自动踩点”开关，并根据需要调节踩点的速度。

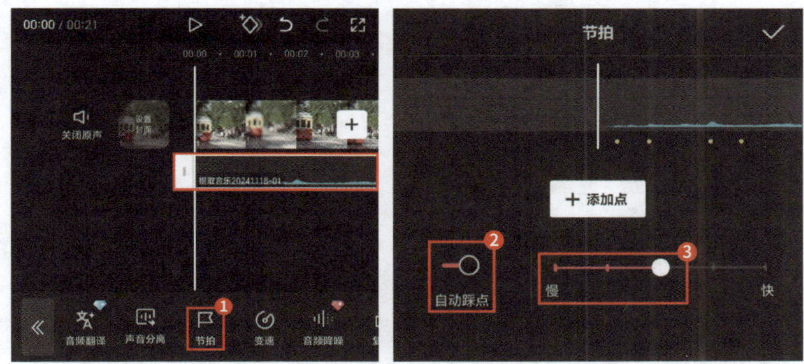

2 点击“√”按钮，生成踩点效果。同时，为了去除视频轨道中的环境音，可以点击“关闭原声”按钮。后续可以根据节奏点的位置对视频素材进行剪辑。

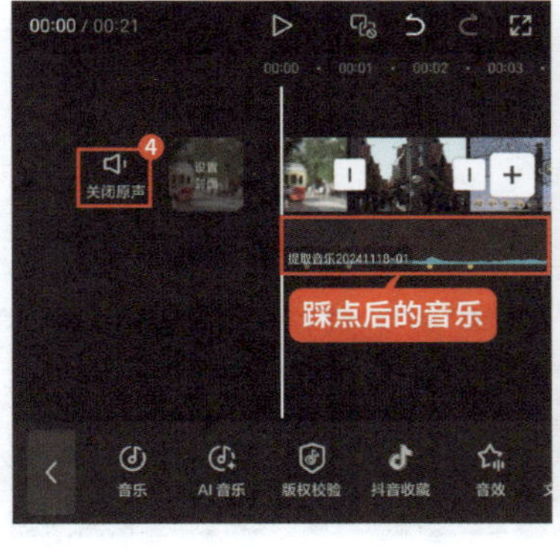

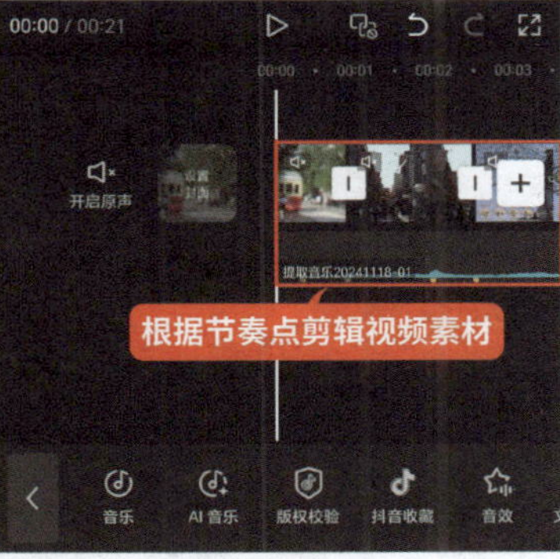

03 调节音量：怎样调整多条音轨的主次关系?

在一些短视频中，需要更突出视频素材中的人声，而背景音乐只需要起到点缀的作用，这时就需要对两部分的音量进行调节，从而分清主次。

1 导入所需视频素材，并选中素材。在底部工具栏中向左滑动以显示更多选项，点击“音量”按钮。在弹出的选项菜单中向右滑动圆形滑块，提高视频中的人声音量。

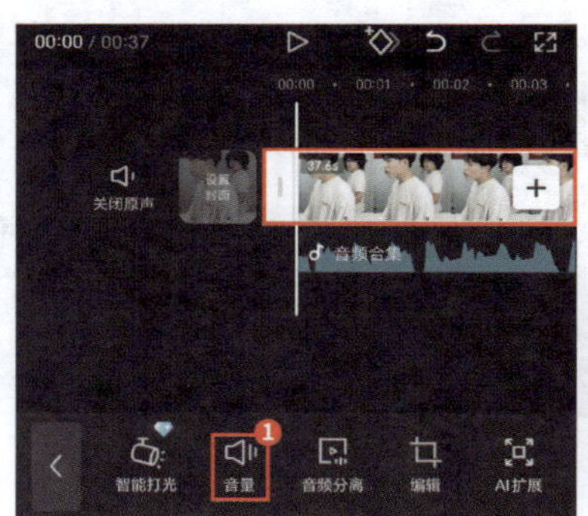

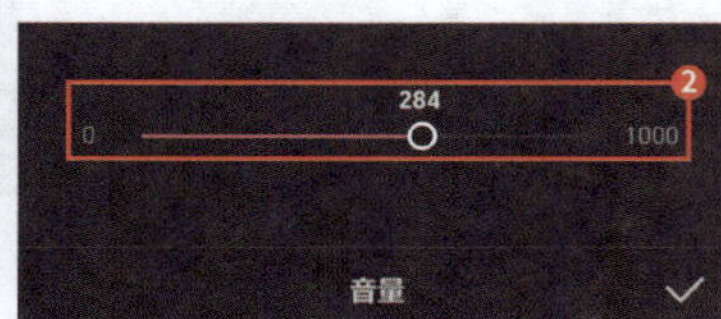

2 选中音频素材，点击“音量”按钮。在弹出的选项菜单中向左滑动圆形滑块，降低背景音乐的音量。

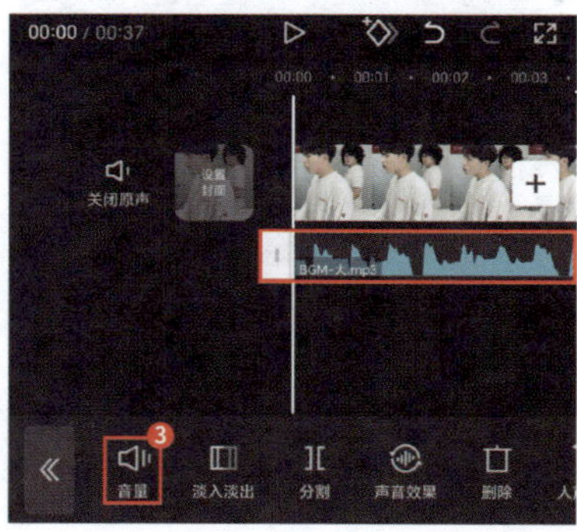

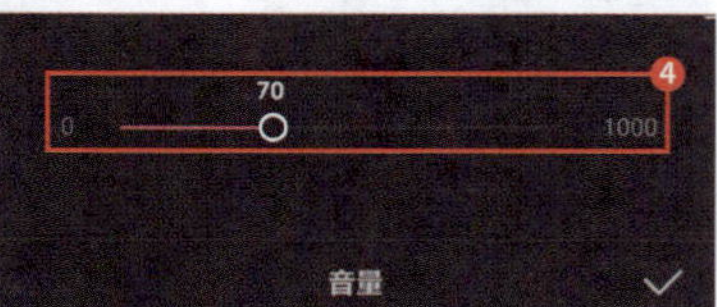

04 音频降噪：怎样解决素材中的噪声问题？

在户外拍摄的视频素材常有环境噪声太大的情况，导致视频中的人声较弱。剪映 App 中的“音频降噪”功能可以很好地改善这种情况。

选中视频素材，在底部工具栏中向左滑动以显示更多选项，点击“音频降噪”按钮，在弹出的选项菜单中打开“降噪开关”，点击“√”按钮，即可实现音频降噪。

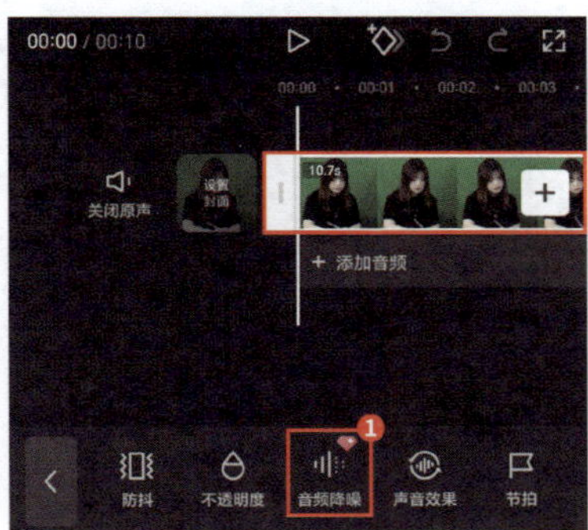

2.4　保护信息：轻松添加与去除水印

一方面，从网上下载的视频素材时常带有水印，或包含部分需要规避的敏感信息。另一方面，创作者制作的视频为了避免被盗用，通常需要添加水印。这些问题都可以使用剪映 App 中的多种功能来解决。

01 AI 去除水印：如何去除影响观感的水印？

根据水印出现的位置差异，有以下 4 种不同的去除方法。

方法 1：AI 去除法

1 导入所需视频素材，并选中素材。在底部工具栏中向左滑动以显示更多选项，点击“AI 消除”按钮，进入调整界面。

2 点击“涂抹选区”按钮，设置画笔大小。在预览区域中涂抹水印，点击“开始消除”按钮，AI 自动识别并消除水印。

注

“AI 消除”功能只能免费试用一次，后续需要开通 SVIP 并消耗积分才可使用。

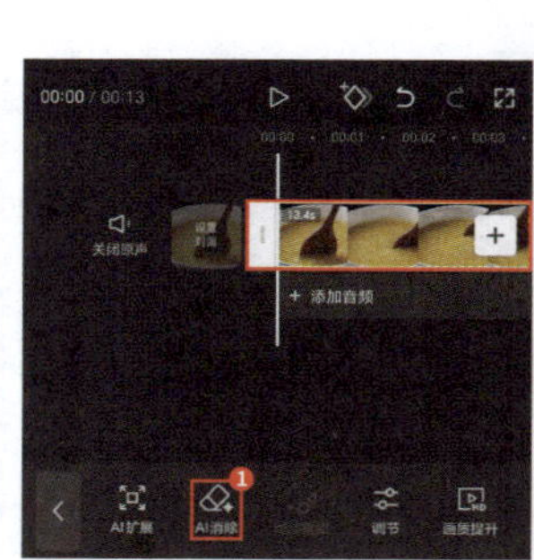

方法 2：裁剪去除法

1 导入所需视频素材，并选中素材。在底部工具栏中向左滑动以显示更多选项，执行“编辑 > 调整大小”命令，进入调整界面。

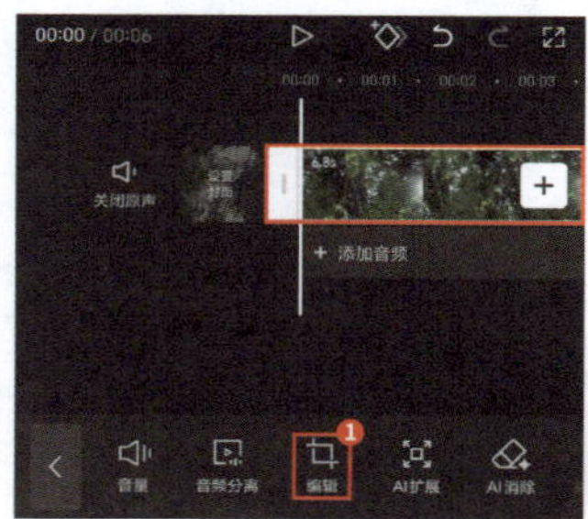

2 在“裁剪比例”中选择“自由裁剪”，手动拖动裁剪框以裁剪掉水印区域；或者选择“16：9”选项，将竖屏视频转换为横屏视频。

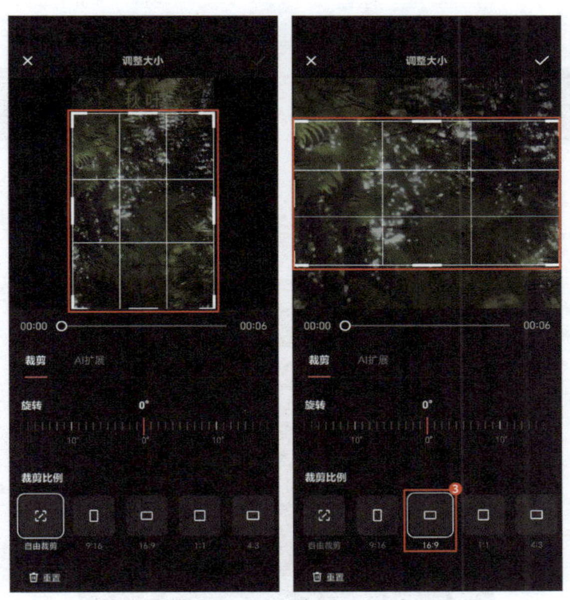

方法 3：放大去除法

导入所需视频素材，并选中素材。使用双指在预览区域向外侧张开滑动以放大画面，调整画面位置后裁剪掉水印区域。

方法4：遮挡去除法

1 导入所需视频素材，并在底部工具栏中执行“画中画 > 新增画中画”命令。

2 在“照片视频”界面中选择与视频轨道中一样的素材，点击“添加”按钮以导入素材。在底部工具栏中向左滑动以显示更多选项。

3 执行“编辑 > 调整大小”命令，进入调整界面。

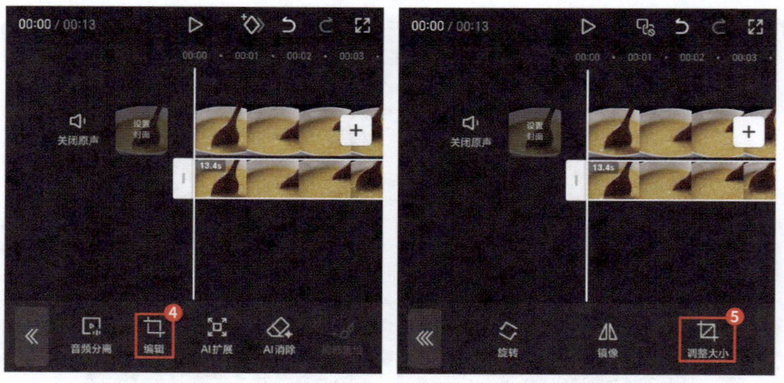

4 在“裁剪比例”中选择“自由裁剪”，手动拖动裁剪框，裁剪出一块

可以覆盖水印的色块。

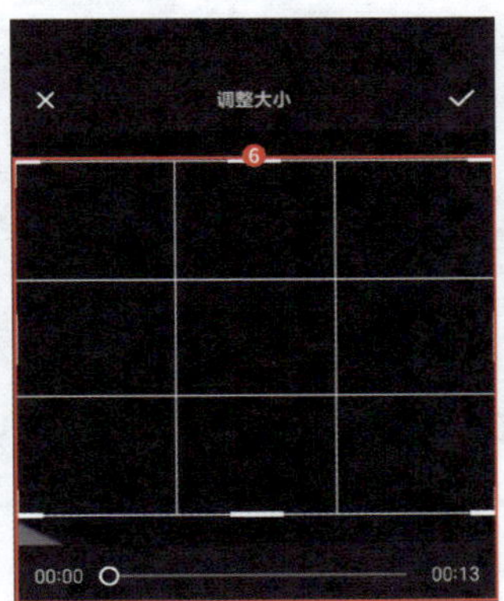

5 点击"√"按钮，确认操作并返回编辑界面。在预览区域中缩放裁剪好的色块至合适大小，并将其拖动到水印的位置进行覆盖。

02 添加水印：如何避免视频被盗用？

下面分别介绍静态水印和动态水印的添加方法。

方法 1：静态水印添加方法

1 导入所需视频素材和水印图片（使用"画中画"功能导入水印，前文已有讲解，此处不再赘述），并调整水印图片的出现时长与视频素材的时长一致。

2 在预览区域中调整水印的大小，并将其拖动到合适的位置。

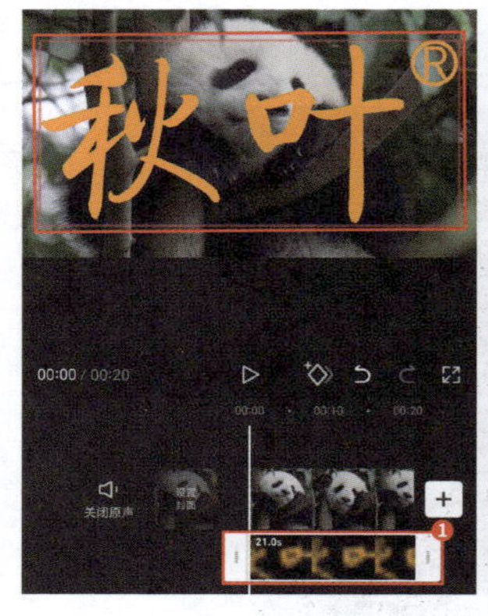

方法 2：动态水印添加方法

1 选中水印图片，并将其拖动到合适的位置。点击菱形图标（以下简称为关键帧），记录此时水印的大小和位置等信息。

2 拖动时间轴上的白色滑块至视频的中间位置，在预览区域中调整水印的位置，系统将自动生成一个关键帧，以记录水印移动后的大小和位置等信息。

3 拖动时间轴上的白色滑块至视频的结束位置，在预览区域中调整水印的位置，系统将自动生成一个关键帧。此时播放视频，水印便会随着视频画面内容的变化产生动态位移效果。

03 视频遮挡：如何防止暴露重要信息？

如果视频素材中出现二维码、车牌号、机密文件等信息，为保护信息安全，可以使用剪映 App 中的“模糊”或“马赛克”特效将信息遮挡住。

1 导入所需视频素材，再使用“画中画”功能导入同样的视频素材。在底部工具栏中向左滑动以显示更多选项。

2 点击“蒙版”按钮，在弹出的选项菜单中选择“矩形”选项。在预览区域中调整矩形蒙版的大小，并将其拖动到需要遮挡的位置。点击“√”按钮，确认操作并返回编辑界面。

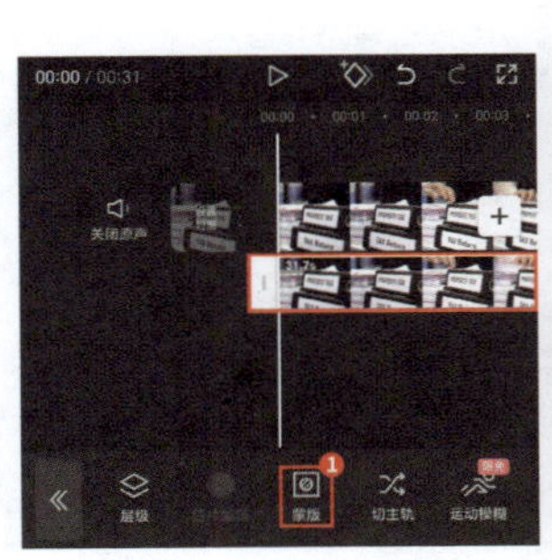

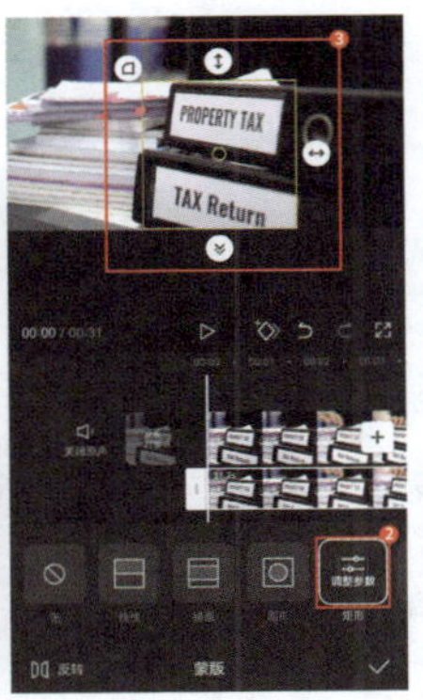

3 向右滑动以显示更多选项，执行“特效 > 画面特效”命令，进入选择界面。

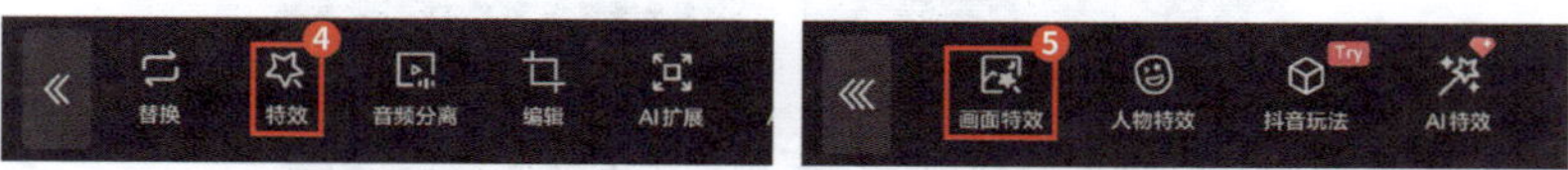

4 点击“基础”分类下的“模糊”或“马赛克”特效，即可为视频添加遮挡。再次点击已选中的特效，可以对特效的参数进行调整。如果需要遮挡的部分是动态的，可以使用上文所述添加动态水印的方法，通过“关键帧”功能实现动态遮挡。

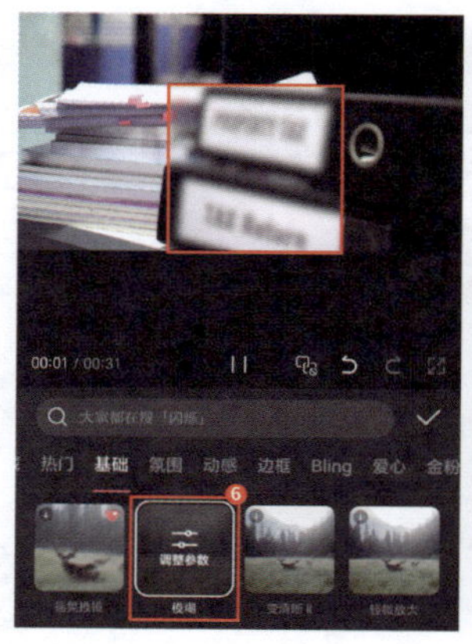

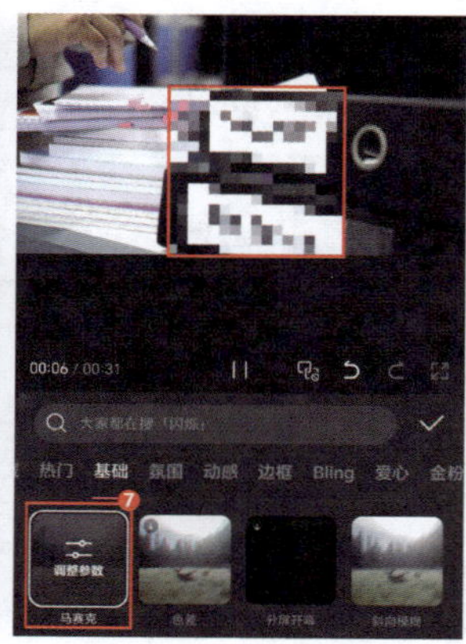

秒懂短视频剪辑：

剪映+AI

实例精讲（全彩印刷）

第 3 章 AI 智能创作：让人惊叹的丰富功能

随着技术的不断进步，剪辑软件中的 AI 功能也在不断更新和扩展。这些 AI 功能不仅提高了视频剪辑的效率，而且为视频内容创作提供了更多可能性。本章分别从 AI 生成视频、AI 智能编辑和 AI 效果运用 3 个方面进行讲解，帮助创作者在制作短视频的过程中获得更加智能化、个性化的视频剪辑体验。

3.1 AI 生成视频：体验 AI 的强大生产力

剪映 App 集成了多种 AI 功能，这些功能不仅提升了视频剪辑的智能化水平，而且大大简化了操作流程。本节将介绍 5 个生成和优化视频的方法，让创作者能够更加轻松、快捷地创作出高质量的视频作品。

01 一键成片：如何快速生成短视频？

“一键成片”功能可以根据创作者选择的视频或图像素材，自动随机生成视频。

1 启动剪映 App，点击“一键成片”按钮，在“照片视频”界面中选择所需视频素材。

2 点击“下一步”按钮，系统将自动把所选素材合成为视频。生成的短视频自带背景音乐、转场和特效，创作者还可以根据需要选择其他类型的模板。

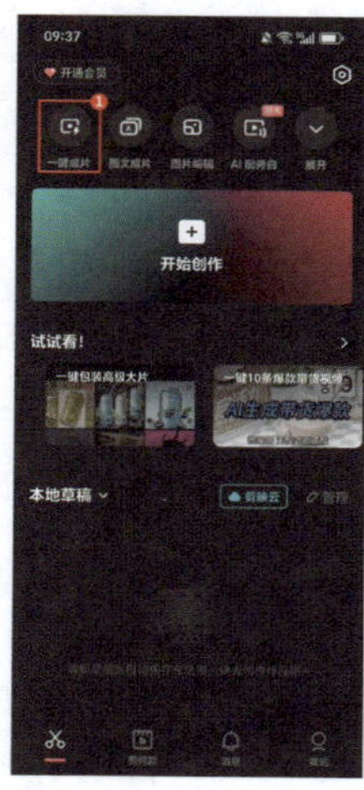

02 图文成片：文字变视频需要哪几步?

“图文成片”功能既可以直接由 AI 创作文案并匹配素材，也可以由创作者自定义文案后让 AI 生成素材。

方法 1：直接由 AI 创作文案并匹配素材

1 启动剪映 App，点击“图文成片”按钮，进入“图文成片”界面。

2 点击“智能文案”选项中的“美食教程”分类，进入文案创作界面，分别在“美食名称”和“美食做法”文本框中输入关键词（如“锅包肉”和“老式锅包肉”）。点击“生成文案”按钮，系统自动生成 3 篇文案。

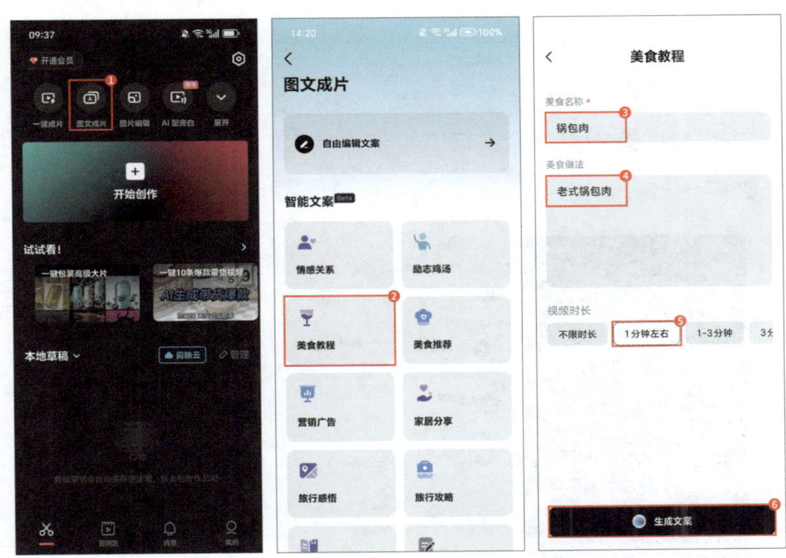

3 点击“生成视频”按钮，弹出“请选择成片方式”选项菜单，点击“智能匹配素材”。AI 将智能匹配与文案内容相符的视频、图片和音乐素材。

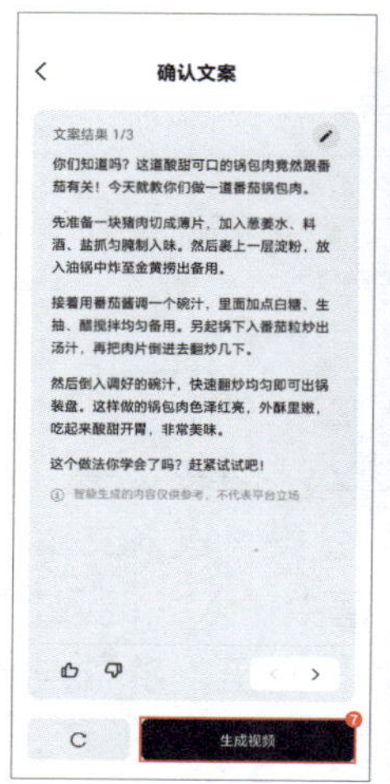

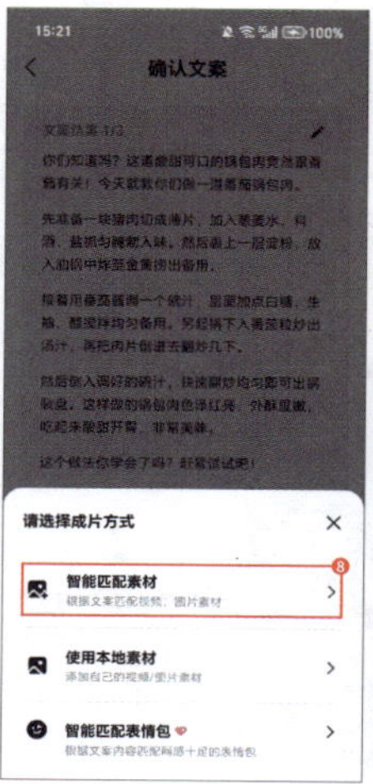

方法 2：自定义文案后让 AI 生成素材

1 启动剪映 App，点击“图文成片”按钮，进入“图文成片”界面。

2 点击“自由编辑文案”选项，在弹出的界面中输入文案，点击“应用”按钮。

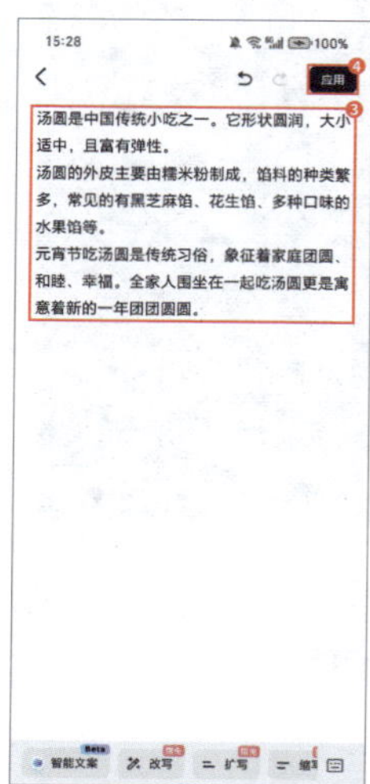

3 在弹出的“请选择成片方式”选项菜单中，点击“智能匹配素材”。AI 将智能匹配与文案内容相符的视频、图片和音乐素材。

4 点击“导入剪辑”按钮，可将效果不佳的素材替换成高质量的素材。

03 AI 配旁白：没有合适的解说词？多种风格旁白随你挑

“AI 配旁白”功能可以根据视频内容、视频主题和视频风格生成多种风格的旁白。

1 启动剪映 App，点击“AI 配旁白”按钮，在“照片视频”界面中选择所需视频素材，点击“下一步”按钮。

2 在弹出的“描述视频主题”文本框中输入视频主题，并选择视频风格。点击“生成视频”按钮，AI 会生成多个旁白风格不同的视频，创作者可以根据需要进行选择。如果对生成结果不满意，还可以点击“重新生成”，再次生成带有旁白的视频。

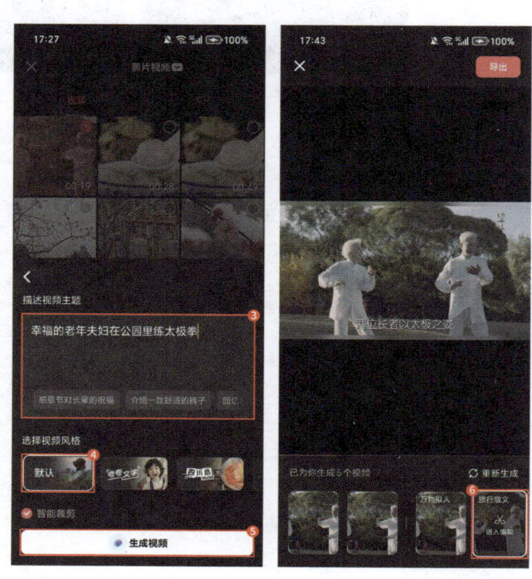

04 智能剪口播：如何快速删除不必要的错误片段？

“智能剪口播”功能可以自动识别并删除口播或音频中的卡壳、停顿、语气词和重复等错误片段，使视频或音频内容更加流畅和专业。

1 导入所需视频素材，并选中素材。在底部工具栏中向左滑动以显示更多选项，选择“智能剪口播”。AI 将自动识别并标注音频中出现的错误（即无效片段），点击“删除 1 个无效片段”按钮，即可删除。

2 如果识别后的部分文字有误，可点击“编辑”对文字进行修改。

3 修改完成后，点击“加字幕”按钮，可以将修改后的文字添加成字幕。

05 数字人：轻松模拟真人播报

“数字人”功能仅需要创作者输入文本，选择数字人形象、音色、景别及背景，即可自动生成具有生动表情和手势的数字人播报视频。

1 导入所需视频素材，在底部工具栏中向左滑动以显示更多选项，点击“数字人”按钮。在弹出的选项菜单中选择所需的数字人形象，点击“下一步”按钮。

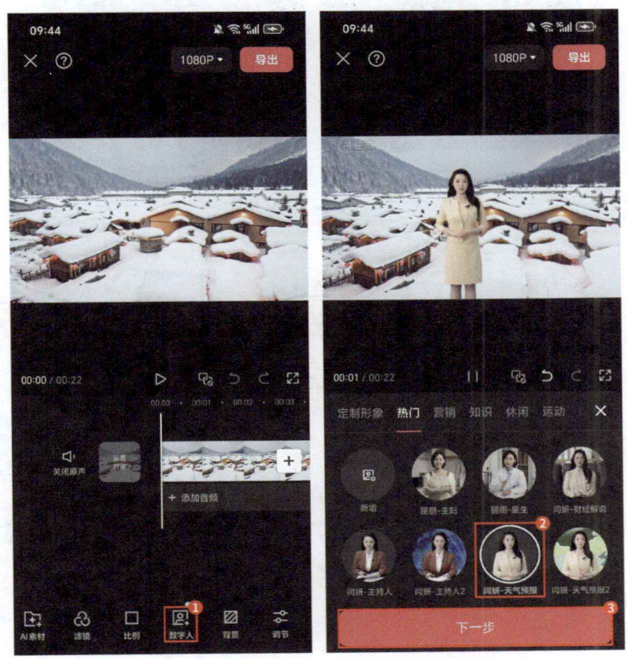

2 在弹出的“用文案生成”（或“用音频生成”）文本框中输入文案，并选择数字人的音色，点击“生成”按钮，即可生成视频。创作者还可以根据画面调整数字人和字幕的位置，使观感更加和谐自然。

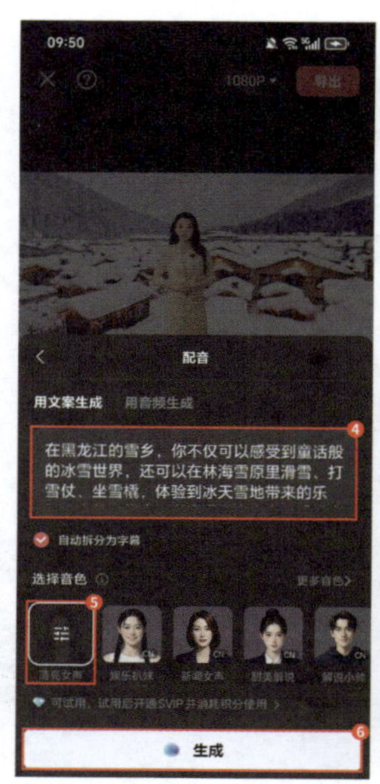

3.2 AI智能编辑：电商美工必看的实用功能

剪映App包含的AI功能不仅限于视频剪辑功能，还包含很多图片、音频等素材的智能编辑功能，对电商美工从业者来说非常实用。本节将介绍6个智能编辑功能的使用方法，让创作者能够更加方便、高效地进行创作。

01 AI作图：如何快速由文生图?

“AI作图”功能可以根据创作者输入的关键词，自动随机生成对应的图片素材。

1 启动剪映 App，点击“展开”按钮，选择“AI 作图”选项。

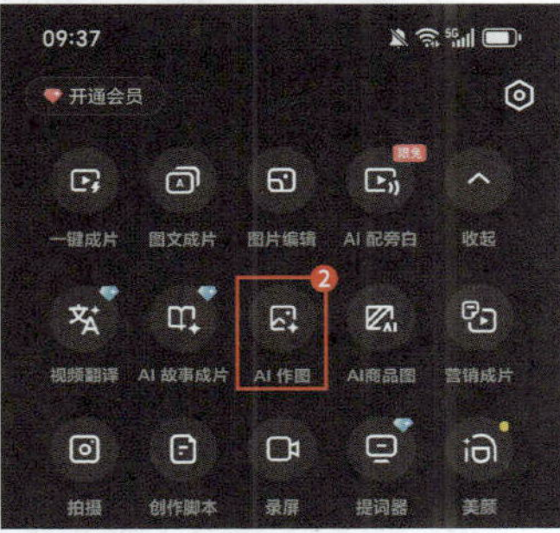

2 在弹出的界面中输入生成图片的关键词，点击“立即生成”按钮，即可生成 4 张图片。点击右下角的放大按钮，可以放大图片以查看细节。

3 如果对图片细节不满意，可以选中该图片，在底部工具栏中点击“细节重绘”按钮，则 AI 将自动根据当前图片优化细节。

02 智能抠图：如何利用 AI 更换背景?

“智能抠图”功能可以自动识别图片中的主体对象并进行抠图，无须复杂的手动操作，适用于快速去除图片背景或进行创意编辑。

1 启动剪映 App，点击“展开”按钮，选择“智能抠图”选项。

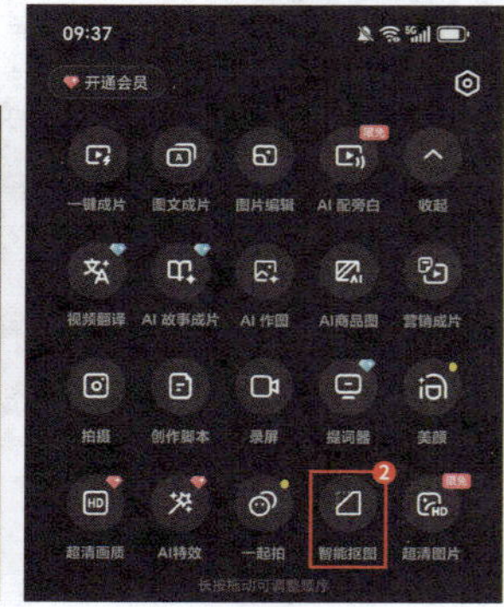

2 在“照片视频”界面中选择所需的图片素材，点击“添加”按钮，进入智能抠图界面，剪映 App 将自动识别并移除素材背景。点击“去编辑”按钮，进入图片编辑界面，可在此根据需要为图片添加文字、修改尺寸、添加背景等。

03 AI 商品图：如何利用 AI 制作淘宝主图？

“AI 商品图”功能支持利用 AI 技术对用户上传的产品图片进行背景去除和替换，从而将产品放置在不同的环境中，以提升产品的表现力和视觉吸引力。该功能有助于电商卖家节省时间和提高效率。

1 启动剪映 App，点击“展开”按钮，选择“AI 商品图”选项。

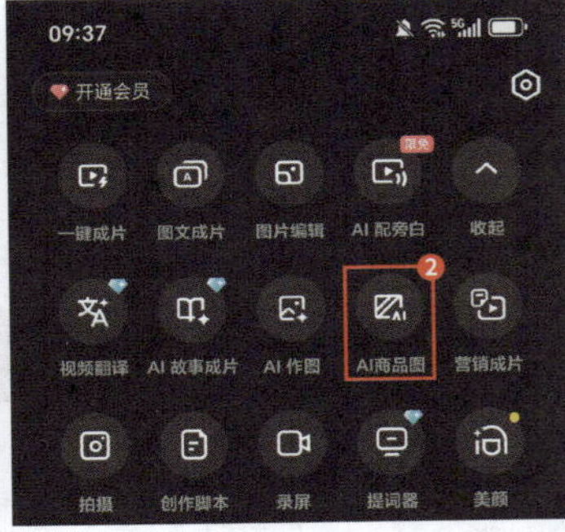

2 在“照片视频”界面中选择所需的图片素材，点击“添加”按钮，进入智能抠图界面，剪映 App 将自动识别并移除素材背景。

3 在底部的背景分类中，根据主体对象的风格选择合适的背景。如果对生成的效果不满意，可以再次点击所需的风格，AI 将重新生成同一风格的不同背景。

04 营销成片：如何利用 AI 生成高质量的营销视频？

“营销成片”功能是一项专为营销人员设计的快速批量生产视频的功能。创作者可以通过上传视频素材，输入商品名称和商品卖点，利用 AI 技术完成脚本撰写、配音、高光识别、素材匹配等多个环节的工作，快速生成符合用户诉求的高质量营销视频。

1 启动剪映 App，点击“展开”按钮，选择“营销成片”选项。

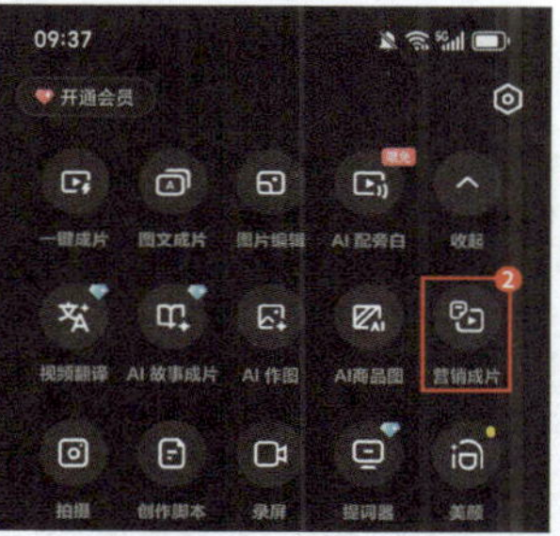

2 进入“营销推广视频”界面，添加视频素材，并在“AI 写文案”选项中输入商品名称和商品卖点。点击“生成视频”按钮，剪映 App 将自动生成多个短视频。选择所需的短视频，选择“点击编辑”选项，进入编辑界面。

3 选中视频片段，在弹出的工具栏中可以选择“替换”以替换视频，选择“裁剪”以裁剪视频或选择“音量”以调整视频音量。点击“字幕”按钮，在弹出的界面中可以编辑字幕、更换字幕和设置字幕音色。点击“编辑更多”按钮，跳转到视频制作界面，可以完成更为复杂的设置与编辑操作。

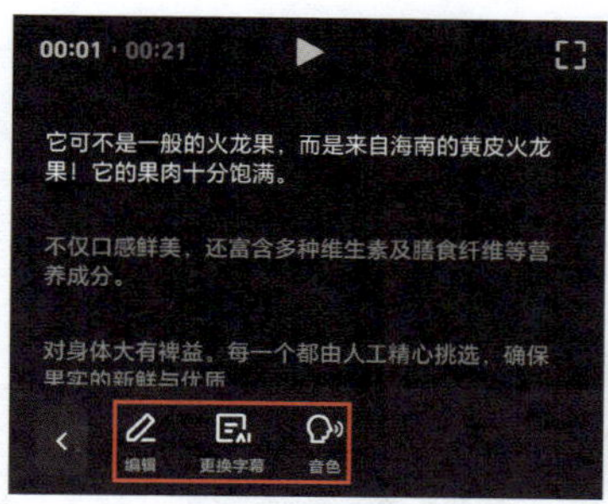

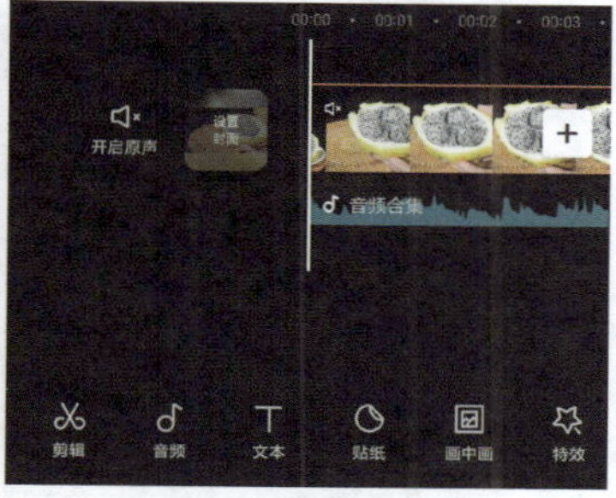

05 AI 音乐：快速生成音乐，只需几个关键词

“AI 音乐”功能可以根据创作者输入的关键词，自动随机生成对应的音乐素材。

1 导入所需的视频素材。在底部工具栏中，执行“音频 >AI 音乐”命令。

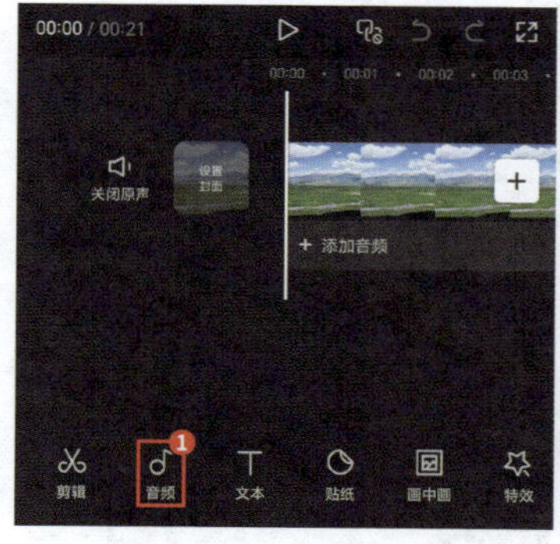

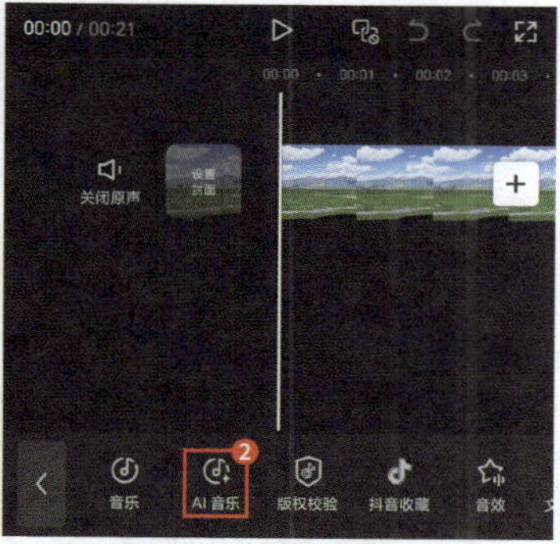

2 在弹出的界面中选择“音乐类型”为“纯音乐”，并在下方文本框中输入关键词。点击“开始生成”按钮，即可生成多个相关的音乐。创作者可以分别试听后根据需要进行选择，点击“使用”按钮即可应用。

3 如果对生成结果不满意，还可以通过“再次生成”和“修改要求”等功能进行调整。

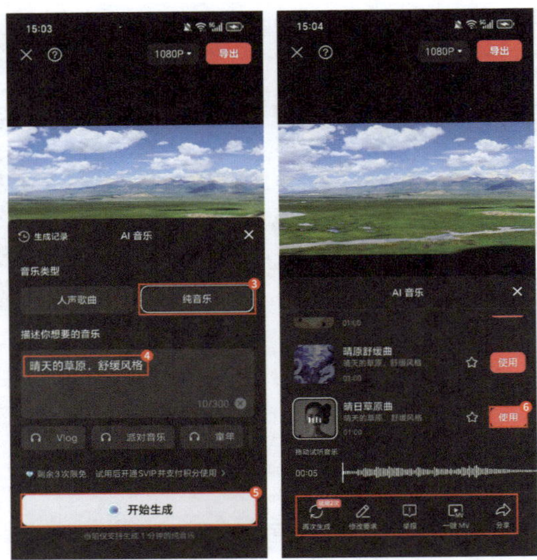

06 智能包装：想要优化视频？试试这个功能

“智能包装”功能可以根据导入的视频素材，自动识别并添加音乐、字幕、特效、转场等效果，优化视频内容，提升视频观感。

1 导入所需的视频素材。在底部工具栏中，执行“文本 > 智能包装”命令。

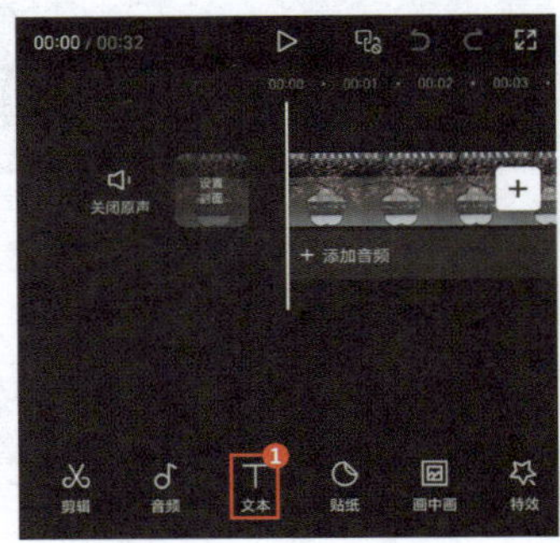

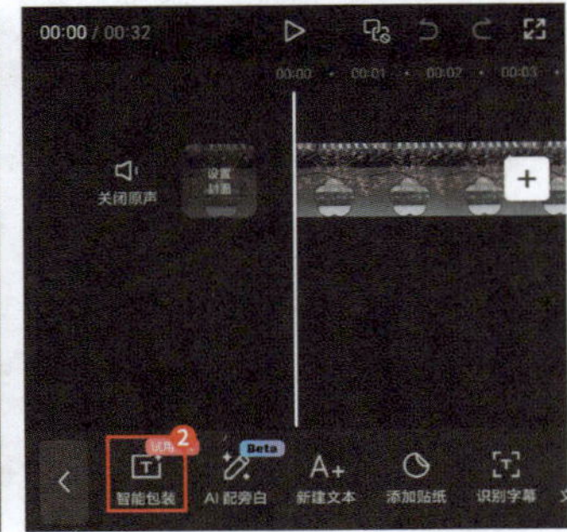

2 在弹出的提示框中点击“开始匹配”按钮，再点击“免费体验该功能”按钮，等待后即可生成短视频。

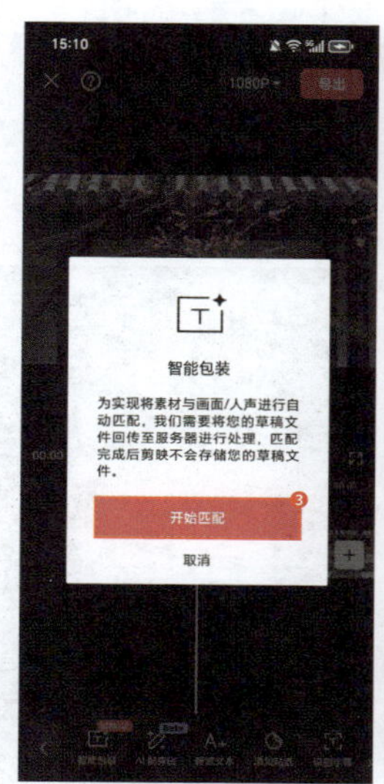

3.3 AI 效果运用：一键式生成艺术感照片

在剪映的众多 AI 功能中，专门用于照片美化的功能可以将平平无奇的照片转换为艺术感十足的作品。本节将介绍 3 个照片美化功能的使用方法，让创作者能够更加快速地对照片进行优化。

01 人物写真：如何将生活照快速变成花样写真照？

剪映 App 中的“写真”功能仅适用于人物照片素材，包含“氧气写真”“遇见芳华”“肖像照 I”“月下少女”等多个模板，仅需数秒即可将生活照转换为写真照，虽然整体画面变化较大，但还是会保留一部分原图的特点。

1 导入所需的照片素材，并选中素材。在底部工具栏中，执行“特效 > 人物特效”命令。

2 在弹出的选项菜单中选择“写真”分类下的“古风写真”，即可生成相应风格的写真照。

02 AI 特效：利用 AI 快速将画面转换为绘画风格

剪映 App 中的“AI 特效”功能对照片和视频素材均适用，但对两者提供的绘画风格略有不同，且视频素材的生成需要付费购买积分才可以实现。

1 导入所需的照片素材，并选中素材。在底部工具栏中，执行“特效 >AI 特效”命令。

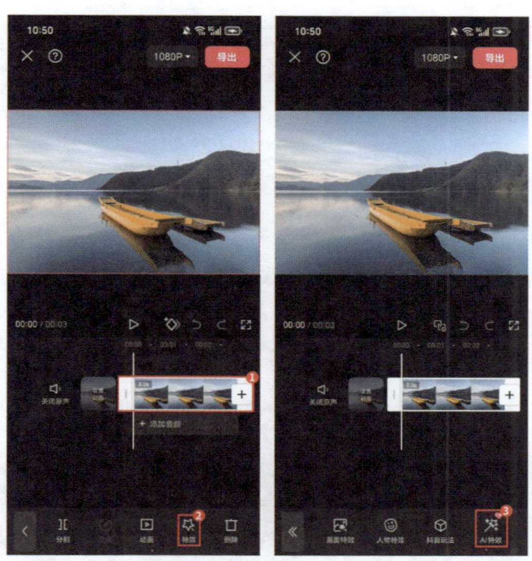

2 在弹出的选项菜单中选择“艺术绘画”分类下的“印象派风景 I”，点击“生成”按钮，即可生成多个相应风格的绘画作品。选择所需效果，点击“应用”按钮，完成操作。

03 智能扩图：如何利用 AI 生成图片细节？

剪映 App 中的“智能扩图”功能仅适用于对照片素材进行修补。利用 AI 算法，该功能仅需数秒即可根据照片内容自动补充缺失的部分，同时整体画面进行放大处理。

1 导入所需的照片素材，并选中素材。在底部工具栏中，执行“特效 > 画面特效”命令。

2 在弹出的选项菜单中选择“改图”分类下的“智能扩图 II”，即可自动填充照片中缺失的部分。

秒懂短视频剪辑：

剪映+AI

实例精讲（全彩印刷）

第4章

美化视频：让视频更出圈的三要素

在完成前期的拍摄与剪辑工作后，就要进一步对短视频进行美化，从而提升内容的整体质量。本章分别从音频优化、人物美化和视频调色 3 个方面进行讲解，使制作出的短视频既可以提高观众的观看体验，又可以增强内容的传播效果。

4.1 音频优化：合理应用音频为视频效果增光添彩

音频在短视频中扮演着至关重要的角色，无论是添加背景音乐、音效还是解说音频，都可以为视频增光添彩。本节将介绍 4 种添加和优化音频的方法，帮助创作者掌握音频的运用技巧。

01 添加音乐：怎样使用户有沉浸式体验？

在制作短视频时，经常需要去除视频素材中的原声，为其添加统一的背景音乐，此项操作非常简单。

1 导入所需的视频素材，点击“关闭原声”，去除视频素材中的原声。执行“音频 > 音乐”命令，进入“音乐”界面。

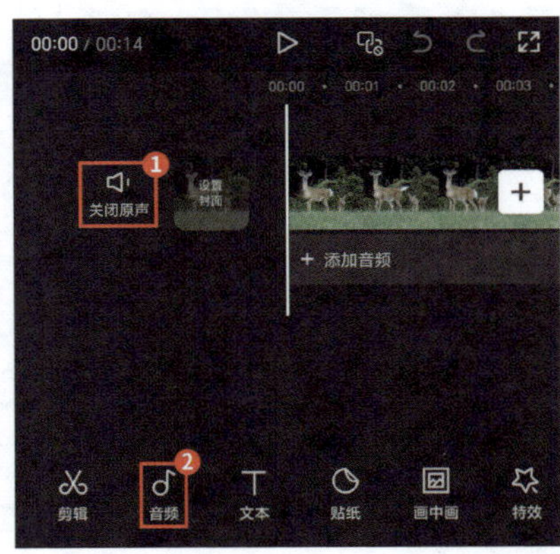

2 可以在分类下选择合适的音乐，也可以在搜索框中输入歌曲名称进行搜索，点击音乐可以进行试听。点击“使用”按钮，即可在编辑界面添加所选取的音乐。

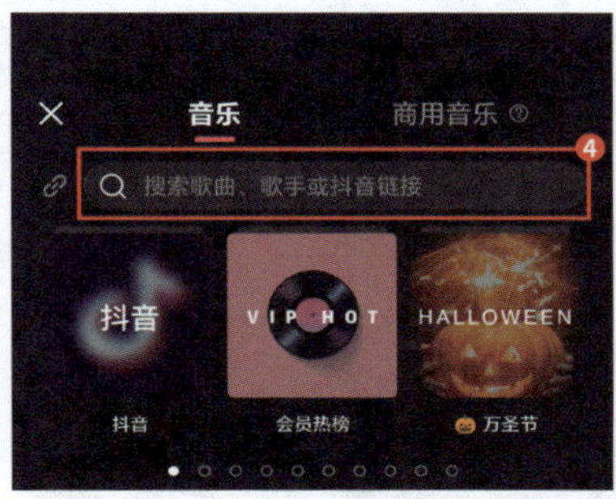

02 淡入淡出：音频怎样过渡更自然？

在同一个短视频中有时需要添加多段背景音乐，为避免过渡时听起来过于突兀，需要为其添加淡化效果，使音乐衔接更加流畅自然。

1 导入所需的视频素材和两段背景音乐（添加音乐的方法在前文已有讲解，此处不再赘述），并对背景音乐进行剪辑。

2 选中第一段背景音乐，点击“淡入淡出”按钮，在弹出的选项菜单中向右滑动“淡出时长”的圆形滑块，设置音乐的淡出效果。

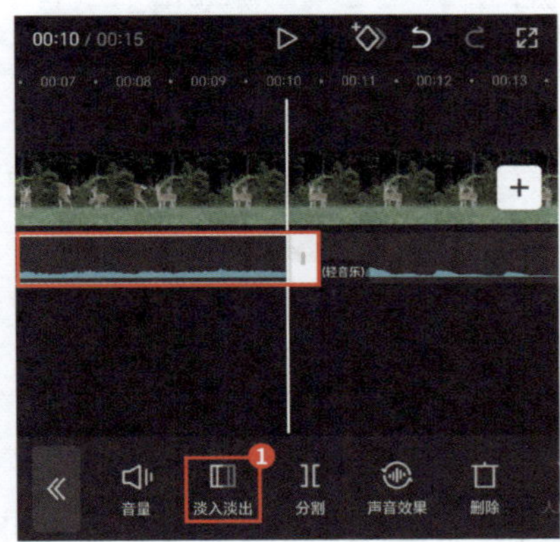

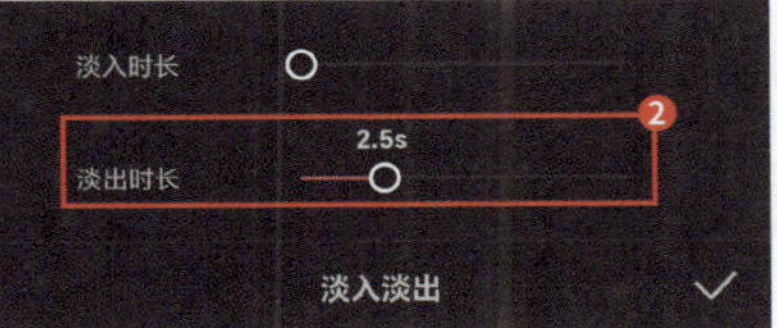

3 选中第二段背景音乐，点击“淡入淡出”按钮，在弹出的选项菜单中向右滑动“淡入时长”的圆形滑块，设置音乐的淡入效果。

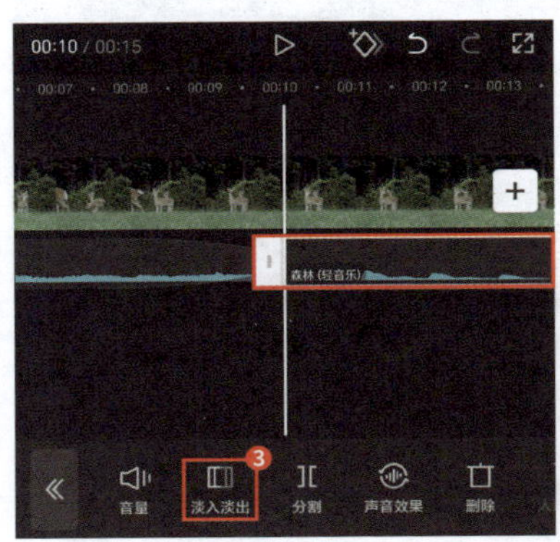

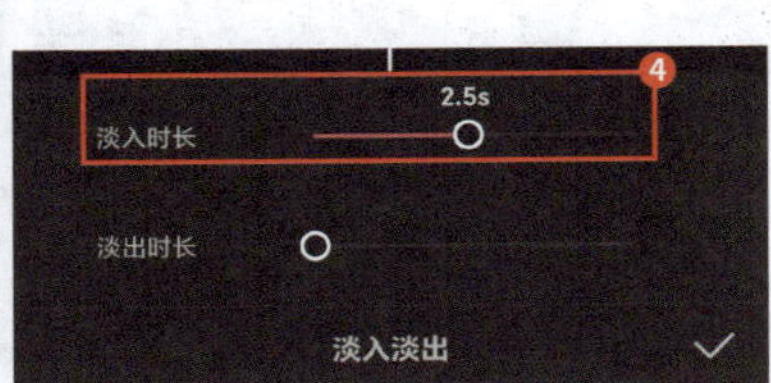

4 两段背景音乐设置完成后，在衔接处可能会出现无声的情况。选中第二段背景音乐，将其拖曳到第一段音乐的下方，使两段音乐的淡入淡出效果衔接更自然。

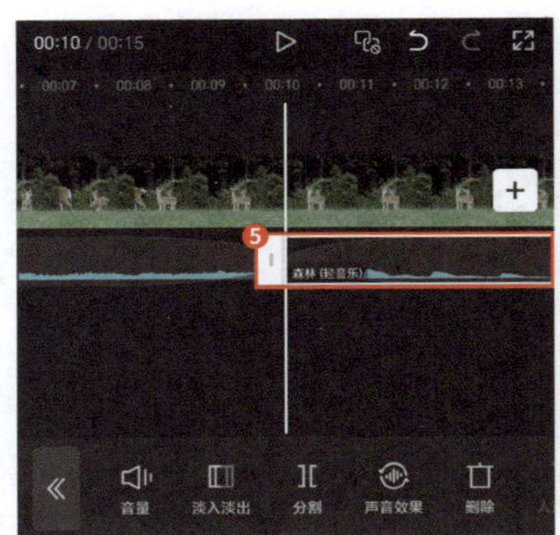

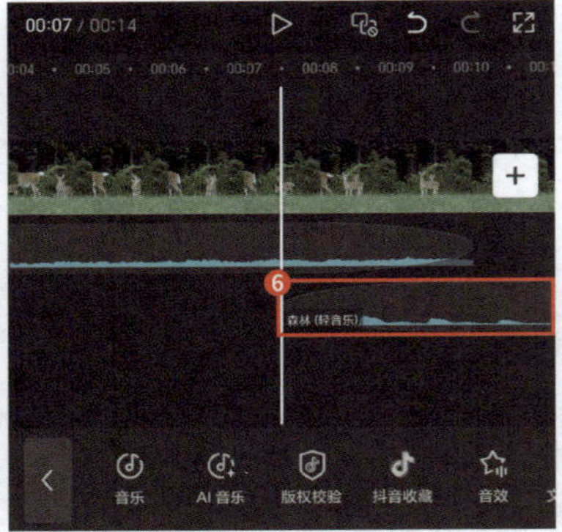

03 添加音效：音频节奏平淡怎么办？

在视频中添加与画面相符的音效，可以增添内容的趣味性，并极

大地增强观众的代入感，使其有身临其境的感觉。

1 导入所需的视频素材，并添加背景音乐；拖动时间轴上的白色滑块到需要添加音效的位置，执行“音频 > 音效”命令。

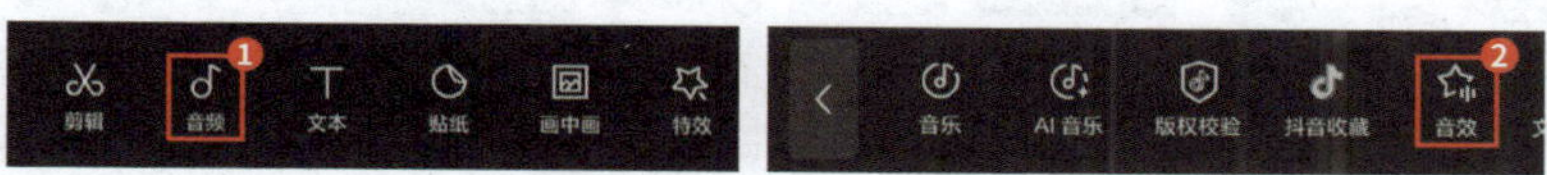

2 在弹出的选项菜单中选择“动物”分类下的“咕咕，木鸽叫声”，点击音效进行试听。点击“使用”按钮，即可在编辑界面添加所选取的音效，同时可以根据需要调整音效时长。

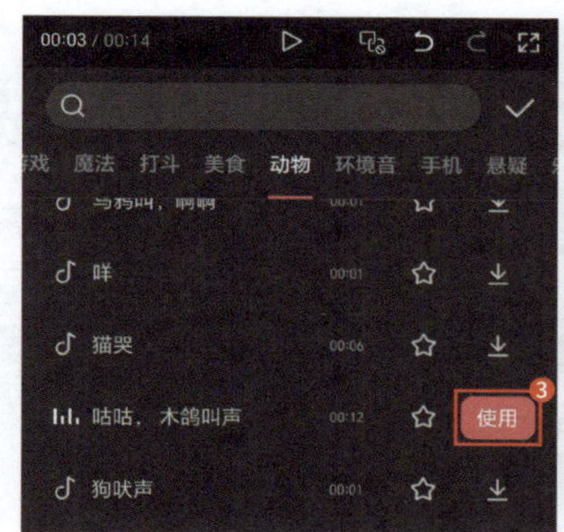

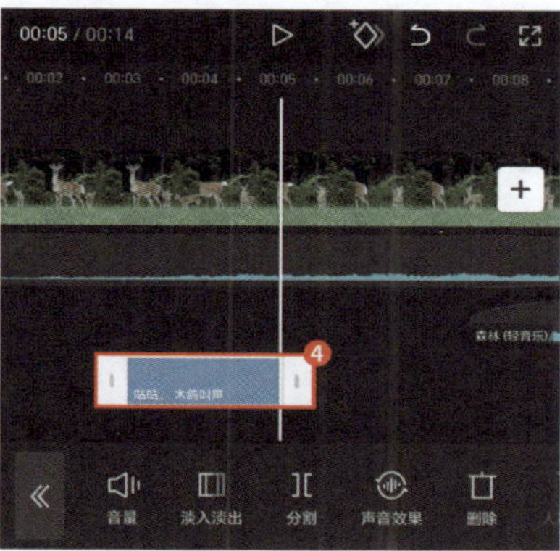

04 AI 配音：自己配音太生硬怎么办?

在视频拍摄完成后，如果对自己的配音不满意，或者想增加人物解说的趣味性，可以使用“声音效果”功能改变解说的音色。

导入所需的视频素材并选中素材。在底部工具栏中向左滑动显示更多选项，选择“声音效果”，选择“音色广场”分类下的“解说小帅”音色进行试听。点击“√”按钮，即可更改音频的音色。

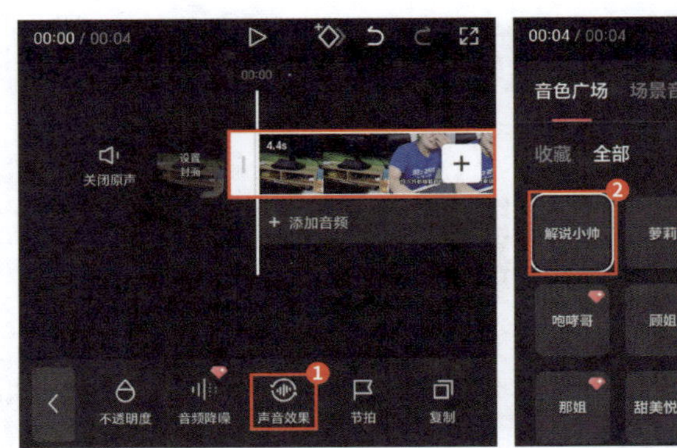

4.2 人物美化：轻松提升视频中人物的视觉效果

在拍摄人物类视频时，即使为模特做好妆造，并布置好拍摄环境，也经常会因为天气变化等原因导致最终效果不佳。本节将介绍几种常见的人物美化方法，帮助提升人物出镜效果。

01 人物美颜：如何有效做人物美颜？

在拍摄人物时，如果不小心忘记打开美颜效果，可以在剪映 App 中进行美颜操作。

1 导入所需的视频素材并选中素材。在底部工具栏中向左滑动显示更多选项，执行“美颜美体 > 美颜”命令。

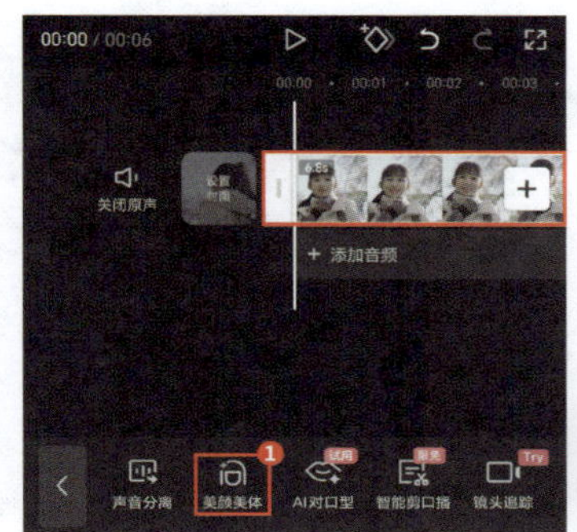

2 在弹出的选项菜单中选择“美颜”选项下的“磨皮”，向右滑动圆形滑块，为人物磨皮。选择“美白”，向右滑动圆形滑块，为人物美白。

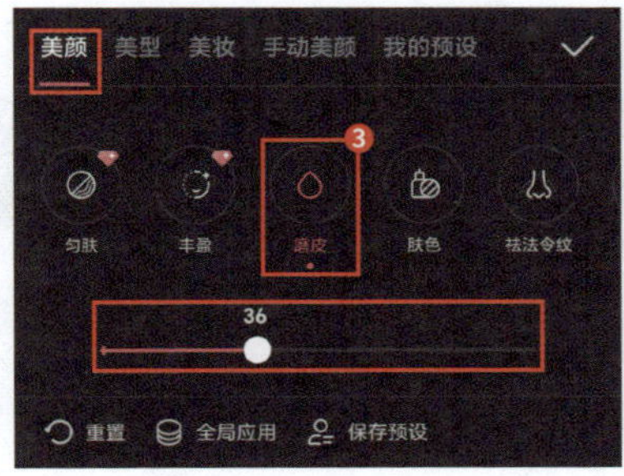

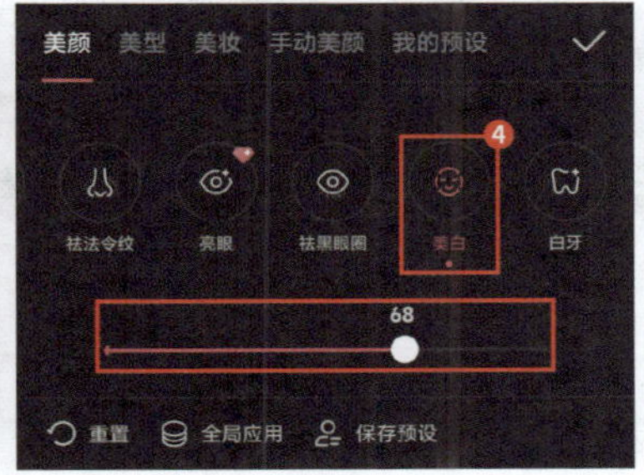

3 选择“美型”选项下“面部”中的“瘦脸”，向右滑动圆形滑块，为人物瘦脸。美颜前后的对比效果如图所示。

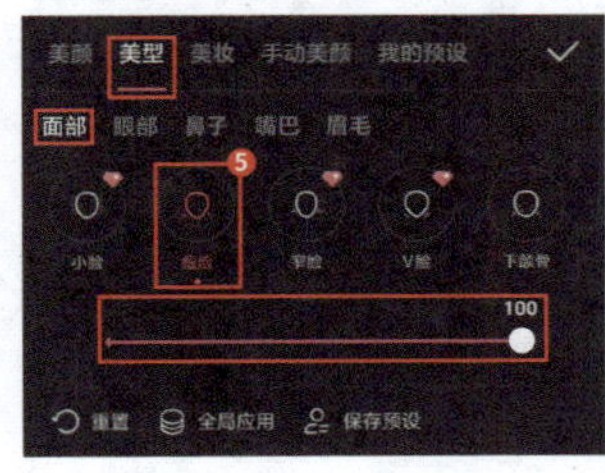

美颜前

美颜后

02 人物美妆：人物脱妆了，后期如何补妆？

如果因为拍摄时间过长，导致人物面部妆效不佳，同样可以在后期进行补妆修饰操作。

1 导入所需的视频素材并选中素材。在底部工具栏中向左滑动显示更多选项，执行"美颜美体 > 美颜"命令。

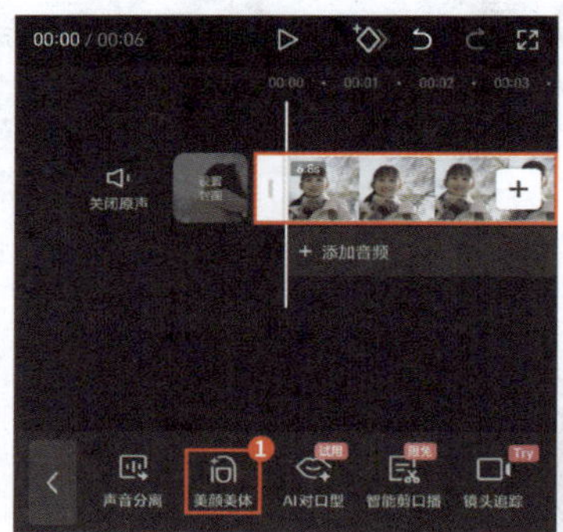

2 在弹出的选项菜单中选择"美妆"选项下"口红"中的"南瓜糖"，为人物添加口红效果。选择"修容"中的"苹果肌"，为人物添加修容效果。

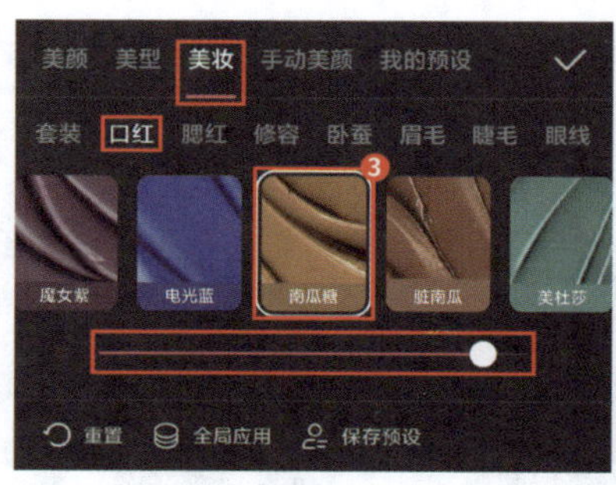

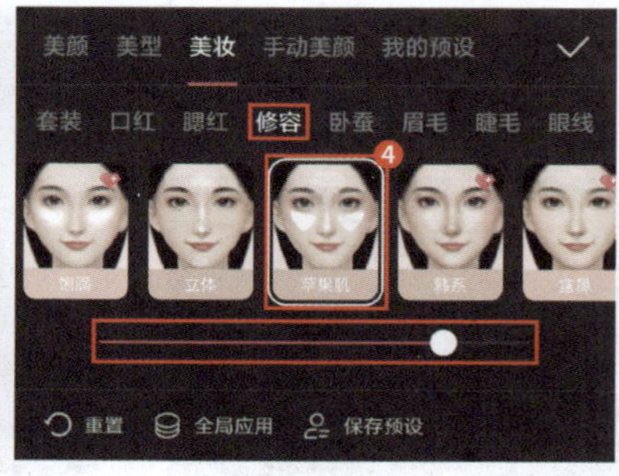

3 选择"睫毛"中的"欧美"，为人物的睫毛添加妆效。美妆前后的对比效果如图所示。

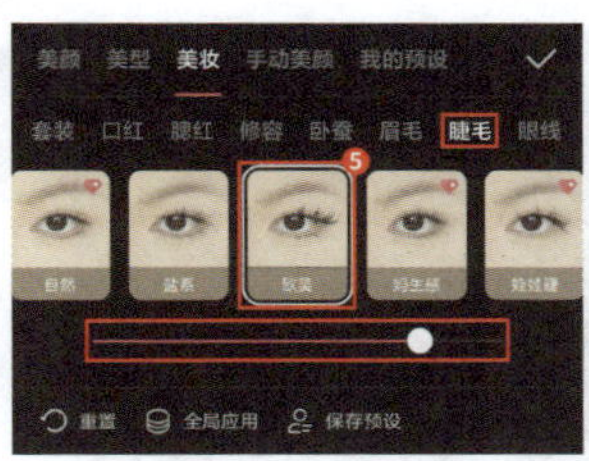

美妆前
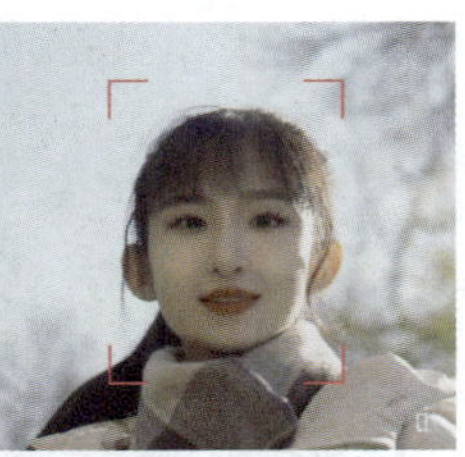
美妆后

03 人物瘦身：镜头里人物怎样显瘦？

受拍摄角度或光线强度的影响，镜头下的人物往往比实际更胖一些，这时可使用剪映 App 中的“美体”功能轻松实现“瘦身”效果。

1 导入所需的视频素材并选中素材。在底部工具栏中向左滑动显示更多选项，执行“美颜美体 > 美体”命令。

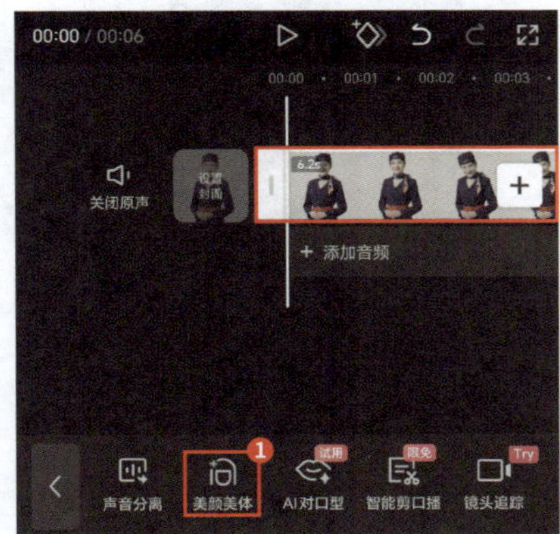

2 在弹出的选项菜单中选择“智能美体”选项下的“小头”，向右滑动圆形滑块，缩小人物头部。选择“手动美体”选项下的“瘦身瘦腿”，在预览区域调节黄色外框的大小，并将其放置在目标身体部位。向右滑动圆形滑块，实现瘦身效果。

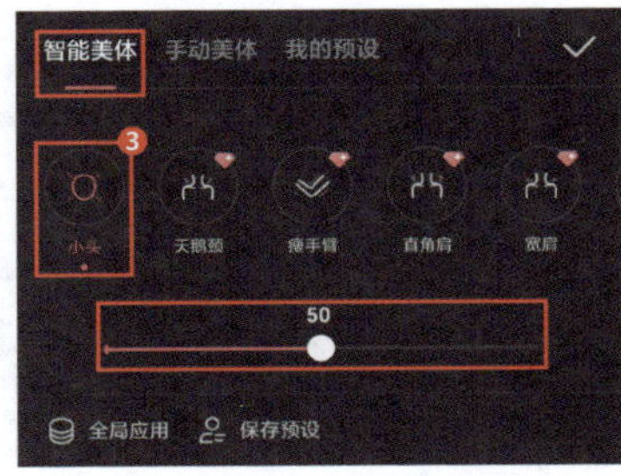

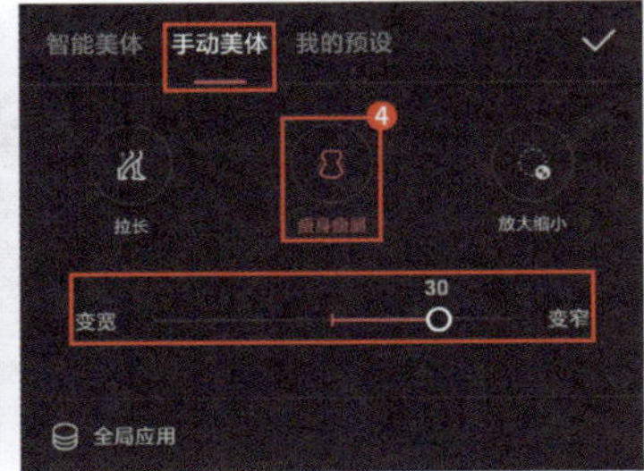

3 瘦身前后的对比效果如图所示。

瘦身前

瘦身后

04 人物增高：怎样打造大长腿效果？

受拍摄角度或镜头焦距的影响，人物拍摄有时会出现比例失调的情况，这时可以通过拉长腿部改变人物的身体比例，使人物在画面中更加突出。

1 导入所需的视频素材并选中素材。在底部工具栏中向左滑动显示更多选项，执行“美颜美体 > 美体”命令。

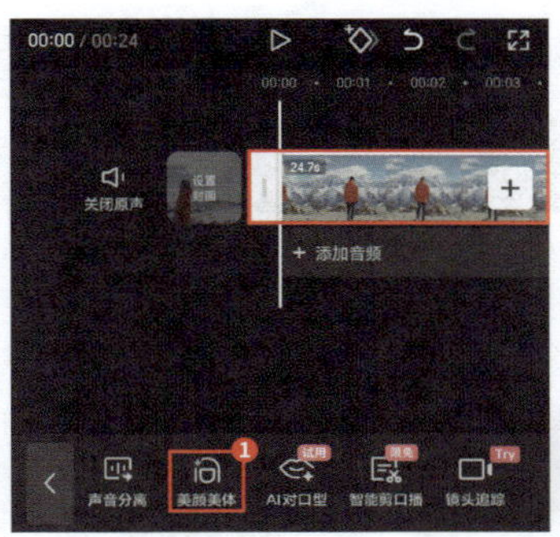

2 在弹出的选项菜单中选择“手动美体”选项下的“拉长”。在预览区域，系统将自动识别人物腿部位置，并生成黄色调节框；用户也可手动进行微调。向右滑动圆形滑块，即可实现人物腿部的拉长效果。腿部拉长前后的对比效果如图所示。

增高前

增高后

05 人物特效：人物特效怎样添加？

在一些需要人物出镜的短视频中，经常需要根据内容穿插一些人物特效。这些特效不仅可以为视频增强视觉冲击力，而且能增添趣味性，提升观众的观看兴趣。

1 导入所需的视频素材，在底部工具栏中，执行“特效 > 人物特效”命令。

2 在弹出的选项菜单中选择“情绪”选项下的“真的会谢”，效果如图所示。

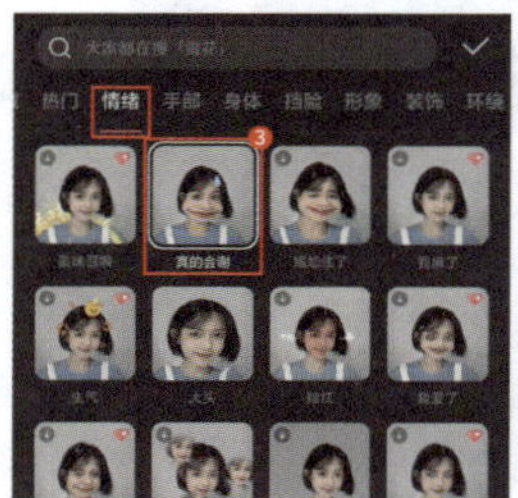

应用特效前　　应用特效后

06 AI 背景：怎样快速更换人物背景?

在拍摄照片或视频时，如果对背景不满意，或者想将室内场景改为室外场景，可以在剪映 App 中使用 AI 功能生成背景并进行替换。

1 导入所需的照片素材并选中素材。在底部工具栏中向左滑动显示更多选项，执行“抠像 > 智能抠像”命令。

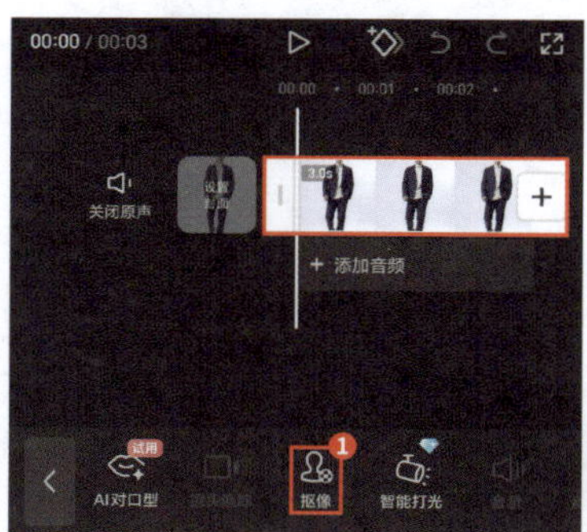

2 在弹出的选项菜单中点击“开启抠像”按钮，AI 将自动识别并抠出主体人物。点击“√”按钮确认操作后，即可返回编辑界面。

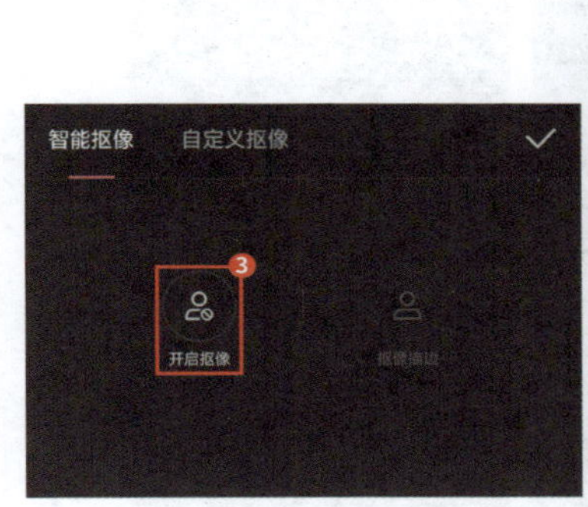

3 在底部工具栏中点击“AI 背景”按钮，在弹出的界面中调整人物大小和位置，在“输入描述”选项下的文本框中输入关键词。

4 在“更改比例”选项中调整画面比例。点击“开始生成”按钮，AI 将自动生成背景，用户可以根据需要进行选择。如果对效果不满意，可以调整描述词，或点击“重新生成”按钮。

4.3 视频调色：增强视频表现力的神秘法宝

在前期视频素材的拍摄中，天气、场景、光线等因素可能会导致成品效果不佳，这时可以在剪映 App 中为视频调色，改善视频中存在的问题。本节将介绍几种常用的调色方法，帮助提升最终的短视频效果。

01 通透色调：怎样拯救“黑”视频?

在光线不足的情况下拍摄视频，画面很容易又黑又暗，那么就需要在后期进行提亮处理。

调色前

调色后

1 导入所需的视频素材。在底部工具栏中向左滑动显示更多选项，选择“调节”。

2 在弹出的选项菜单中选择“亮度”，向右滑动圆形滑块到 20。

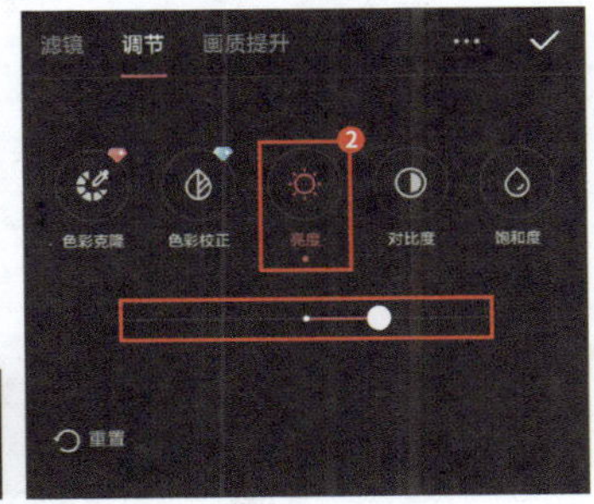

3 选择“对比度”，向右滑动圆形滑块到 15。选择“饱和度”，向右滑动圆形滑块到 10。

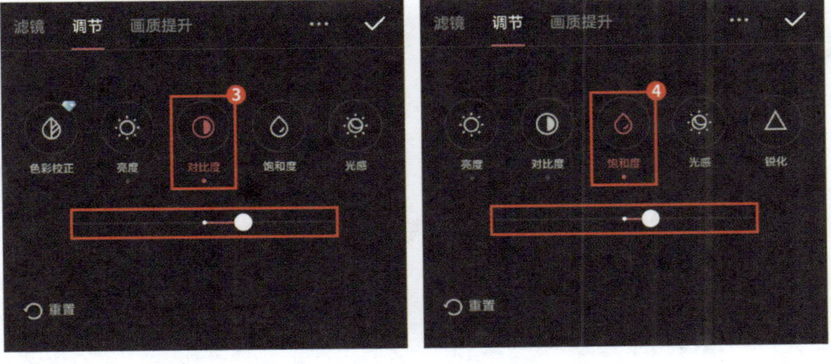

4 选择“高光”，向右滑动圆形滑块到10。选择“阴影”，向右滑动圆形滑块到15。点击“√”按钮，确认操作。

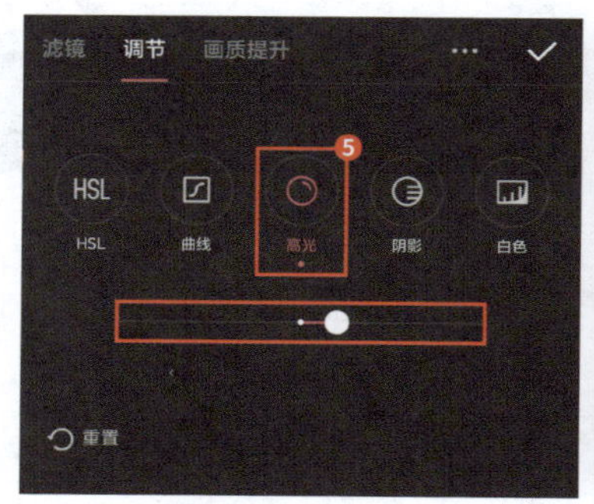

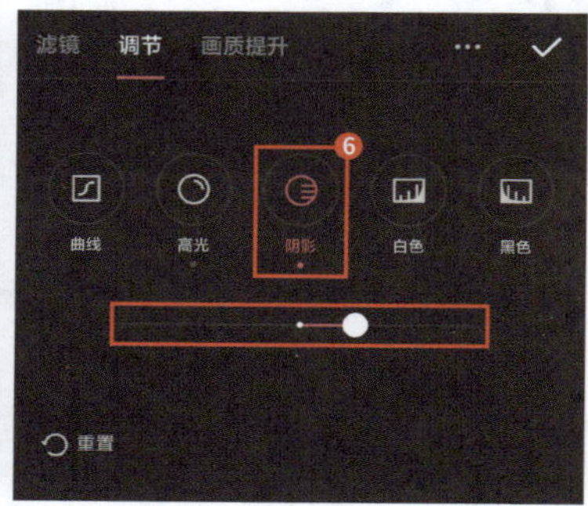

调整“黑黄糊”素材的主要思路是提高视频的亮度，再通过调整对比度、饱和度、高光和阴影等选项的数值来增强画面的明暗对比度，使画面更有质感。上述操作步骤中各项参数的数值仅针对本案例，读者在实际应用中可根据素材实际情况自行调整参数。

02 动画风色调：画面偏灰怎么调？

当相机的测光不准确或对比度设置较低时，通常拍摄的画面会整体发灰，这时就需要在后期将色彩调整得更明艳。

调色前

调色后

1 导入所需的视频素材。在底部工具栏中向左滑动显示更多选项，选择“调节”选项。选择“对比度”，向右滑动圆形滑块到15。

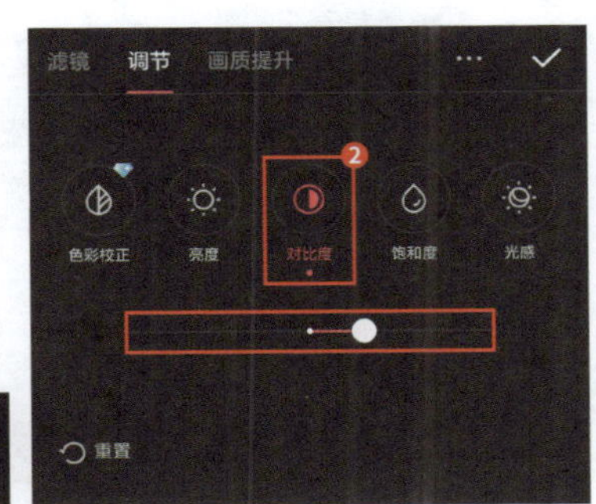

2 选择“饱和度”，向右滑动圆形滑块到 10。选择“光感”，向右滑动圆形滑块到 15。

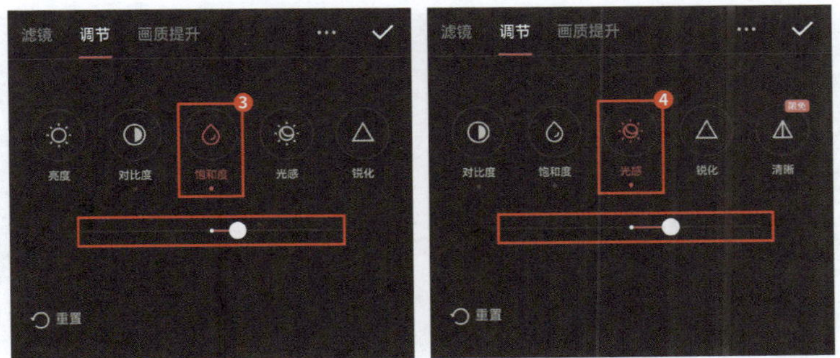

3 选择“清晰”，向右滑动圆形滑块到 20。选择“色温”，向右滑动圆形滑块到 10。点击“√”按钮，确认操作。

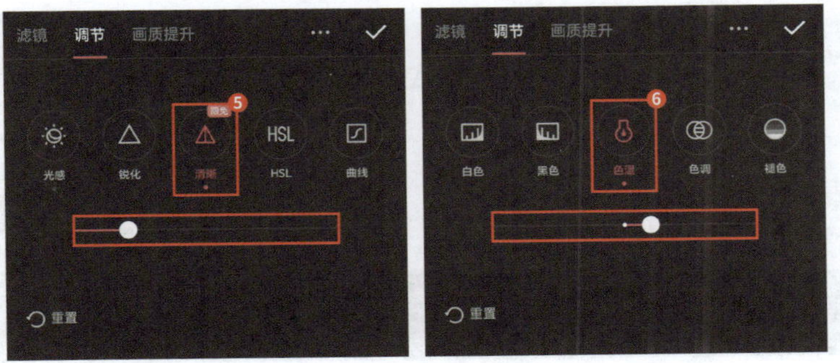

调整画面偏灰素材的主要思路是通过强化色彩对比来增强视觉冲击力，恰当运用对比色可以使画面更加生动和吸引人。上述操作步骤中各项参数的数值仅针对本案例，读者在实际应用中可根据素材实际情况自行调整参数。

03 海景色调：如何拯救阴天偏暗的素材？

在阴天时，往往拍不出蔚蓝的海景画面，通过后期的调色既可以模拟晴天拍摄的感觉，又能够增强画面细节和质感，同时提升画面的层次感。

调色前

调色后

1 导入所需的视频素材。在底部工具栏中向左滑动显示更多选项，选择“调节”选项。

2 在弹出的选项菜单中选择“对比度”，向右滑动圆形滑块到15。

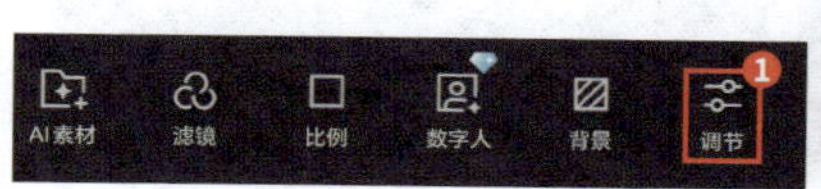

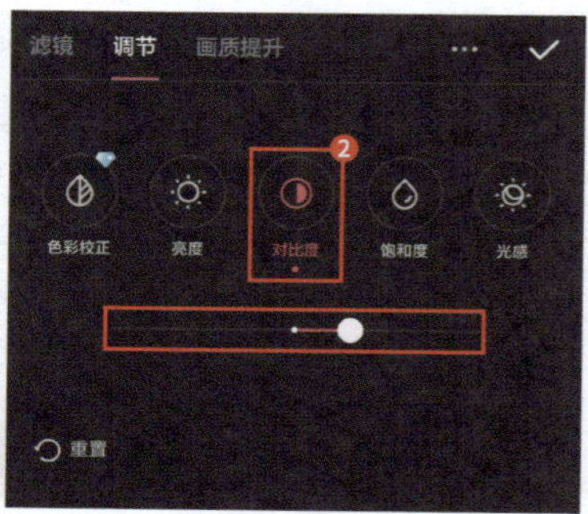

3 选择“饱和度”，向右滑动圆形滑块到 10。选择“光感”，向右滑动圆形滑块到 15。

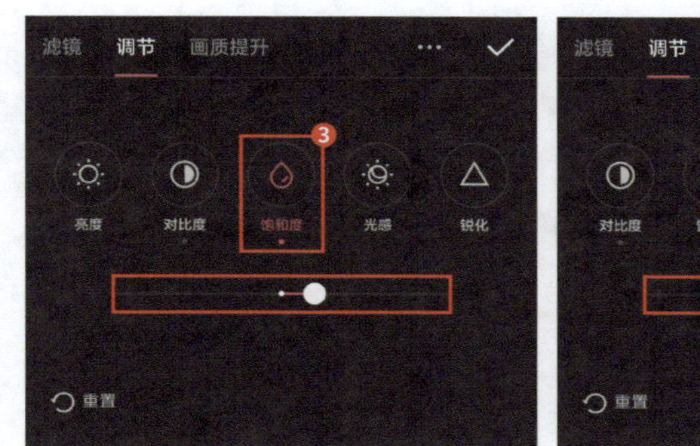

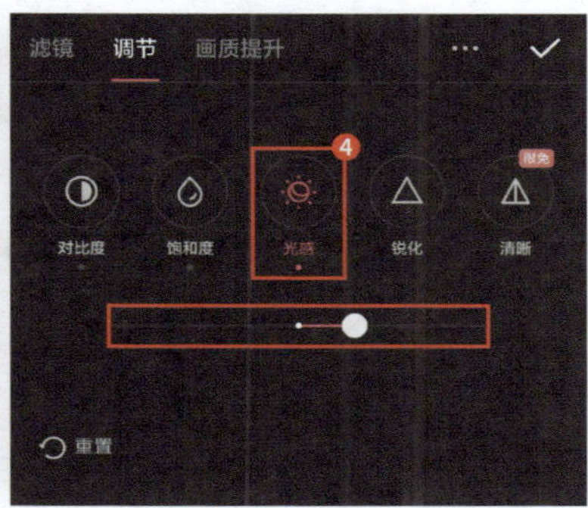

4 选择“色温”，向左滑动圆形滑块到 -10。选择“HSL”，在弹出的选项菜单中选择“蓝色色环”，向右滑动“色相”的圆形滑块到 10，向右滑动“饱和度”的圆形滑块到 15，向左滑动“亮度”的圆形滑块到 -25。点击“√”按钮，确认操作。

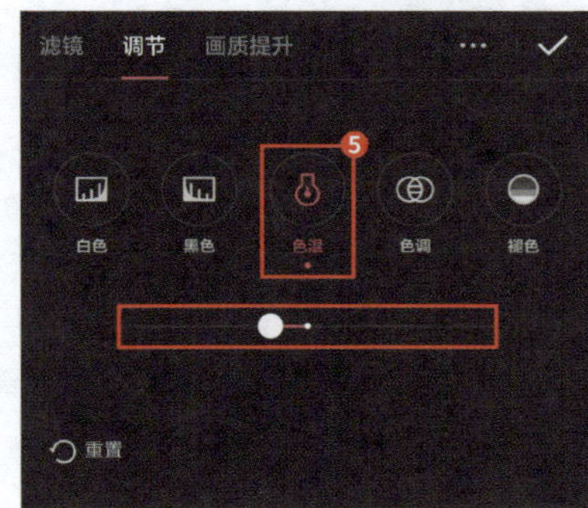

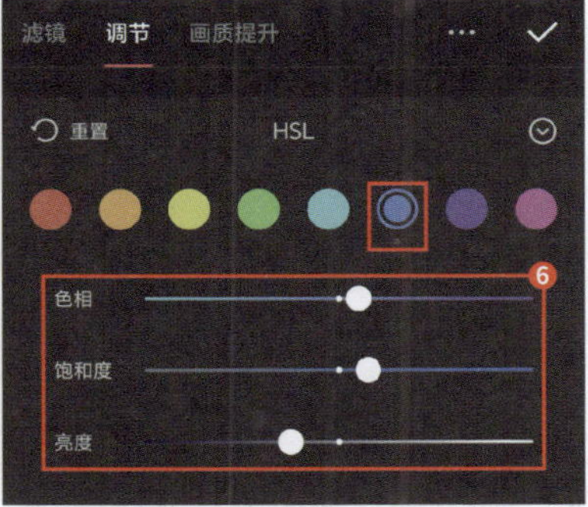

在调色过程中，通过调节 HSL 参数可以更精细地调整画面中某个颜色的色相。上述操作步骤中各项参数数值仅针对本案例，读者在实际应用中可根据素材实际情况自行调整参数。

04 美食色调：美食素材怎么提升食欲?

通过调色，可以强调食物的某些特点，如新鲜度、口感和烹饪技巧，同时色泽鲜艳的食材看起来也更加美味诱人。

调色前

调色后

1 导入所需的视频素材。在底部工具栏中向左滑动显示更多选项，选择“滤镜”选项。在弹出的选项菜单中选择“美食”分类下的“暖食”。

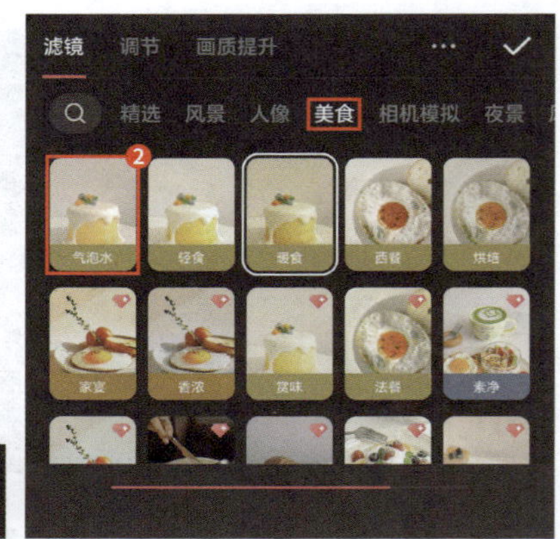

2 点击“调节”选项，选择“对比度”，向右滑动圆形滑块到 5。选择“饱和度”，向右滑动圆形滑块到 5。

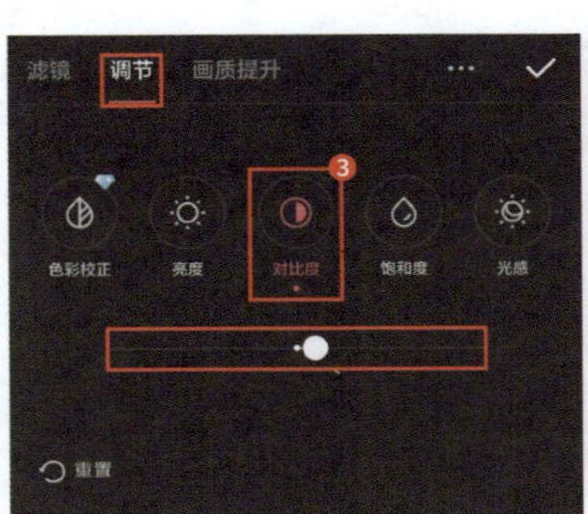

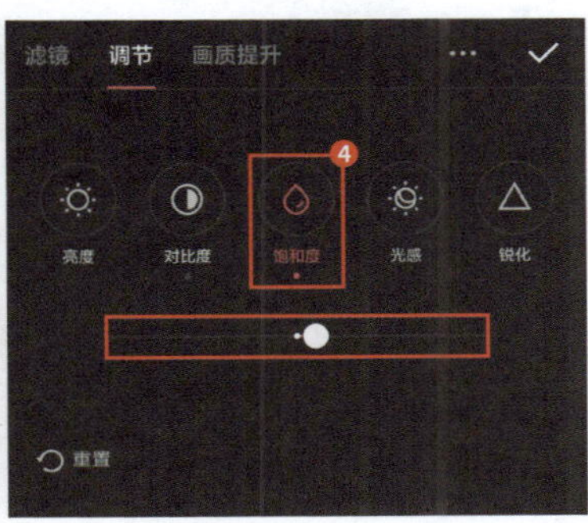

3 选择“色温”，向右滑动圆形滑块到 10。选择“色调”，向右滑动圆形滑块到 10。点击“√”按钮，确认操作。

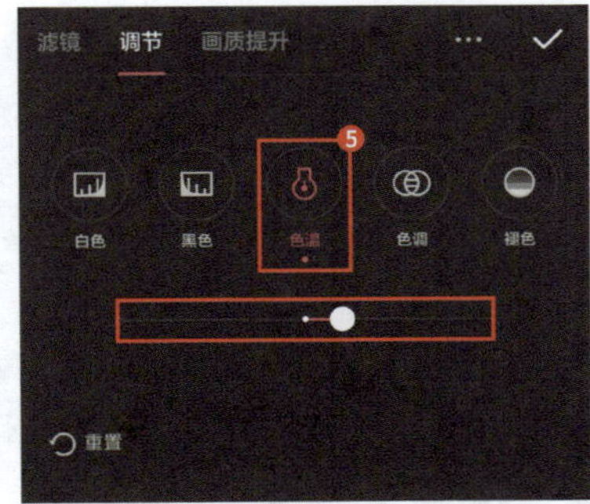

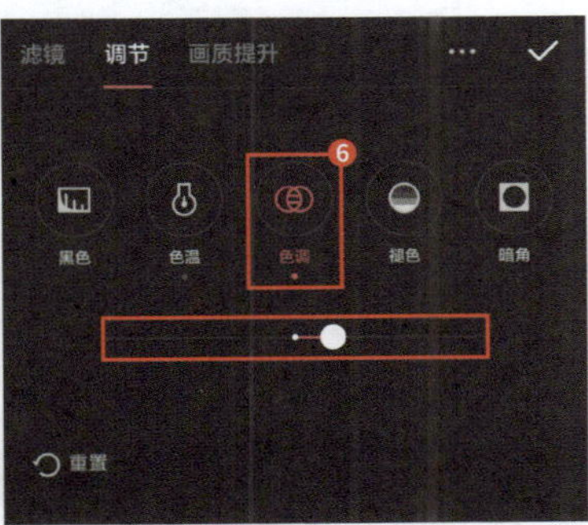

通常，美食类素材的调色以暖色调为主，并具有较高的饱和度和色彩对比度，从而使人看到这类图时，有食欲增加的感觉。上述操作步骤中各参数的数值仅针对本案例，读者在实际应用中可根据素材实际情况自行调整参数。

05 夜景色调：如何调出好看的夜景视频？

在夜景拍摄中，由于光线条件复杂，拍摄的画面往往存在色彩偏差。而给画面添加简约大气的黑金色调，可以使画面更和谐。这种调色方法需要凸显画面中的橙色和金色，同时降低其他颜色的饱和度。

调色前

调色后

1 导入所需的视频素材。在底部工具栏中向左滑动显示更多选项，选择“滤镜”选项。在弹出的选项菜单中选择“夜景”分类下的“黑金红”。

2 点击“调节”选项，选择“亮度”，向右滑动圆形滑块到10。选择“对比度”，向右滑动圆形滑块到15。

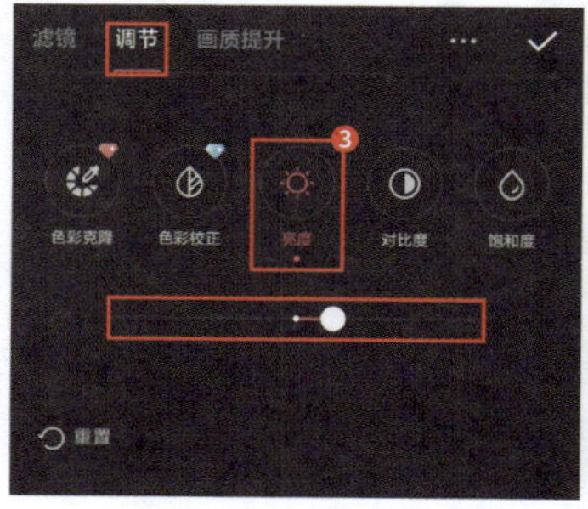

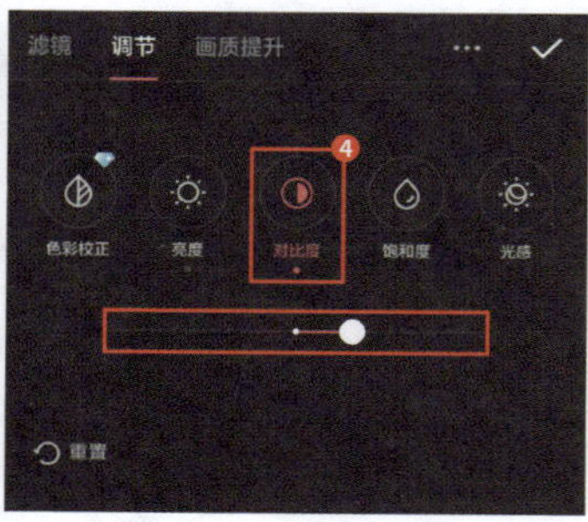

3 选择“饱和度”，向右滑动圆形滑块到 10。选择“暗角”，向右滑动圆形滑块到 15。点击“√”按钮，确认操作。

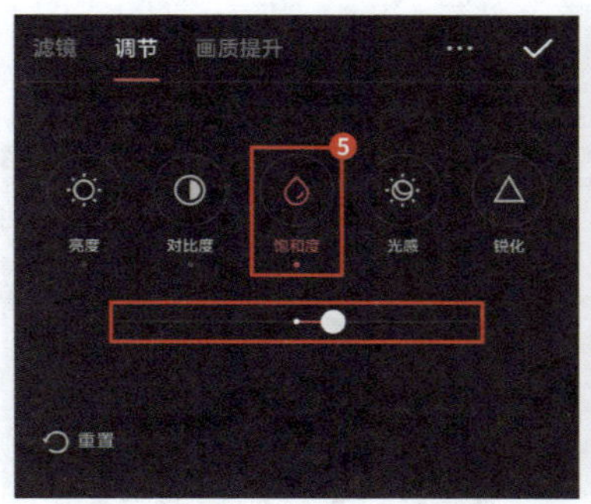

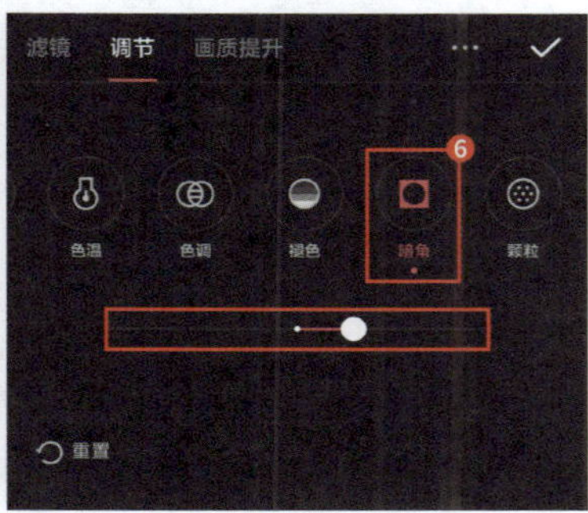

黑金色调的核心在于色彩的对比，其中黑色通常作为背景色或阴影部分，而金色则出现在高光区域或重点物体上，这种对比能够形成强烈的视觉冲击，突出主体物的立体感和质感。上述操作步骤中各项参数的数值仅针对本案例，读者在实际应用中可根据素材实际情况自行调整参数。

06 复古港风色调：《繁花》同款的高级感怎样调？

复古港风色调是一种常见的色彩风格，指的是整体画面色调偏黄偏绿，没有明显的纯黑或纯白，冷色和暖色通常都会向黄色偏移，使画面色彩保持一种适中的饱和度，看起来既有年代感又不失现代感。

调色前

调色后

1 导入所需的视频素材。在底部工具栏中向左滑动显示更多选项，选择“滤镜”选项。

2 在弹出的选项菜单中选择“影视级”分类下的“青橙”，向左滑动圆形滑块到 60，调节滤镜的强度。点击“√”按钮，确认操作。

3 取消选中“青橙”滤镜，点击“新增滤镜”。在弹出的选项菜单中选择“影视级”分类下的“繁花如梦”，向左滑动圆形滑块到 50，调节滤镜的强度。

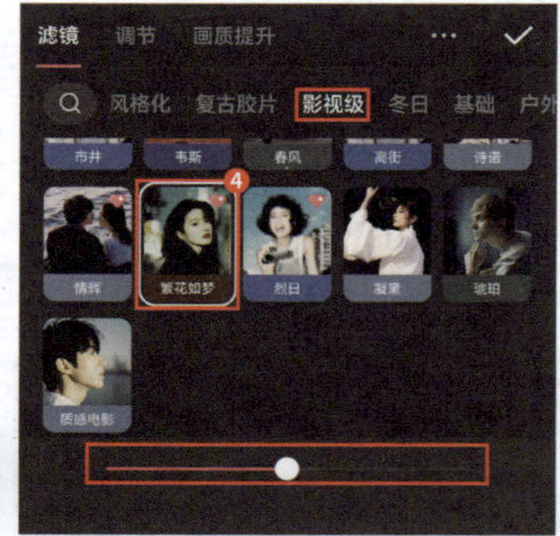

4 点击“调节”选项，选择“饱和度”，向右滑动圆形滑块到 15。选择“色温”，向左滑动圆形滑块到 -20。

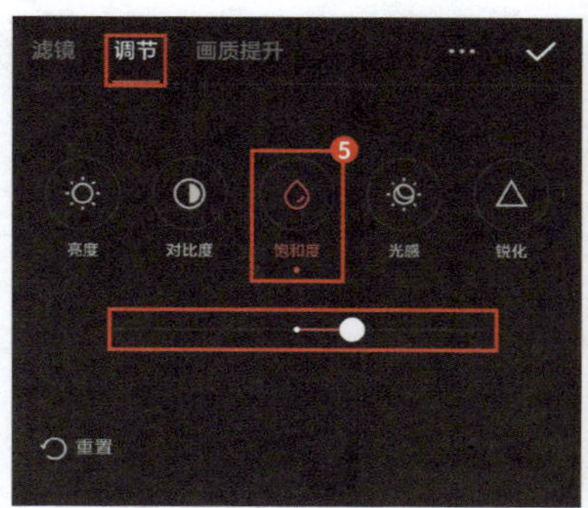

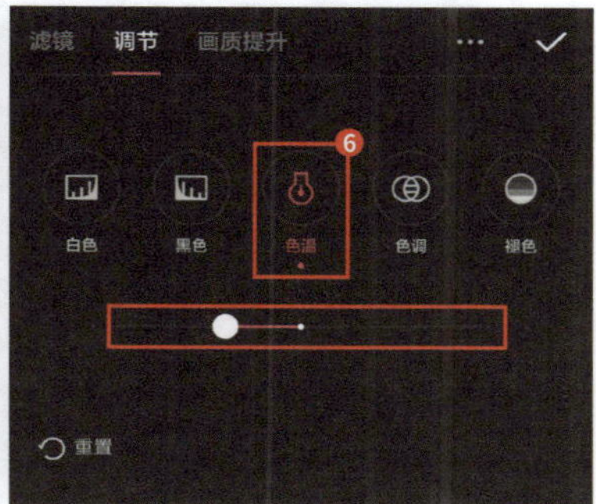

5 选择“色调”，向左滑动圆形滑块到 -10。点击“√”按钮，确认操作。

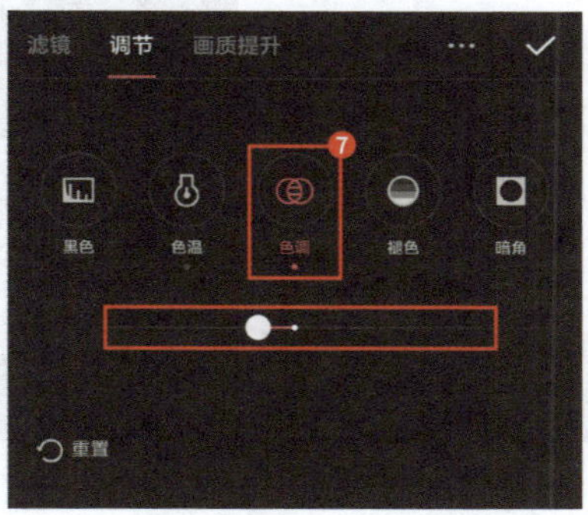

复古港风色调是一种独特的视觉风格，具有强烈的氛围感，给人温暖而怀旧的感受。上述操作步骤中各项参数的数值仅针对本案例，读者在实际应用中可根据素材实际情况自行调整参数。

07 古风色调：如何营造穿越时空的美感？

古风色调倾向于使用柔和、低饱和度的色彩，以营造出古典、优雅的氛围。通过后期处理，可以增加一些仿古的质感，如轻微的颗粒感、褪色效果或手绘感，使照片看起来更具年代感。

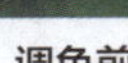
调色前

调色后

1 导入所需的视频素材。在底部工具栏中向左滑动显示更多选项，选择“滤镜”选项。在弹出的选项菜单中选择“户外”分类下的“山系”。点击“√”按钮，确认操作。

2 取消选中“山系”滤镜，点击“新增滤镜”。在弹出的选项菜单中选择“影视级”分类下的“国风电影”。

3 点击“调节”选项，选择“HSL”，在弹出的选项菜单中选择红色色环，向左滑动“饱和度”的圆形滑块到 -30，向右滑动“亮度”的圆形滑块到 20。

4 选择绿色色环，向左滑动“饱和度”的圆形滑块到 -40，向右滑动“亮度”的圆形滑块到 50。点击下箭头，收起“调节”选项。

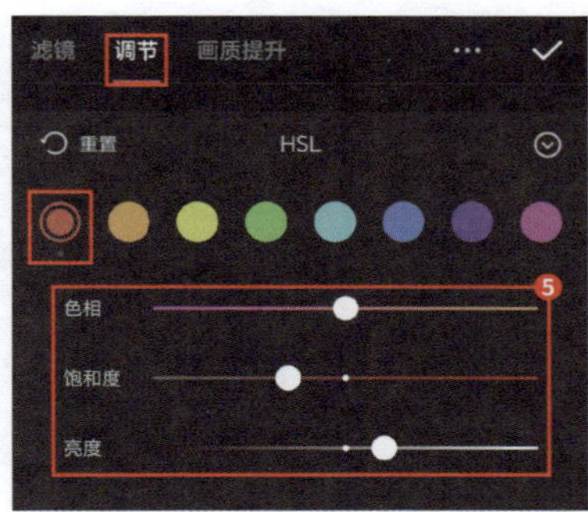

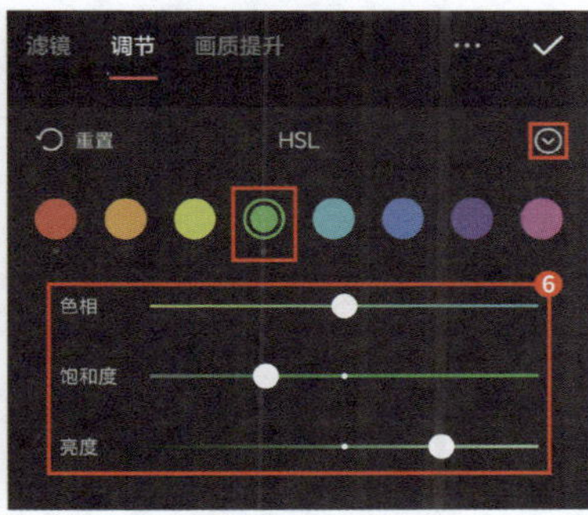

5 在“调节”选项中，选择“暗角”，向右滑动圆形滑块到 10。选择“颗粒”，向右滑动圆形滑块到 50。点击“√”按钮，确认操作。

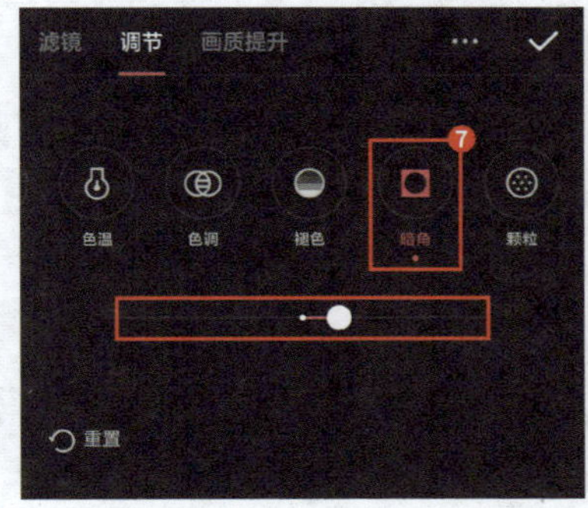

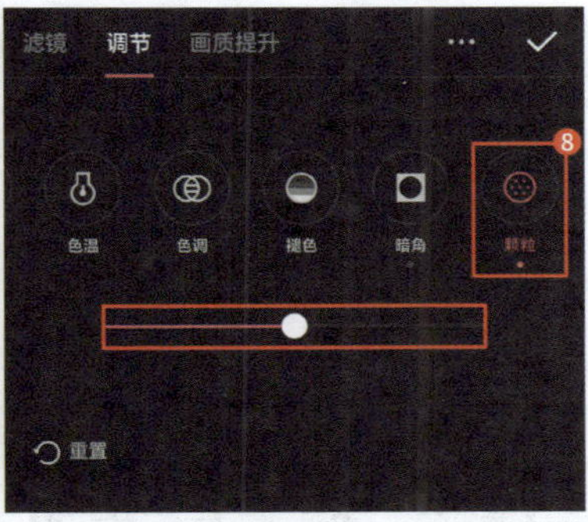

古风色调的调节讲究整体色调的统一性，应避免使用过多对比强烈的颜色。这种色调更适用于以山水、竹林、荷花等为主体的画面。上述操作步骤中各项参数的数值仅针对本案例，读者在实际应用中可根据素材实际情况自行调整参数。

08 奶油 ins 风色调：如何打造柔和温馨的画面感？

奶油 ins 风色调通常以柔和的浅米色、奶白色、淡粉色等为主色调，这些颜色具有较低的饱和度和较高的明度，给人一种温暖、舒适的感觉。

调色前

调色后

1 导入所需的视频素材。在底部工具栏中向左滑动显示更多选项，选择“滤镜”选项。在弹出的选项菜单中选择“美食”分类下的“气泡水”。

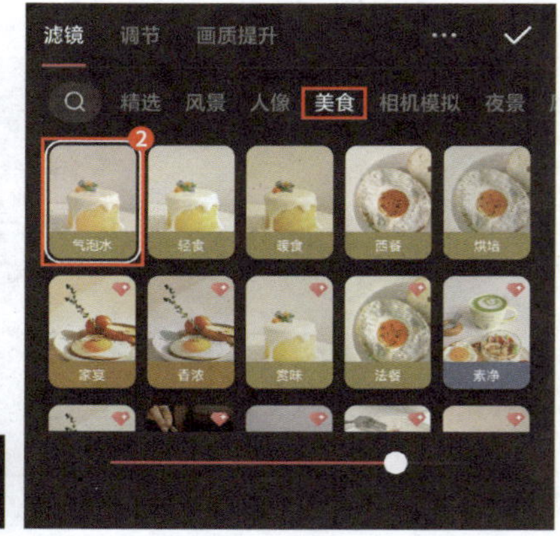

2 点击“调节”选项，选择“亮度”，向右滑动圆形滑块到10。选择“饱和度”，向右滑动圆形滑块到10。

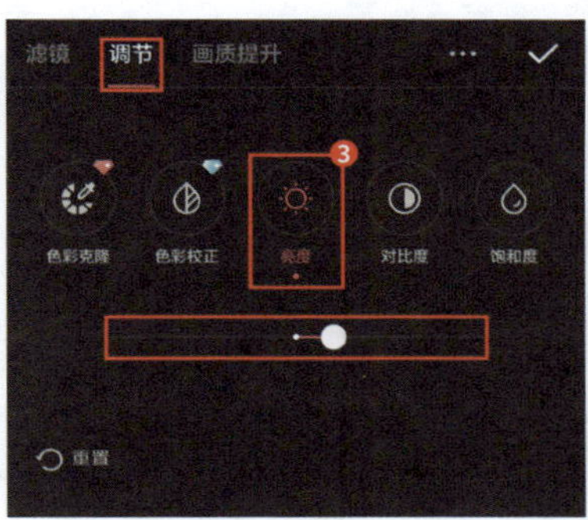

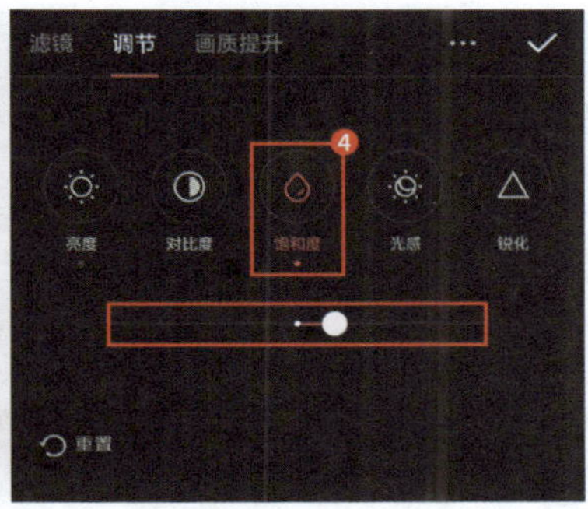

3 选择“色温”，向左滑动圆形滑块到 -10。选择“色调”，向右滑动圆形滑块到 10。点击“√”按钮，确认操作。

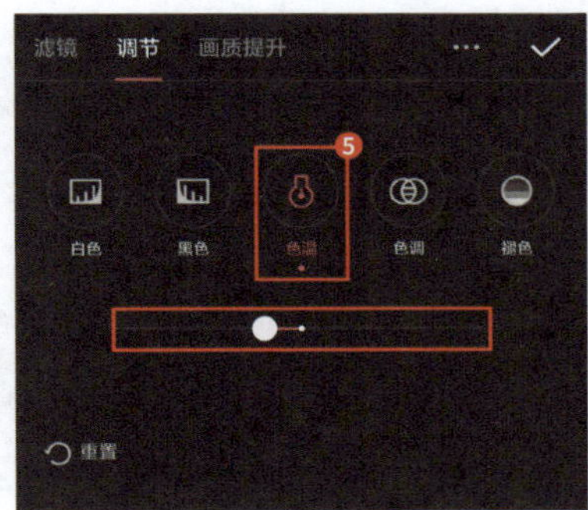

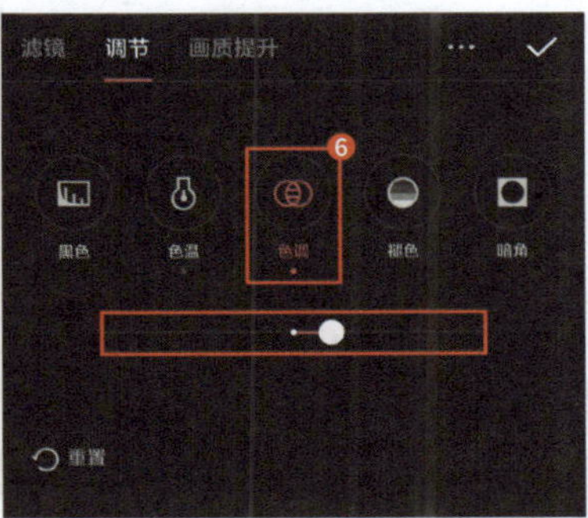

奶油 ins 风色调具有强调细节和质感、统一色彩搭配以及营造温馨氛围等特点。上述操作步骤中各项参数的数值仅针对本案例，读者在实际应用中可根据素材实际情况自行调整参数。

秒懂短视频剪辑：
剪映＋AI
实例精讲（全彩印刷）

第 5 章
创意视频：如何让你的视频脱颖而出

对于短视频来说，基础的剪辑操作可以保证内容的流畅性和连贯性，而如果想要在众多的短视频中脱颖而出，则需要更多的创新性和独特性。创意视频具有较高的观赏性，更容易吸引观众的注意力。本章分别从创意片头、创意技巧和创意片尾 3 个方面进行讲解，帮助创作者制作出优秀的创意视频。

5.1　创意片头：提高视频观看率的关键

短视频片头是视频内容的重要组成部分，一个好的片头能够在视频开始的几秒钟内迅速吸引观众的注意力，激发观众对视频内容的兴趣。本节将介绍 4 种创意片头的制作方法，帮助创作者提高视频的完播率。

01　四分屏片头：片头如何增强视觉冲击力？

在制作户外运动类短视频时，一个吸睛的片头不可或缺。本方法教你如何将平平无奇的素材打造成具有视觉冲击力的片头。

1 导入所需的视频素材并选中素材。在底部工具栏中向左滑动以显示更多选项，点击“蒙版”，在弹出的选项菜单中，选择“镜面”选项。

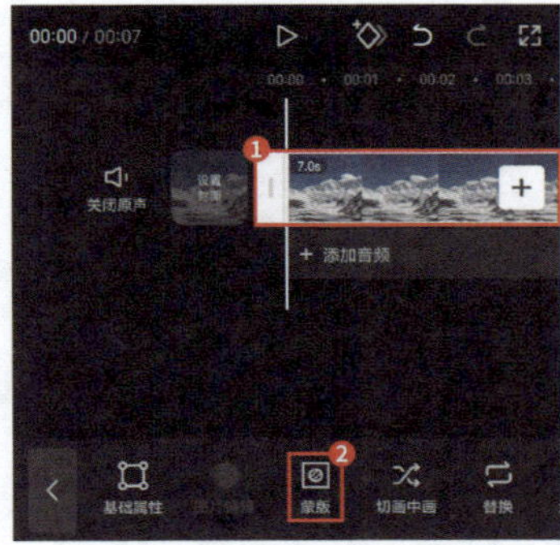

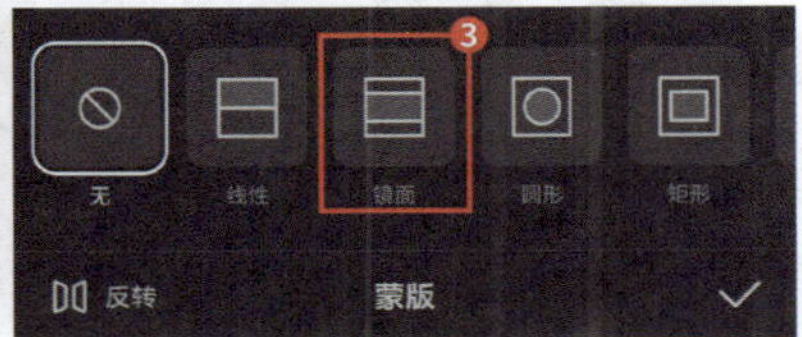

2 再次点击“镜面”选项，进入参数调整界面，将“旋转”参数设置为 -75°。点击下箭头，收起参数调整界面。

3 在预览区域拖曳蒙版到最左侧的位置，点击“√”按钮，确认操作并返回编辑界面。在底部工具栏中向左滑动以显示更多选项，选择“复制”，复制视频素材。

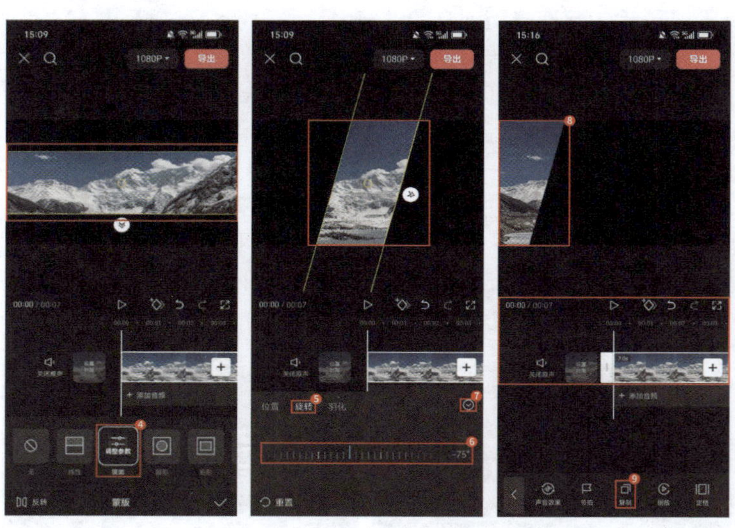

4 使用相同的方法复制两次视频素材。返回素材起始位置，选中素材，在底部工具栏中向左滑动以显示更多选项。点击“切画中画”，将素材切换到下一轨道。

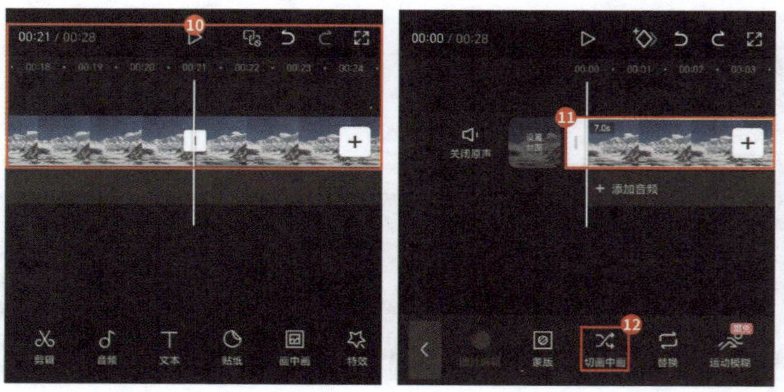

5 使用相同的方法再次为另外两个视频素材切换轨道。选中所需的视频素材，在底部工具栏中向左滑动以显示更多选项，选择“蒙版”选项。

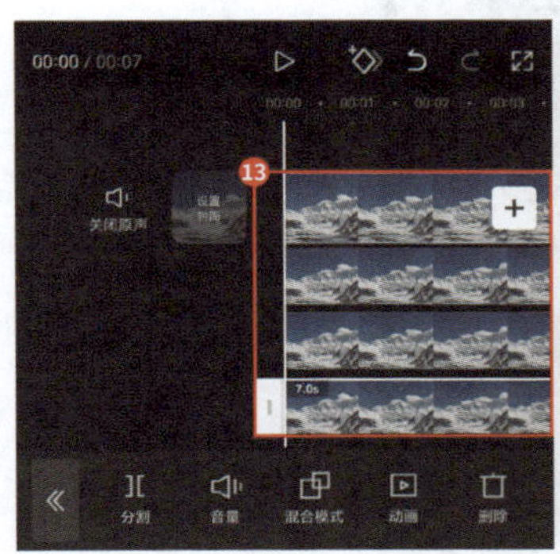
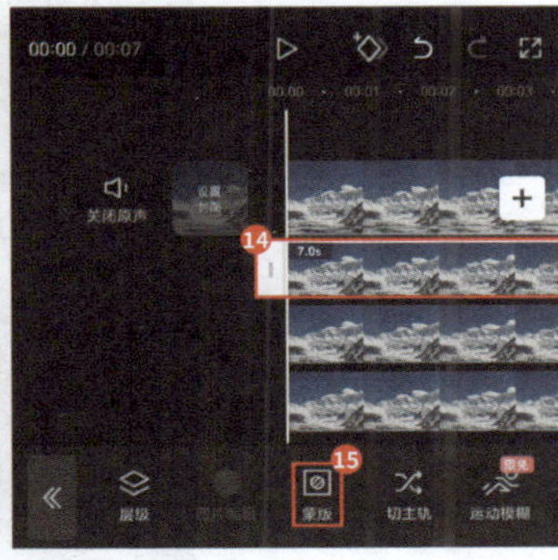

6 在预览区域向右拖曳蒙版到适当的位置，点击“√”按钮，确认操作并返回编辑界面。

7 选中所需的视频素材，在底部工具栏中向左滑动以显示更多选项，选择“蒙版”选项。

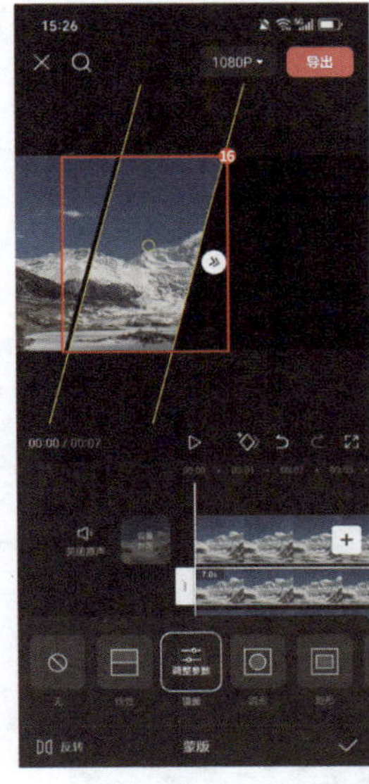
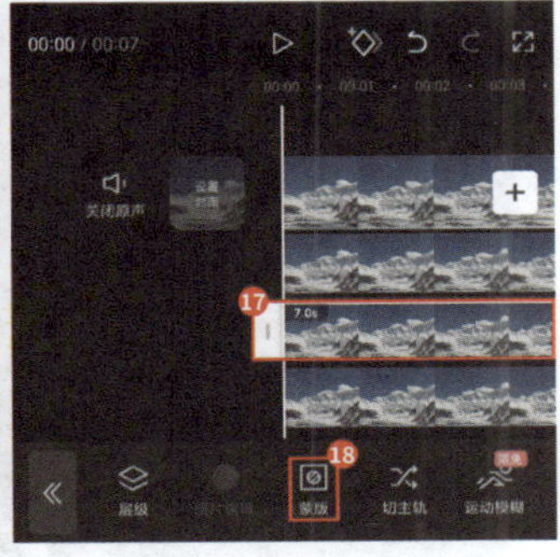

8 在预览区域向右拖曳蒙版到适当的位置，点击“√”按钮，确认操

作并返回编辑界面。

9 选中所需的视频素材，在底部工具栏中向左滑动显示更多选项。点击“蒙版”，在预览区域向右拖曳蒙版到适当的位置，点击“√”按钮，确认操作并返回编辑界面。

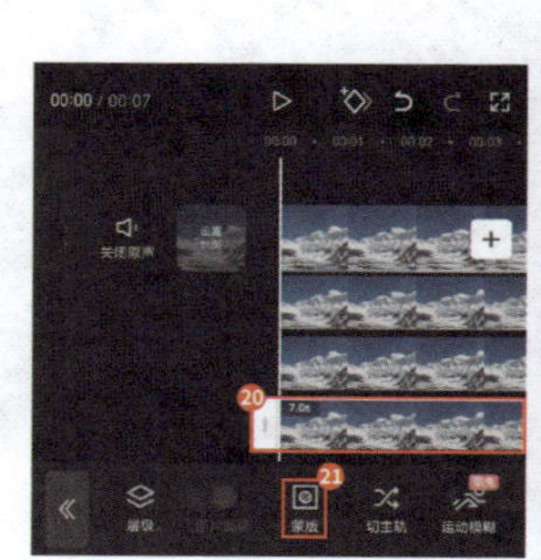

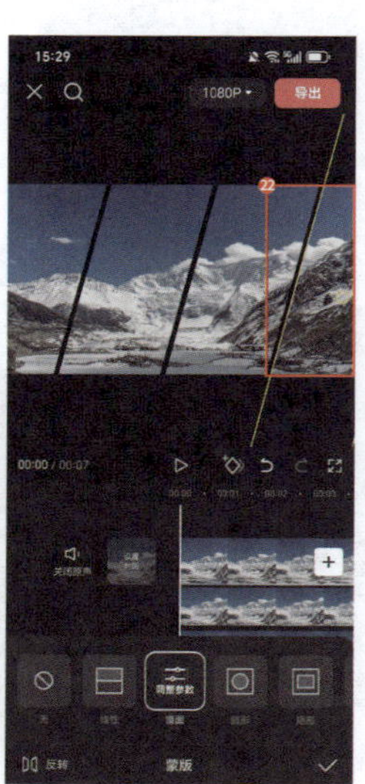

10 拖曳时间轴上的白色滑竿到 00:04 处，点击关键帧按钮，添加关键帧。使用相同的方法为另外 3 个视频素材添加关键帧。

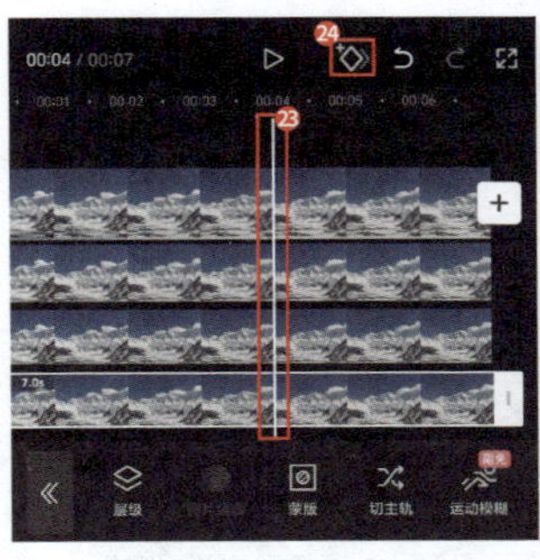
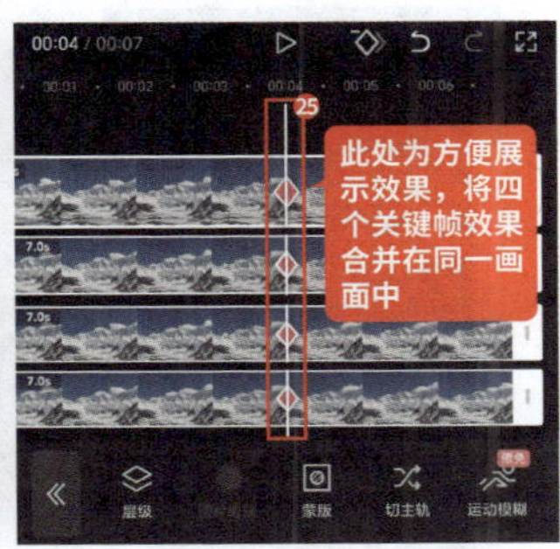

11 拖曳时间轴上的白色滑竿到视频的开始位置，选中所需的视频素材，在预览区域中向上调整视频素材的位置，自动生成关键帧。

12 选中所需的视频素材，在预览区域中向下调整视频素材的位置，自动生成关键帧。

13 选中所需的视频素材，在预览区域中向上调整视频素材的位置，自动生成关键帧。

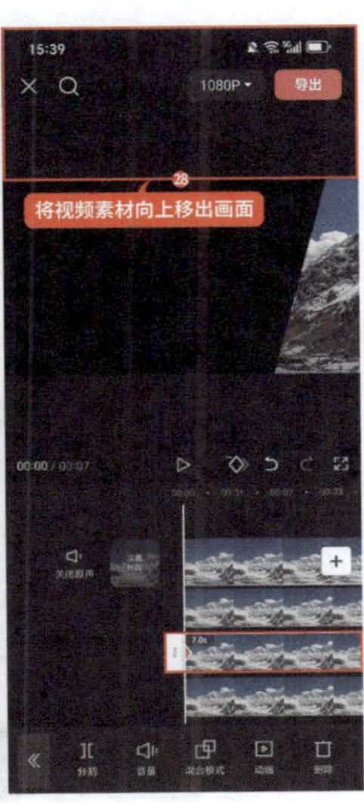

14 选中所需的视频素材，在预览区域中向下调整视频素材的位置，自动生成关键帧。取消选中视频素材，拖曳时间轴上的白色滑竿到 00:04 处。

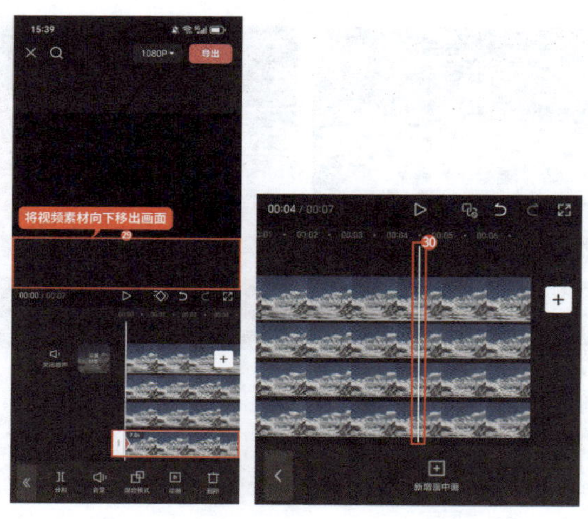

15 选中所需要的视频素材，在底部工具栏中向左滑动以显示更多选项，选择“蒙版”选项。

16 在预览区域中放大蒙版，补充中间的黑色部分，并自动生成关键帧。点击“√”按钮，确认操作并返回编辑界面。

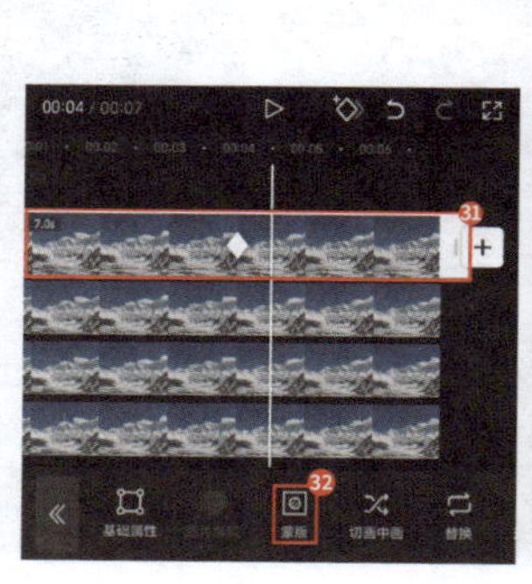

17 选中所需的视频素材，在底部工具栏中向左滑动以显示更多选项。点击“蒙版”选项，在预览区域中放大蒙版，补充中间的黑色部分，并自动生成关键帧。点击“√”按钮，确认操作并返回编辑界面。

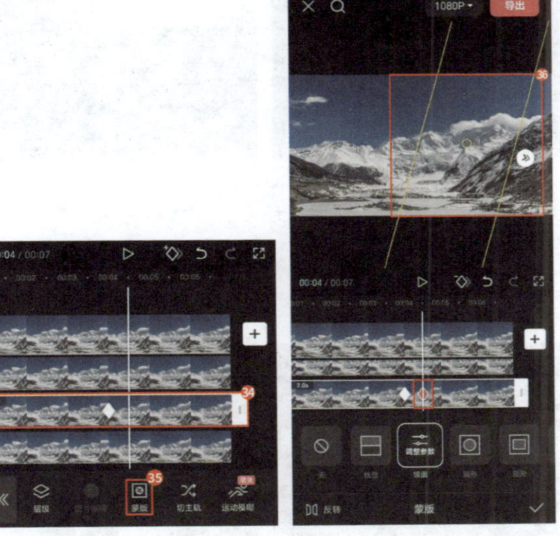

18 返回素材起始位置，连续点击左侧的三角形按钮，直至显示出所需的按钮。执行“特效 > 画面特效”命令，进入选项界面。

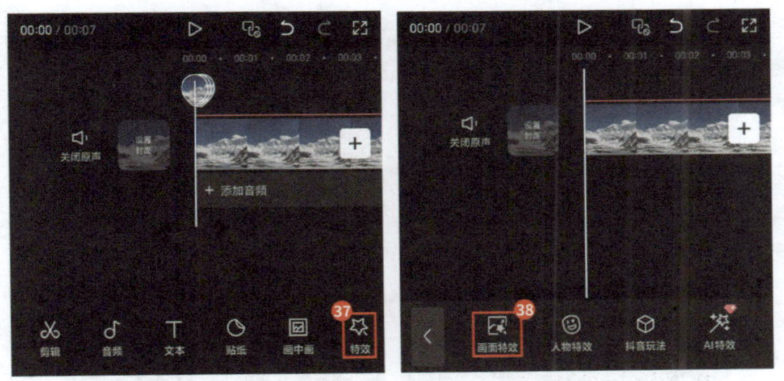

19 点击“动感”分类下的“人鱼滤镜”特效，点击“√”按钮，确认

操作并返回编辑界面，向右拖曳特效右侧的边界调整时长。

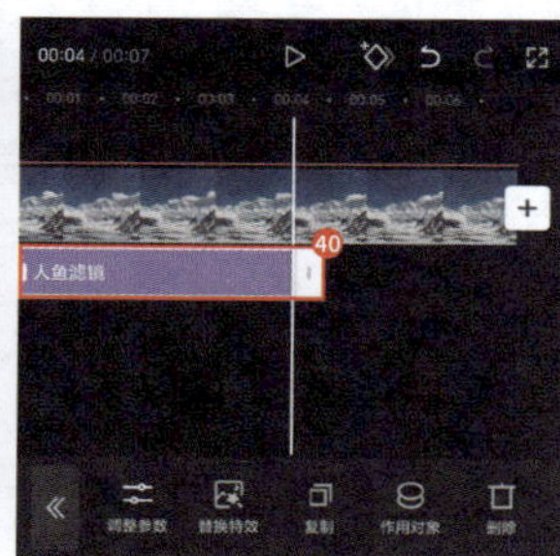

20 取消选中特效，点击“画面特效”，进入选项界面。点击“动感”分类下的“波纹色差”特效，点击“√”按钮，确认操作并返回编辑界面。

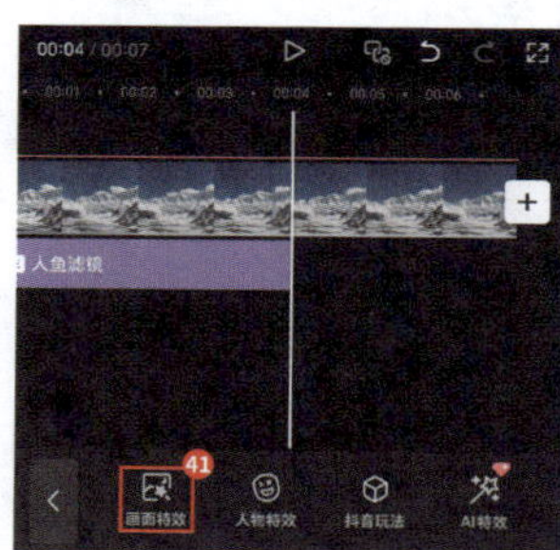

21 选中“波纹色差”特效，点击“作用对象”，在弹出的选项菜单中选择“全局”选项。

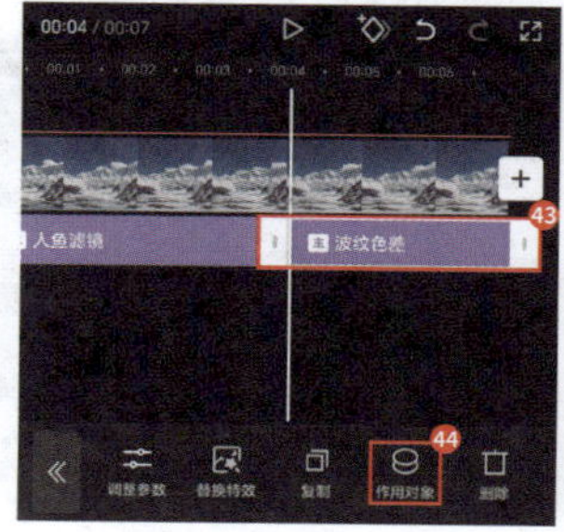

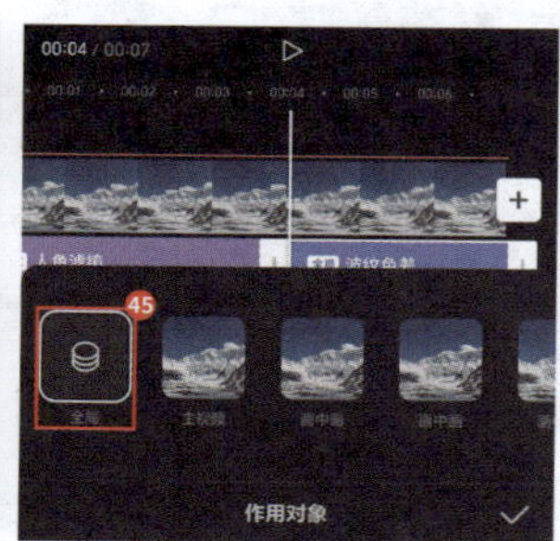

22 选中“人鱼滤镜”特效，点击“作用对象”，在弹出的选项菜单中选择“全局”选项。

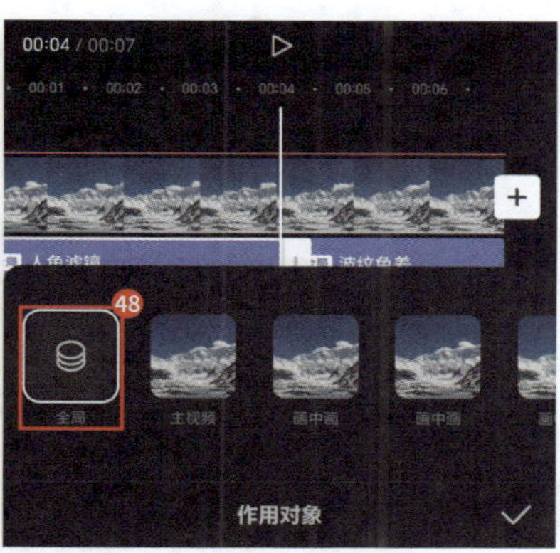

23 点击左侧的三角形按钮，直至显示出所需的按钮。拖曳时间轴上的白色滑竿到 00:04 处，执行“文本 > 文字模板”命令。

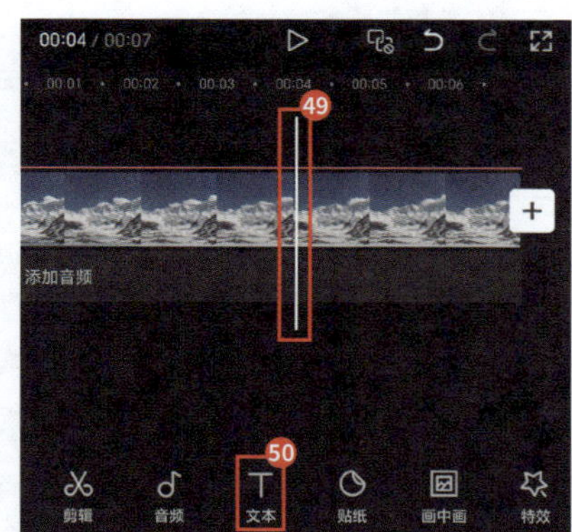

24 在弹出的选项菜单中选择“运动”分类中所需的样式，在上方的预览窗口中选择文字并进行修改，调整文字大小，点击“√”按钮，确认操作并返回编辑界面。

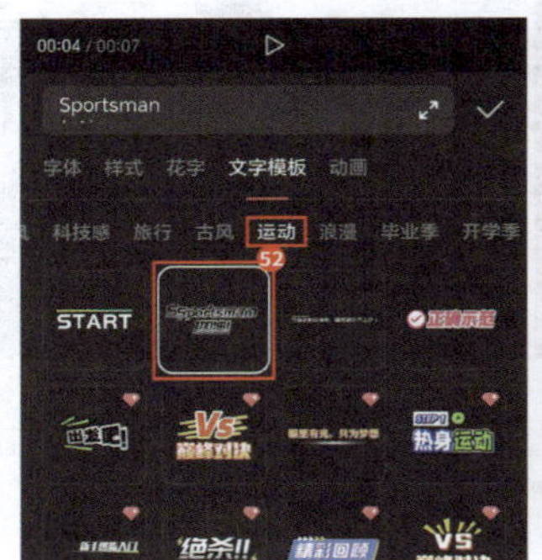

25 返回素材起始位置，连续点击左侧的三角形按钮，直至显示出所需的按钮。执行“音频 > 音乐”命令，进入“音乐”界面。

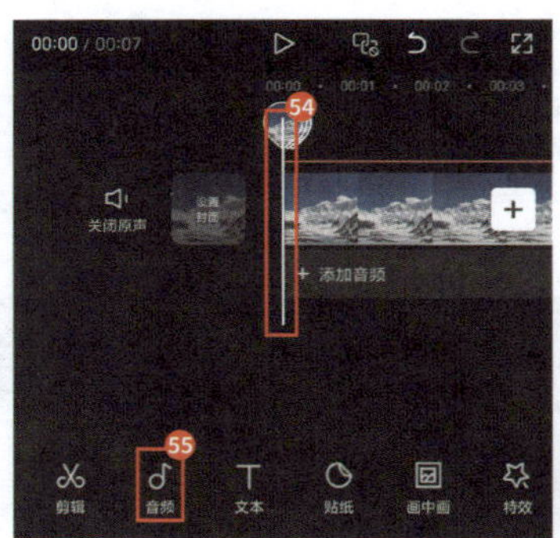

26 点击搜索框，输入“酷炫剪辑”，点击“搜索”，获得相关的音乐列表。点击相应的音乐，可以进行试听；点击“使用”按钮，可在编辑界面添加选取的音乐。

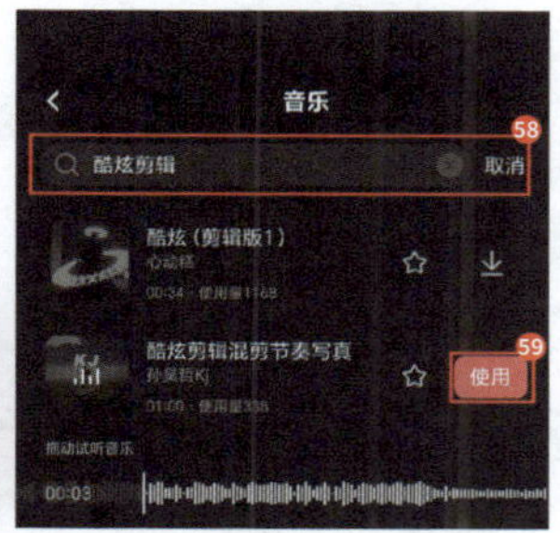

27 拖曳时间轴上的白色滑竿到 00:07 处，点击“分割”按钮，分割音乐。选取分割后右侧的音乐文件，点击“删除”按钮，删除音乐。

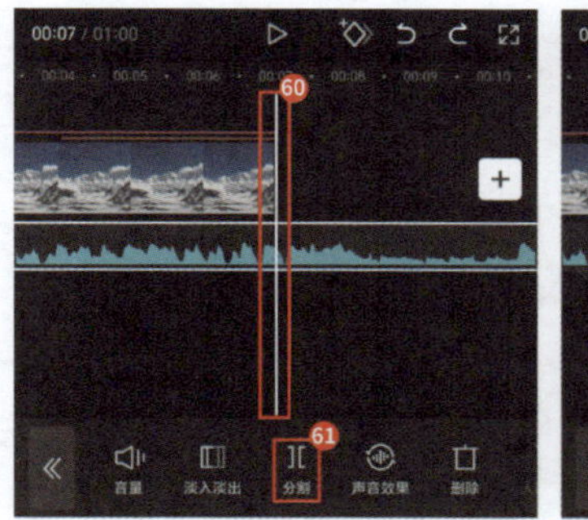

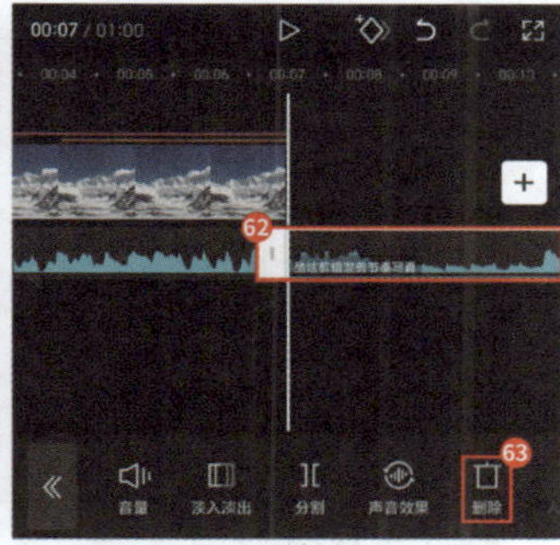

28 选中音乐文件，点击“淡入淡出”按钮，弹出“淡入淡出”选项菜单，调整“淡出时长”为 1.5 s，点击“√”按钮确认操作。四分屏片头制作完成。

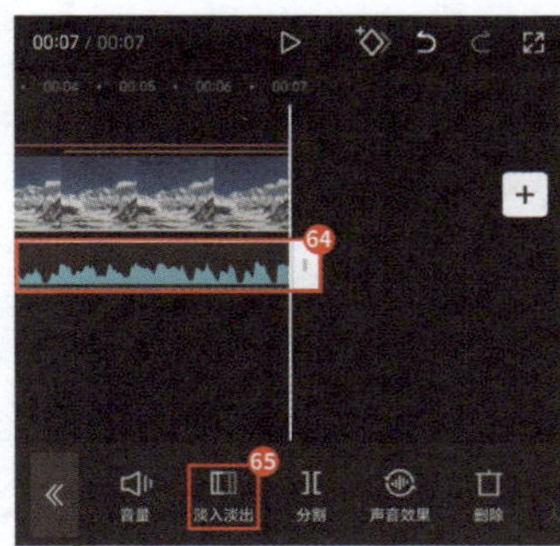

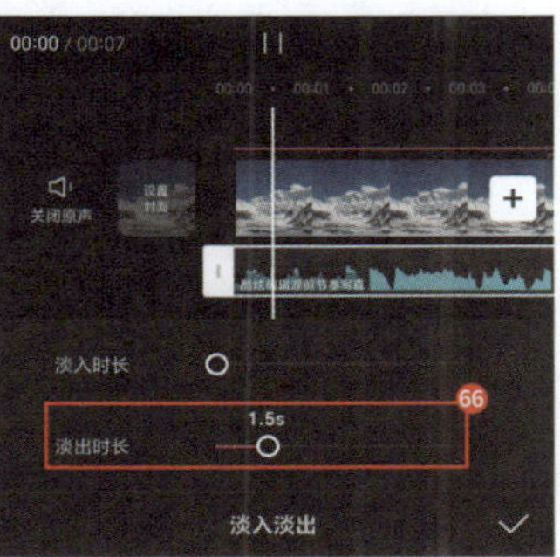

02 旅行 Vlog 片头：如何丰富视频的层次感？

如何在视频一开始就将旅行目的地的景点和美食展现给观众？试一试下面这种旅行 Vlog 片头。

1 导入并选中所需的背景素材，向右拖曳素材右侧的边界到 00:10 处，调整时长。

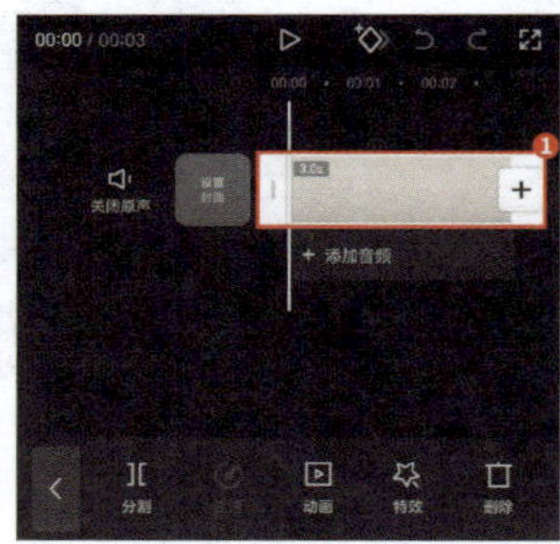

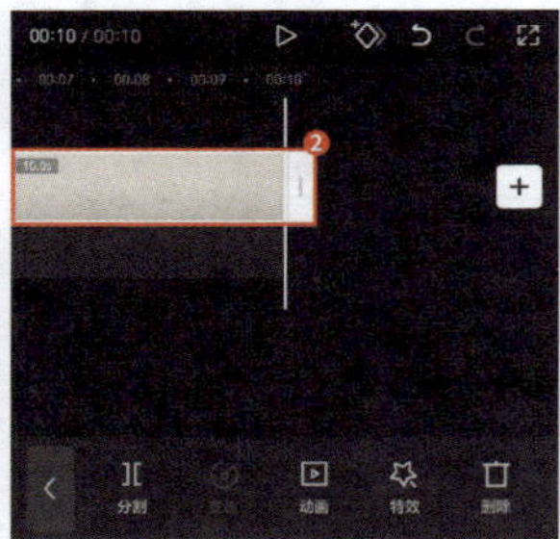

2 返回素材起始位置，取消选中背景素材。在底部工具栏中，执行“画中画 > 新增画中画”命令。

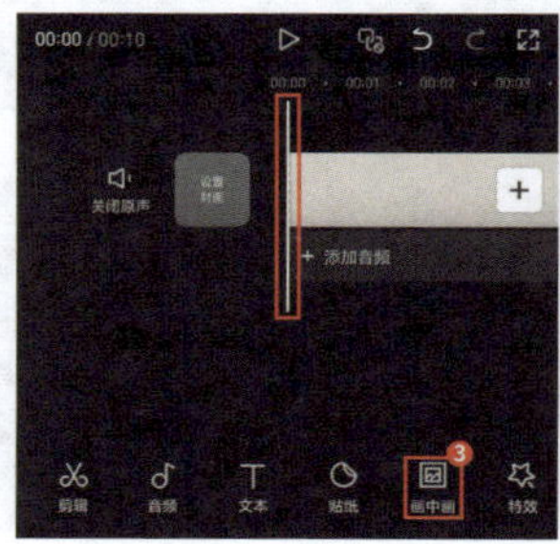

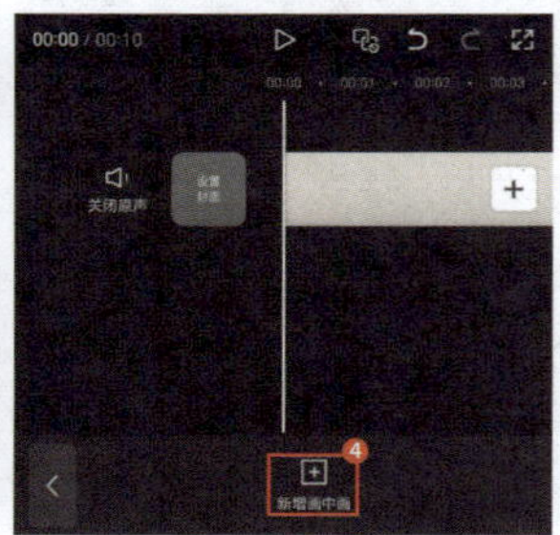

3 在“照片视频”界面中选择所需的素材，点击“添加”按钮，导入素材。

4 在底部工具栏中向左滑动以显示更多选项，执行“抠像 > 自定义抠像”命令，弹出选项菜单。

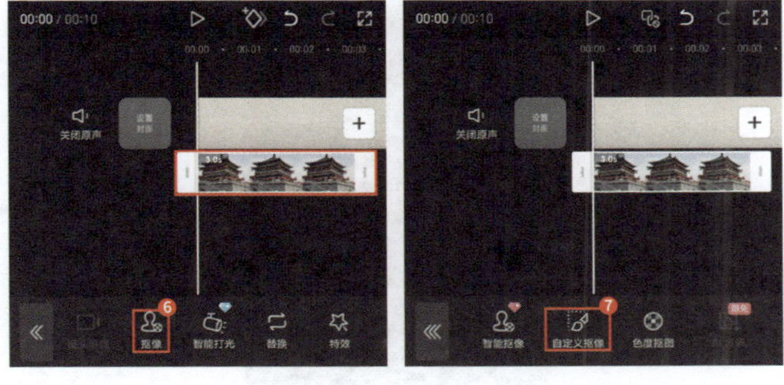

5 选择“快速画笔”，调整画笔大小，在预览区域选择需要抠图的部分。选择“抠像描边”，在弹出的选项菜单中，选择“单层描边”，将其大小设置为“40”。点击下箭头，收起参数调整选项。

6 点击“√”按钮，确认操作并返回编辑界面。在预览区域放大图像并向左拖曳到适当的位置，取消选中素材，在底部工具栏中点击“新增画中画”。

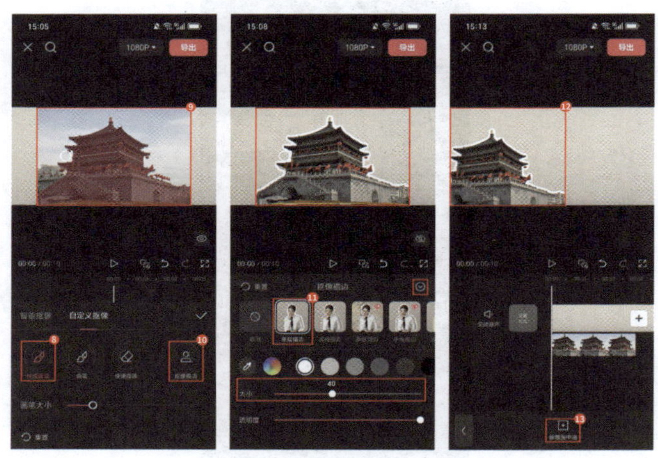

7 在“照片视频”界面中选择所需的素材，点击“添加”按钮，导入素材。

8 在底部工具栏中向左滑动以显示更多选项，执行“抠像 > 自定义抠像”命令，弹出选项菜单。

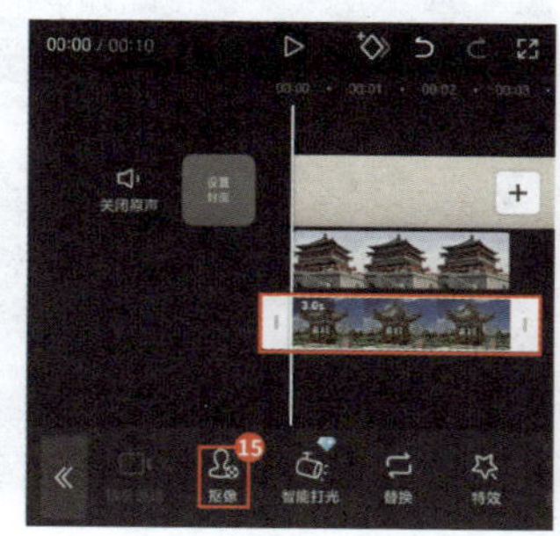

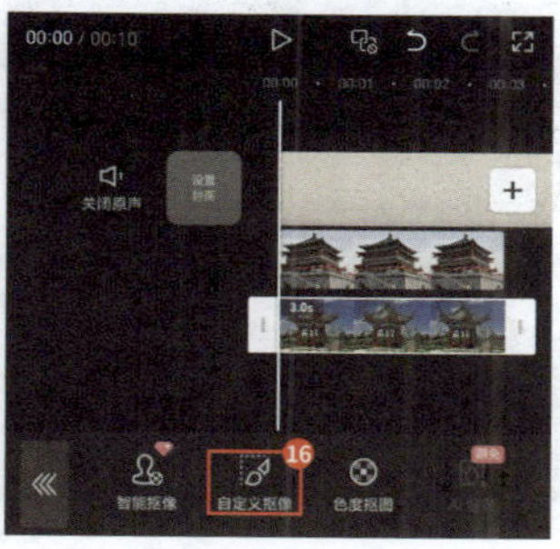

9 选择“快速画笔”，调整画笔大小，在预览区域选择需要抠图的部分。选择“抠像描边”，在弹出的选项菜单中，选择“单层描边”，将其大小设置为“40”。点击下箭头，收起参数调整选项。

10 点击“√”按钮，确认操作并返回编辑界面。在预览区域放大图像并向左拖曳到适当的位置。使用相同的方法分别导入所需的素材并进行抠图。

11 选中所需的素材，在底部工具栏中向左滑动以显示更多选项，选择“层级”，在弹出的选项菜单中选中缩略图并向右拖曳，调整画面中的层级关系。点击“√”按钮，确认操作并返回编辑界面。

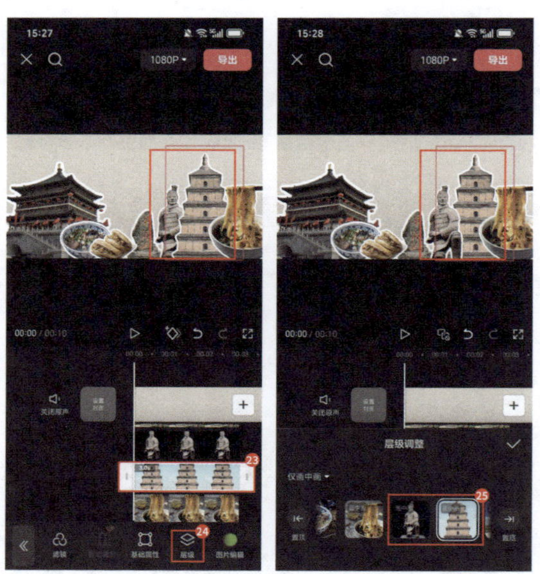

12 点击左侧的三角形按钮，直至显示出所需的按钮。执行“音频 > 音乐”命令，进入“音乐”界面。

13 点击搜索框，输入“轻松旅行”，点击“搜索”，获得相关的音乐列表。点击相应的音乐，可以进行试听。点击“使用”按钮，可在编辑界面添加选取的音乐。

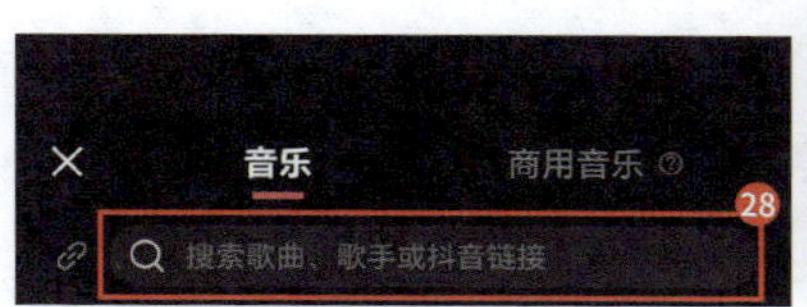

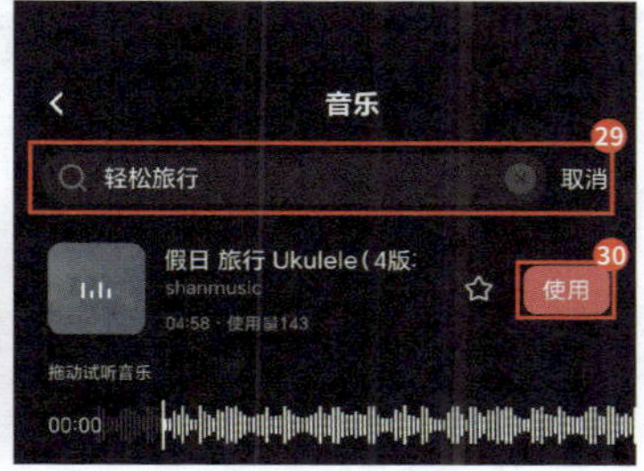

14 拖曳时间轴上的白色滑竿到 00:10 处，点击“分割”按钮，分割音乐。选取分割后右侧的音乐文件，点击“删除”按钮，删除音乐。

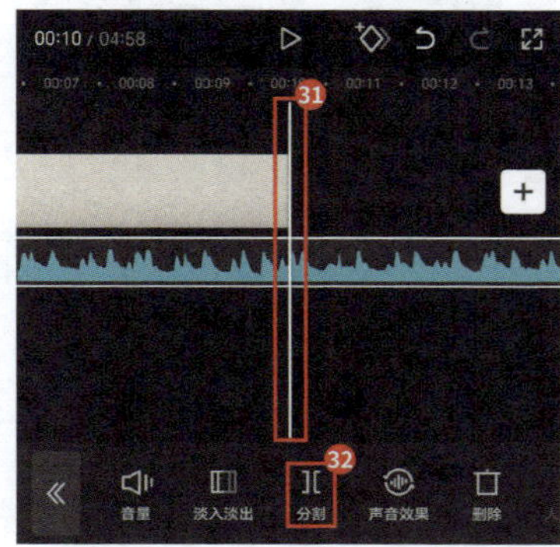

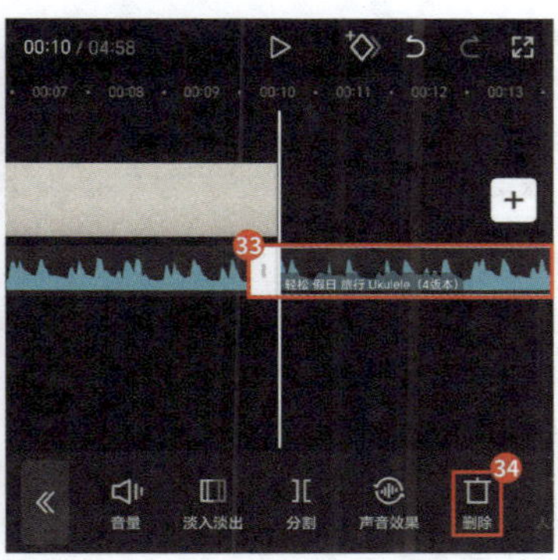

15 选中音乐文件，在底部工具栏中向左滑动以显示更多选项，选择“节拍”，在弹出的选项菜单中打开“自动踩点”开关，并调节踩点的速度。点击“√”按钮，确认操作。

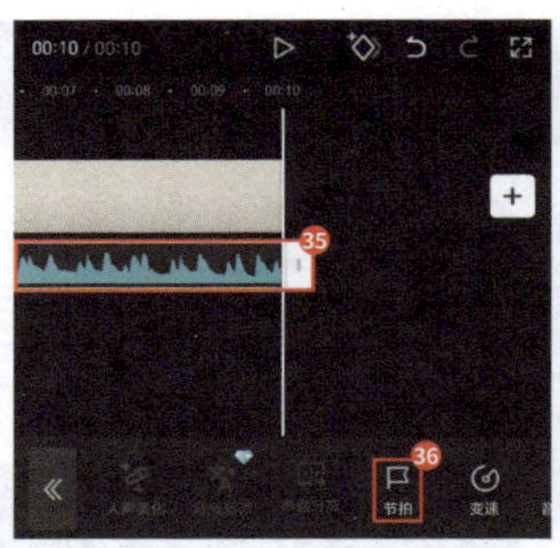
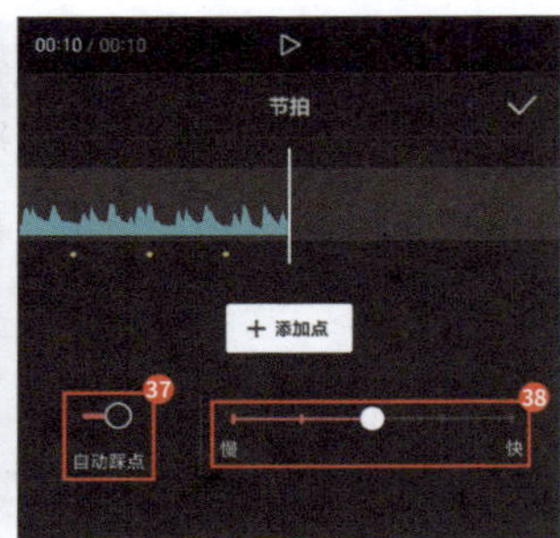

16 取消选中音频。返回素材起始位置，点击左侧的三角形按钮，直至显示出所需的按钮，点击“画中画”。选中所需的素材，将其向右拖曳到第 2 个节奏点的位置。

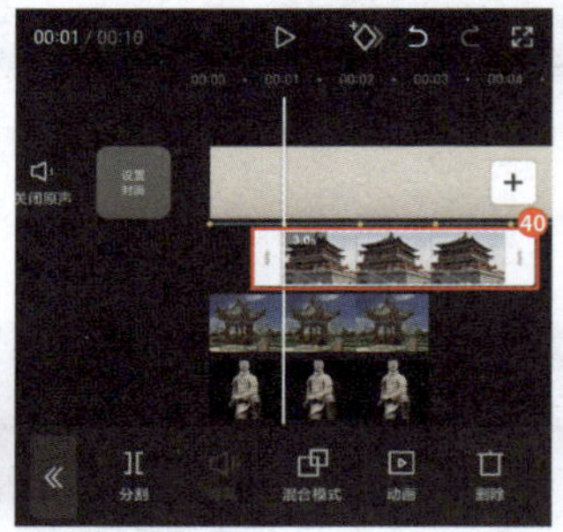

17 选中所需的素材，将其向右拖曳到第 3 个节奏点的位置。使用相同的方法，依次拖曳不同素材到相应节奏点的位置。

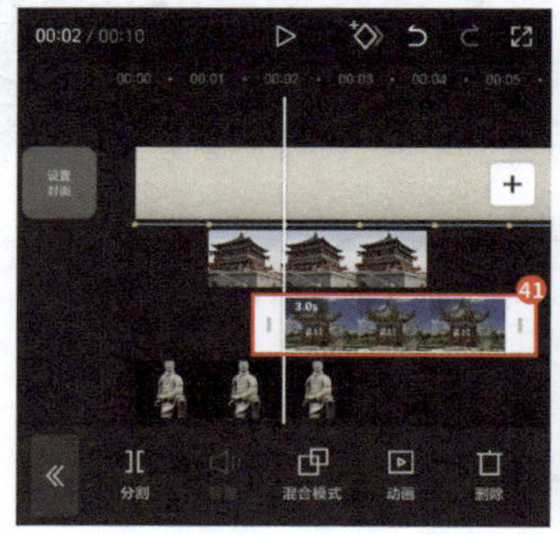

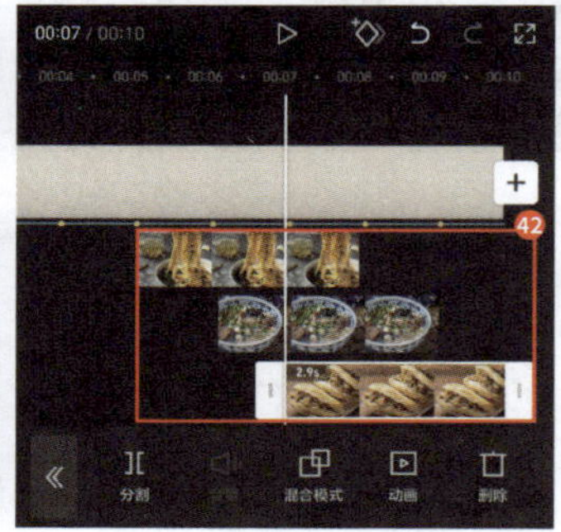

18 选中所需的素材，在底部工具栏中点击“动画”，在弹出的选项菜单中选择“入场”分类中的“轻微抖动 Ⅲ”，点击“√”按钮，确认操作。

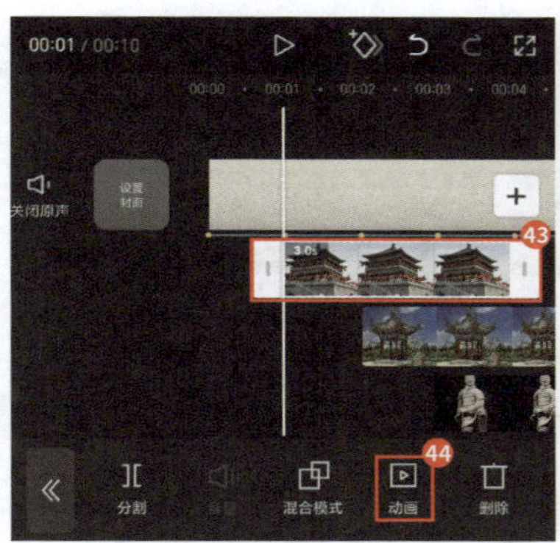

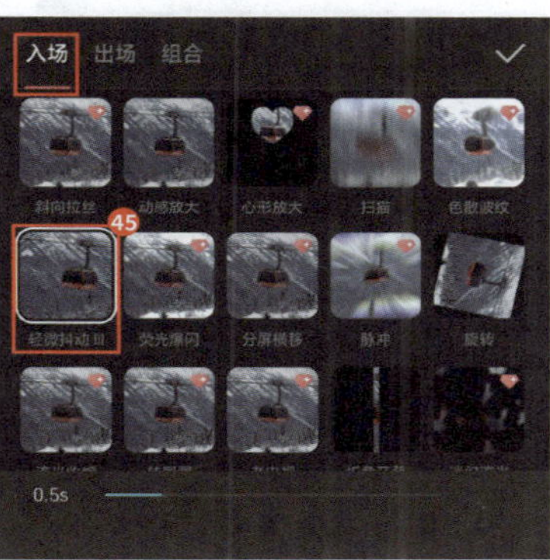

19 向右拖曳素材右侧的边界到背景素材的结束位置，调整时长。使用相同的方法，分别为素材添加动画效果，并调整时长。

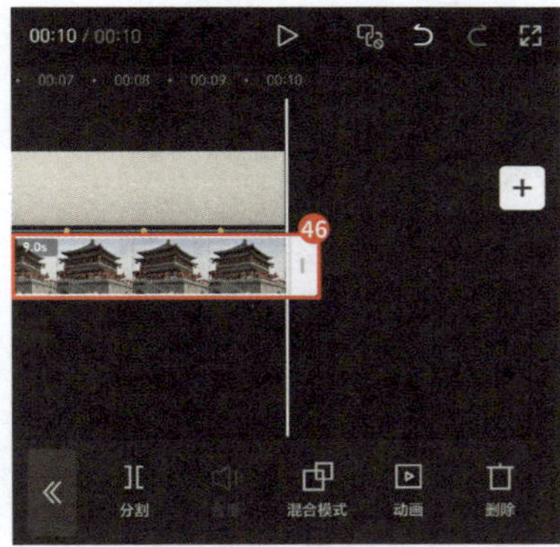

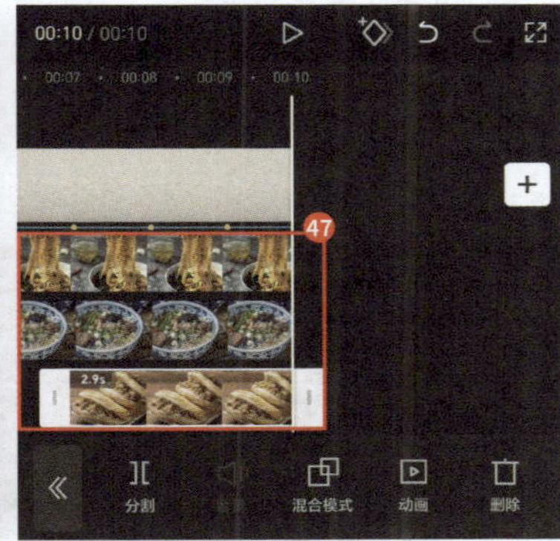

20 取消选中的素材，点击左侧的三角形按钮，直至显示出所需的按钮。拖曳时间轴上的白色滑竿到 00:07 处，执行“文本 > 文字模板”命令。

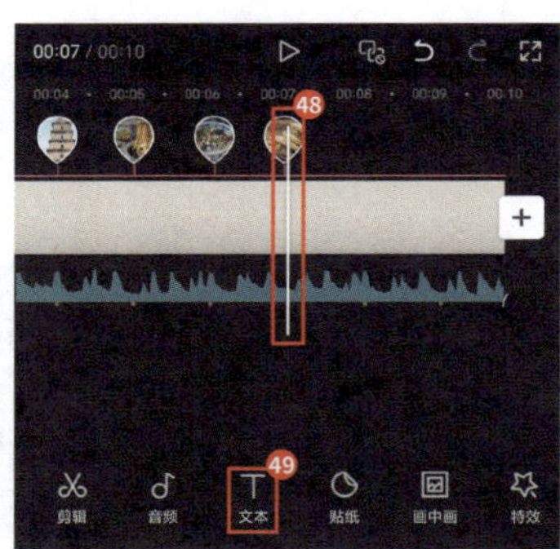

21 在弹出的选项菜单中选择“片头标题”分类中所需的样式，在上方的预览窗口中选择文字并进行修改，调整文字大小。点击“√”按钮，确认操作并返回编辑界面。

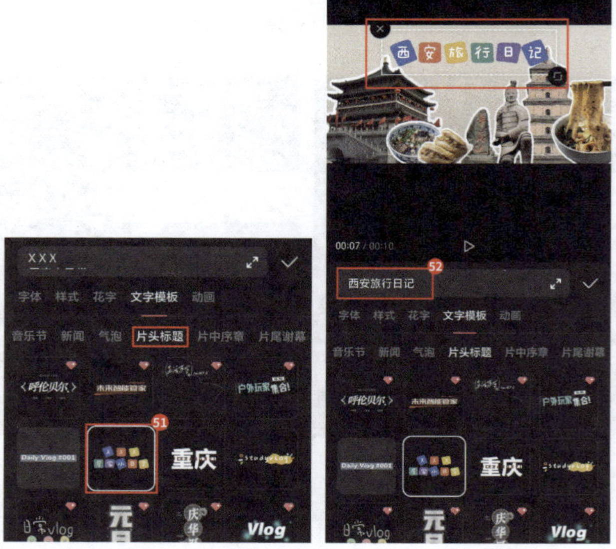

22 向左拖曳文字右侧的边界到背景素材的结束位置，调整时长，并取消选中的文字。拖曳时间轴上的白色滑竿到 00:07 处，点击“添加

贴纸”。

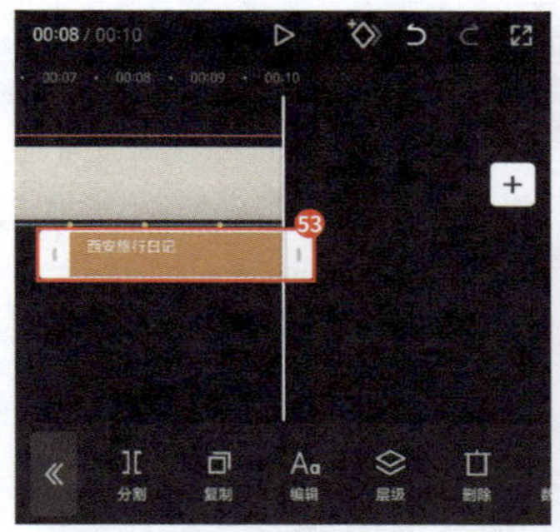
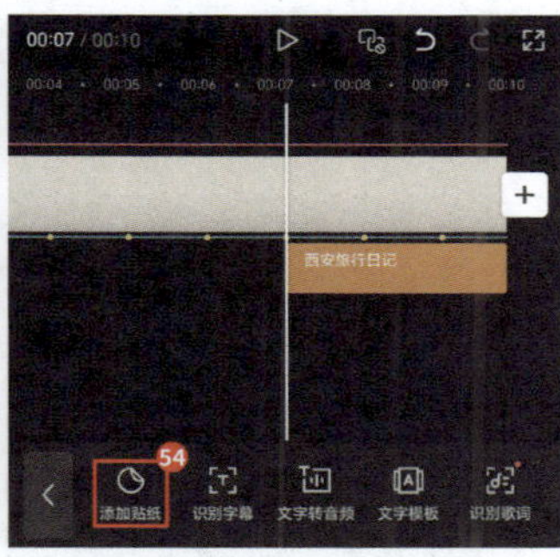

23 在弹出的选项菜单中选择“旅行”分类中所需的贴纸，点击“√”按钮，确认操作并返回编辑界面。

24 在上方的预览窗口中调整贴纸大小，向左拖曳贴纸右侧的边界到背景素材的结束位置，调整时长。

25 取消选中素材，点击左侧的三角形按钮，直至显示出所需的按钮。返回素材起始位置，在底部工具栏中向左滑动以显示更多选项，选择“比例”。

26 在弹出的选项菜单中，选择“16：9”选项，使用双指在预览区域向外侧张开，放大背景素材。点击“√”按钮，确认操作。旅行 Vlog 片头制作完成。

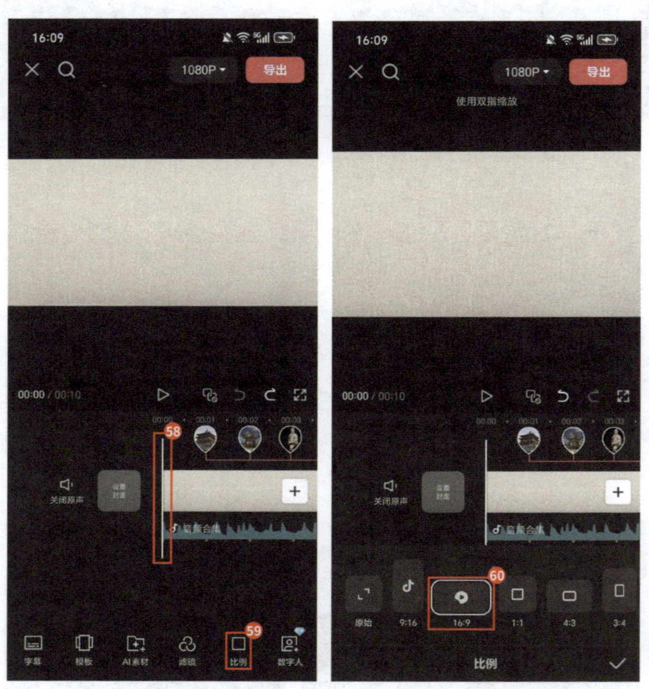

03 撕纸风格片头：如何增加视频的感染力？

片头缺乏层次感？人物和风景不在同一个视频里？简单几步即可实现完美融合。

1 导入所需的视频素材。在底部工具栏中，执行“画中画 > 新增画中画”命令。

2 在“素材库”界面中点击搜索框，输入“撕纸”，点击“搜索”，即可显示相关的多个素材。选择所需的素材，点击“添加”按钮，导入素材。

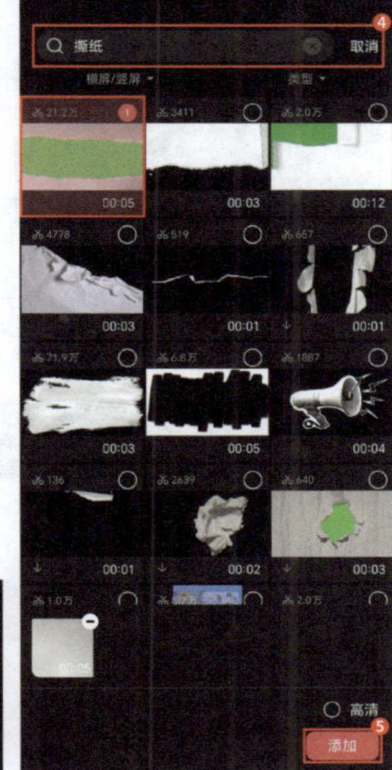

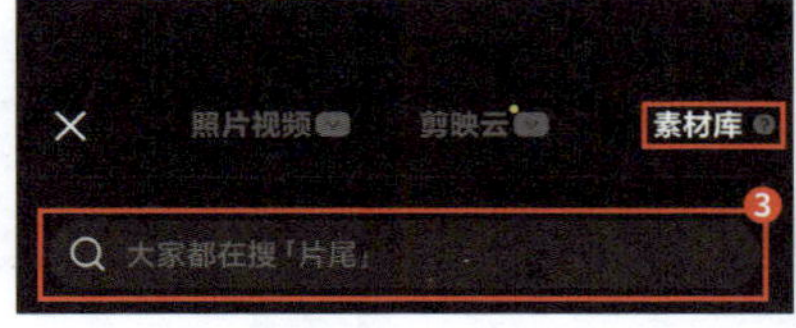

3 拖曳时间轴上的白色滑竿到 00:01 处，在预览区域放大图像，在底部工具栏中点击“音量”按钮，在弹出的选项菜单中将音量设置为“20”。点击“√”按钮，确认操作并返回编辑界面。

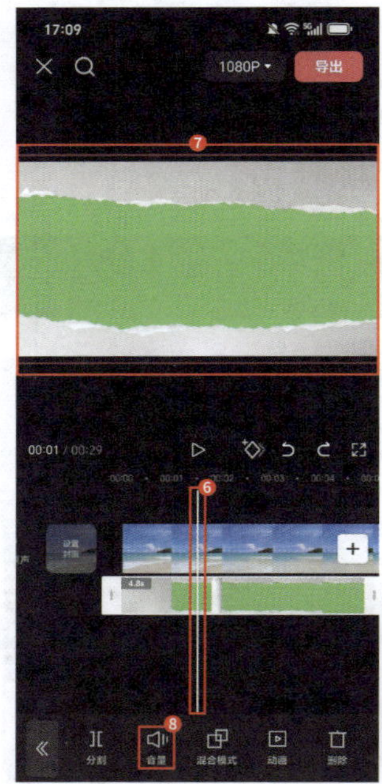

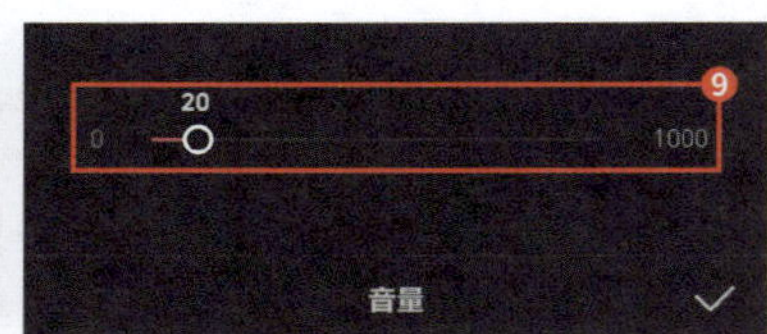

4 在底部工具栏中向左滑动以显示更多选项，执行“抠像 > 色度抠图”命令，弹出选项菜单。

5 拖动“取色器”到绿色区域，将“强度”参数设置为“60”，点击“√”按钮，确认操作并返回编辑界面。

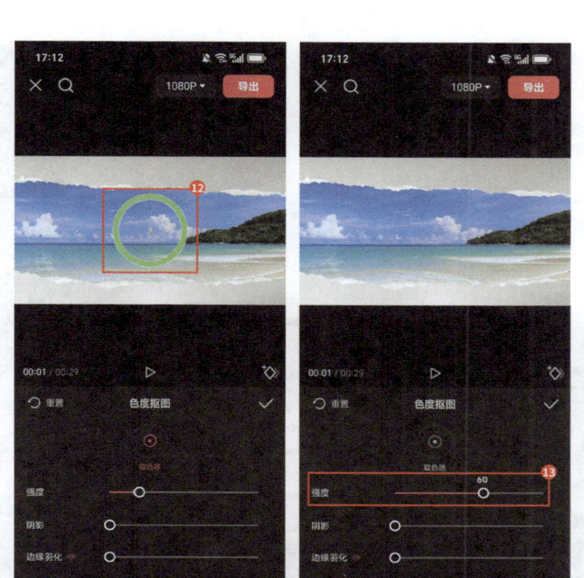

6 拖曳时间轴上的白色滑竿到 00:04 处，选中视频素材，点击“分割”按钮，分割视频。选取分割后右侧的视频文件，点击“删除”按钮，删除视频。

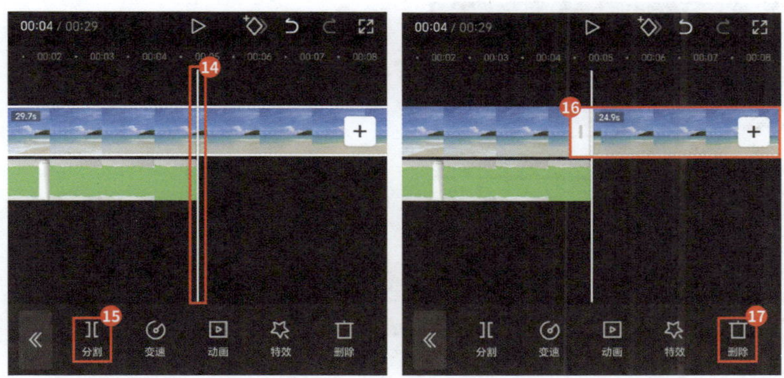

7 返回素材起始位置，点击“新增画中画”。在“照片视频”界面中选择所需的素材，点击“添加”按钮，导入素材。

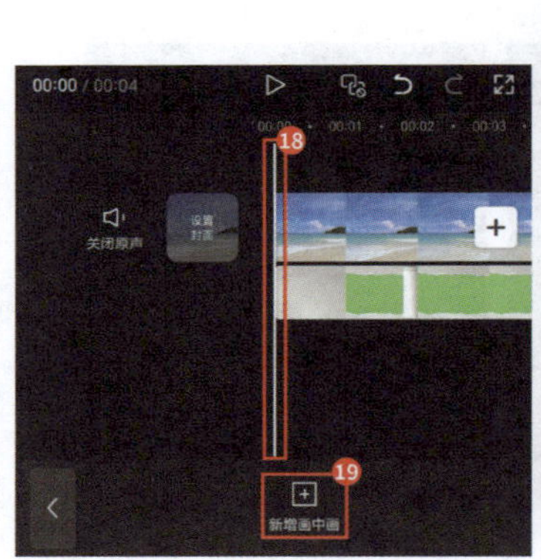

8 在底部工具栏中向左滑动以显示更多选项，执行“抠像 > 自定义抠像”命令，弹出选项菜单。

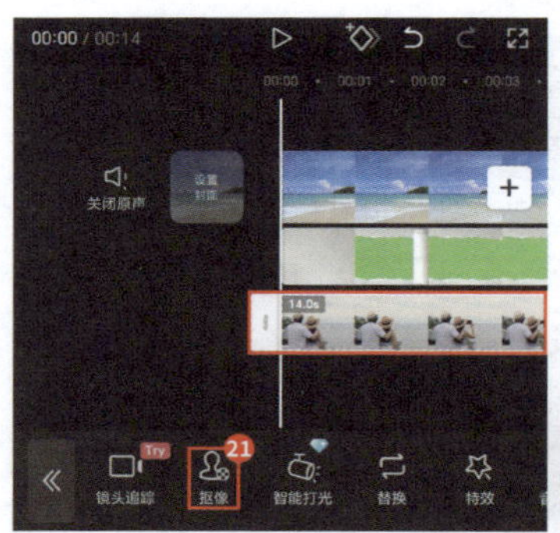

9 选择“快速画笔”，调整画笔大小，在预览区域选择需要抠图的部分。点击“√”按钮，确认操作并返回编辑界面。在预览区域放大图像并向左拖曳到适当的位置。

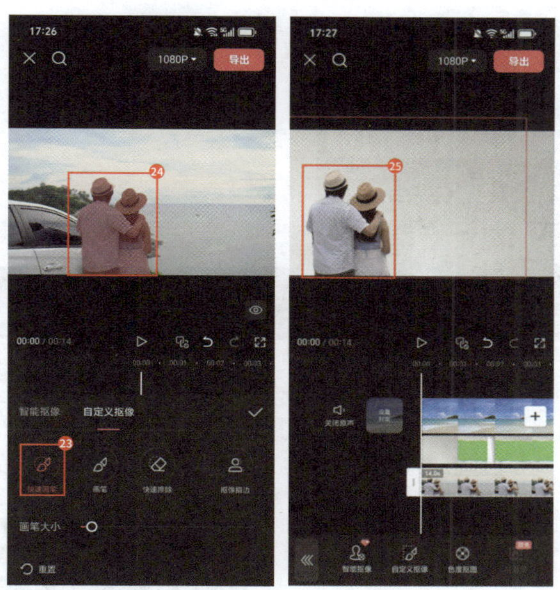

10 拖曳时间轴上的白色滑竿到 00:04 处，选中视频素材，点击“分割”按钮，分割视频。选取分割后右侧的视频文件，点击“删除”按钮，删除视频。

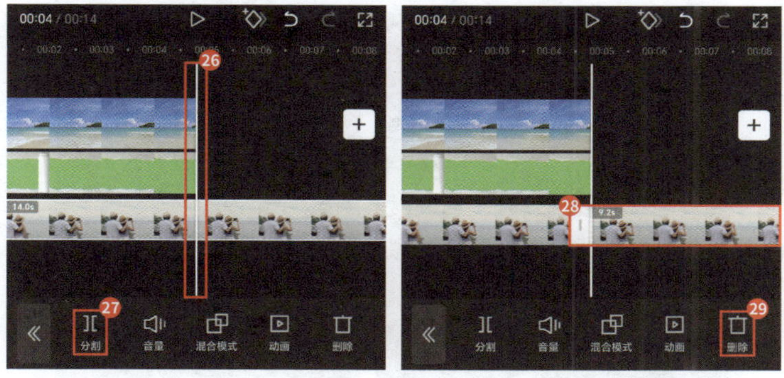

11 点击左侧的三角形按钮，直至显示出所需的按钮。拖曳时间轴上的白色滑竿到 00:01 处，执行“文本 > 文字模板”命令。

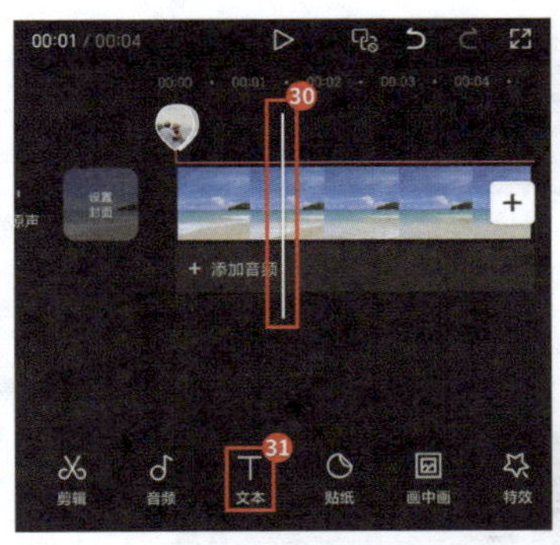

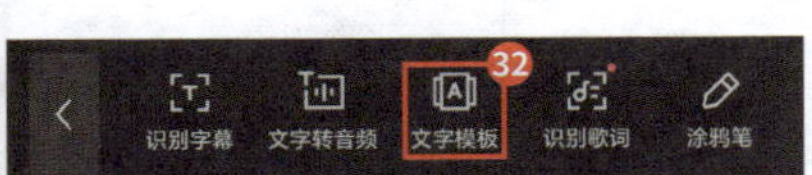

12 在弹出的选项菜单中选择“旅行”分类中所需的样式，在上方的预览窗口中选择文字并进行修改，调整文字大小和位置，点击“√”按钮，确认操作并返回编辑界面。

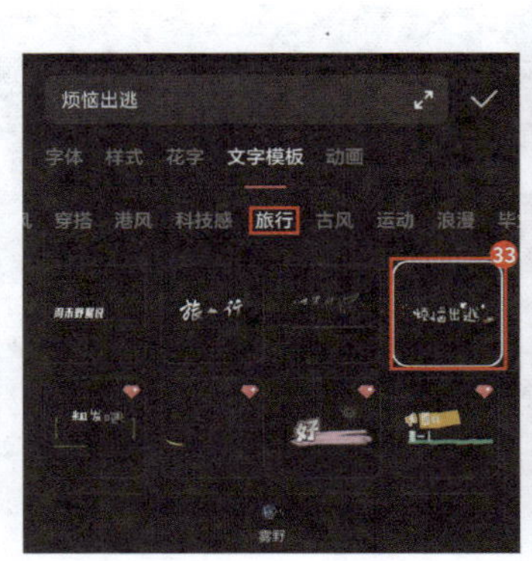

13 向右拖曳文字右侧的边界到背景素材的结束位置，调整时长，取消选中的文字。拖曳时间轴上的白色滑竿到 00:01 处，点击“添加贴纸”。

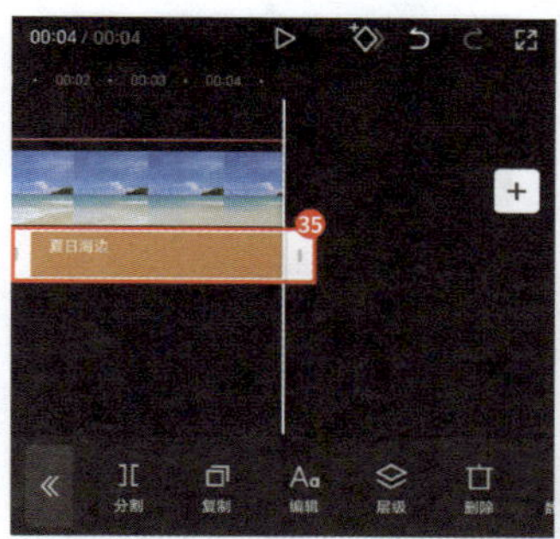

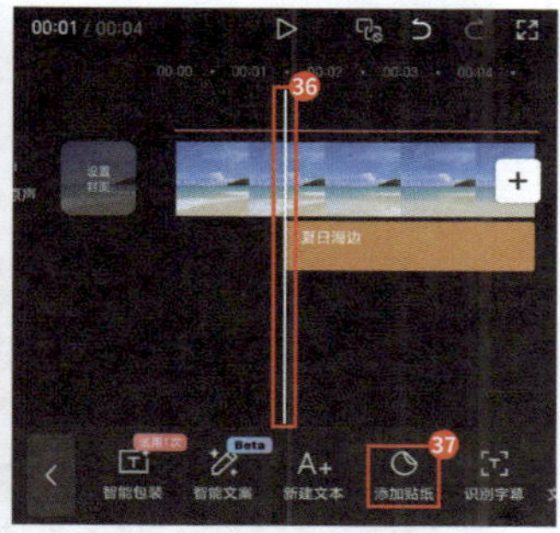

14 在弹出的选项菜单中选择“旅行”分类中所需的贴纸，点击“√”按钮，确认操作并返回编辑界面。在上方的预览窗口中调整贴纸大小，向左拖曳贴纸右侧的边界到背景素材的结束位置，调整时长。点击“动画”按钮。

15 在弹出的选项菜单中选择“入场动画”分类中的“弹入”。使用相同的方法分别添加多个贴纸。

16 返回素材起始位置，点击左侧的三角形按钮，直至显示出所需的按钮。执行“音频 > 音乐”命令，进入“音乐”界面。

17 在搜索框中输入“海边背景音乐”，点击“搜索”，获得相关的音乐列表。点击相应的音乐，可以进行试听。点击“使用”按钮，可在编辑界面添加选取的音乐。

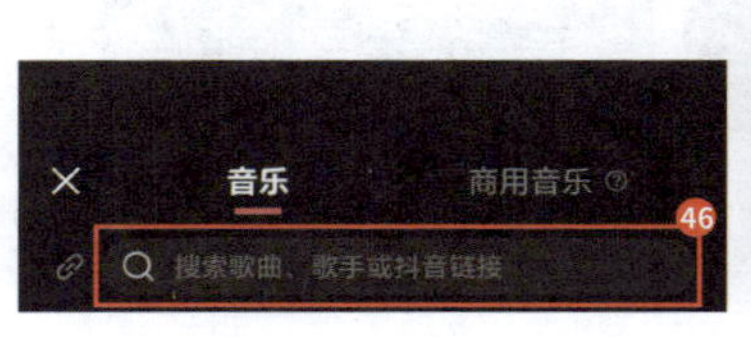

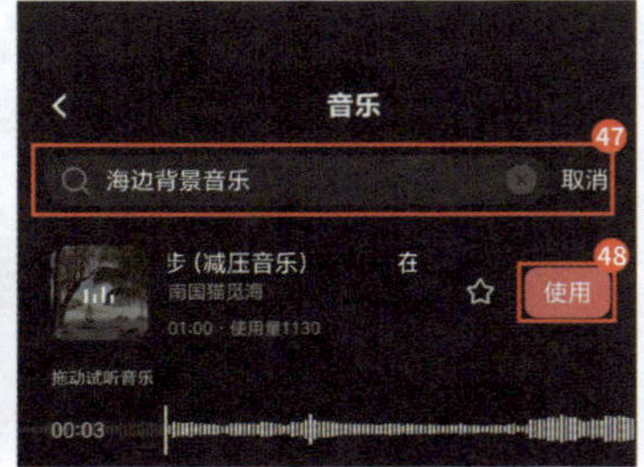

18 拖曳时间轴上的白色滑竿到 00:04 处，点击“分割”按钮，分割音乐。选取分割后右侧的音乐文件，点击“删除”按钮，删除音乐。撕纸风格片头制作完成。

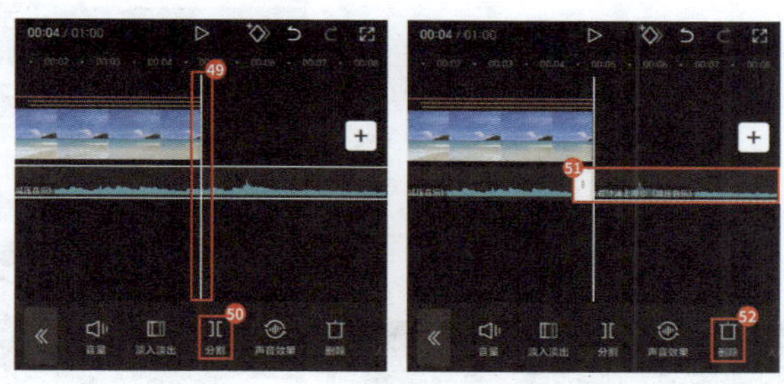

04 擦除式片头：如何制作使用广泛的擦除式片头？

擦除式片头是一种适合新手的简单片头，既能增加短视频趣味性，又能轻松改变平淡的风景呈现效果。

1 导入所需的视频素材。在底部工具栏中，执行“画中画 > 新增画中画”命令。

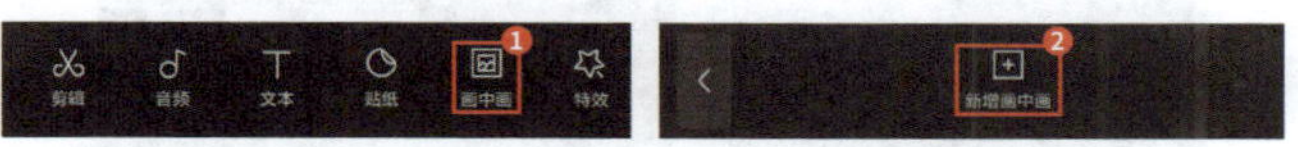

2 在“素材库”界面的搜索框中输入“擦除”，点击“搜索”，即可显示相关的多个素材。选择所需的素材，点击“添加”按钮，导入素材。

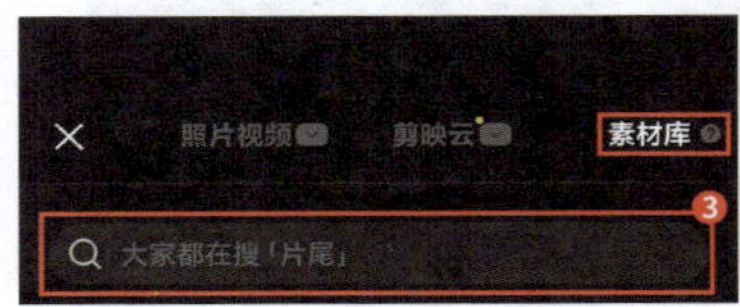

3 在上方的预览窗口中放大素材，在底部工具栏中点击“混合模式”，在弹出的选项菜单中选择“滤色”。点击“√”按钮，确认操作并返回编辑界面。

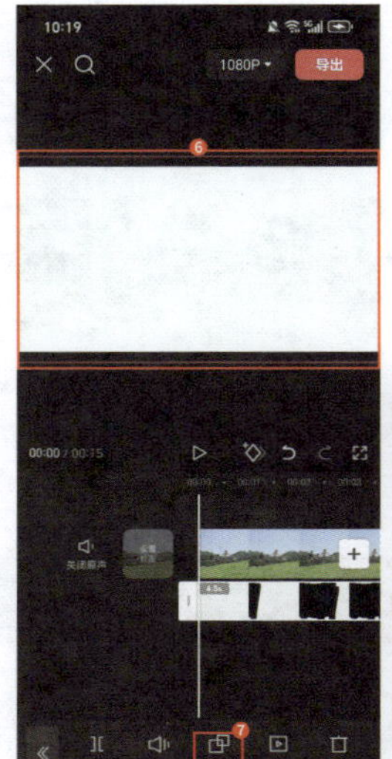

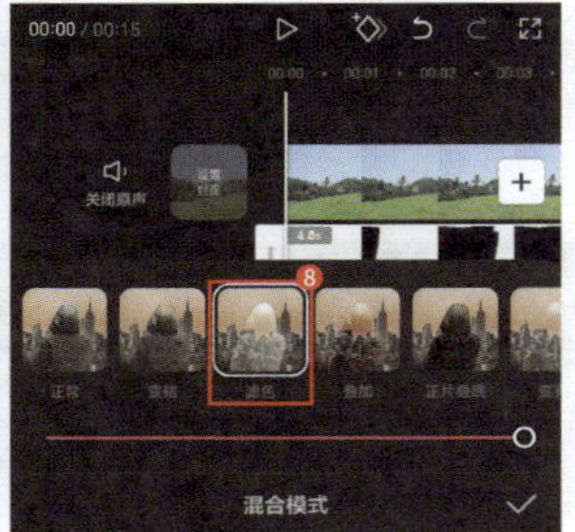

4 拖曳时间轴上的白色滑竿到 00:04 处，选中视频素材，点击“分割”按钮，分割视频。选取分割后右侧的视频文件，点击“删除”按钮，删除视频。

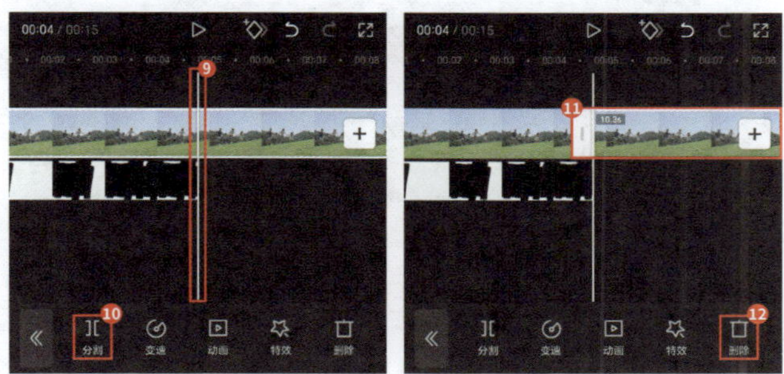

5 选中视频素材，在上方的预览窗口中放大素材并调整位置。
6 连续点击左侧的三角形按钮，直至显示出所需的按钮。拖曳时间轴上的白色滑竿到 00:02 处，执行“文本 > 文字模板”命令。在弹出的选项菜单中选择“夏日”分类中所需的样式，点击“√”按钮，确认操作并返回编辑界面。

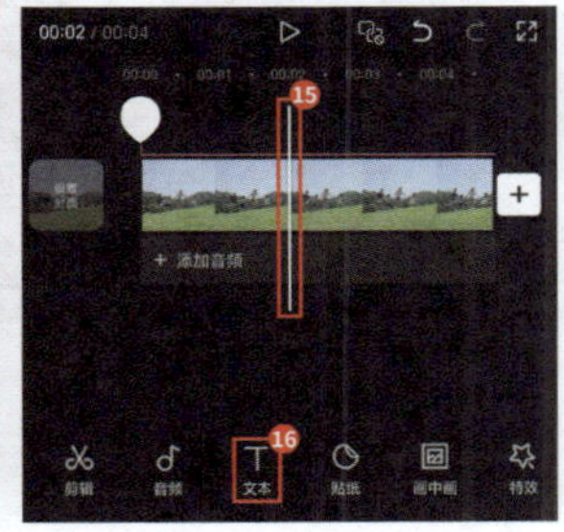

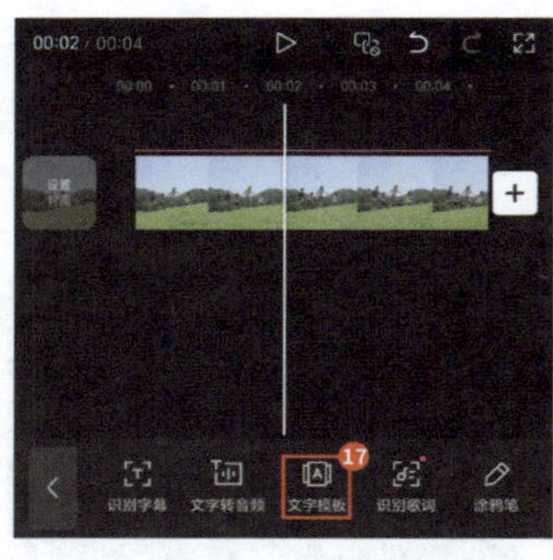
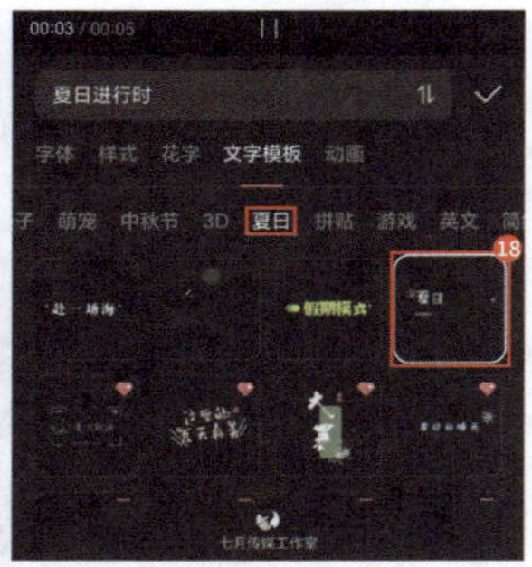

7 在上方的预览窗口中调整文字大小和位置，拖曳时间轴上的白色滑竿到 00:04 处。

8 点击“分割”按钮，分割文字。选取分割后右侧的文字，点击“删除”按钮，删除文字。

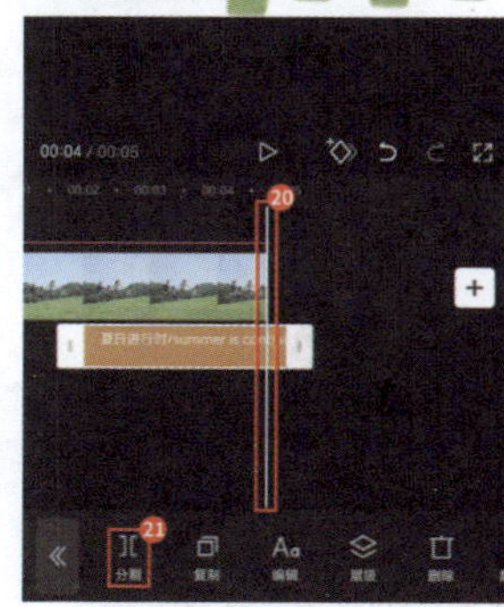
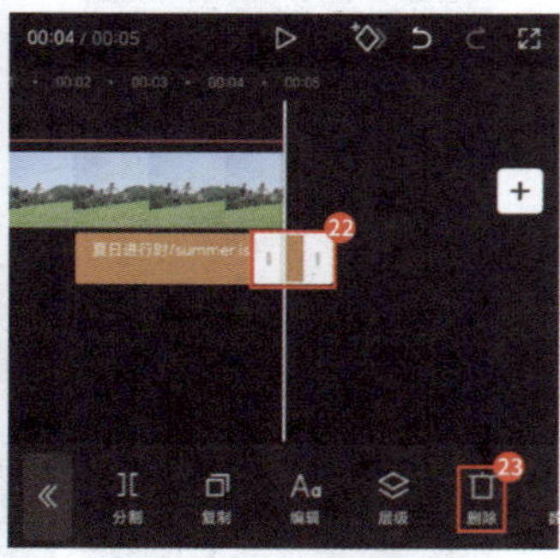

9 返回素材起始位置，点击左侧的三角形按钮，直至显示出所需的按钮。执行“音频 > 音乐”命令，进入“音乐”界面。

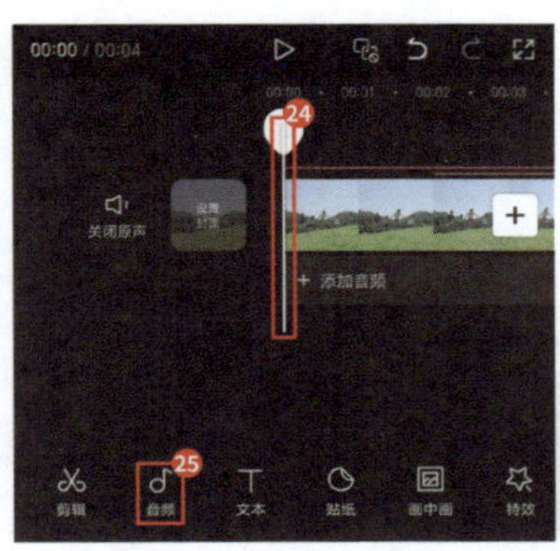

10 在搜索框中输入“夏日”，点击“搜索”，获得相关的音乐列表。点击相应的音乐，可以进行试听，点击“使用”按钮，可在编辑界面添加选取的音乐。

11 拖曳时间轴上的白色滑竿到 00:04 处，点击“分割”按钮，分割音乐。选取分割后右侧的音乐文件，点击“删除”按钮，删除音乐。

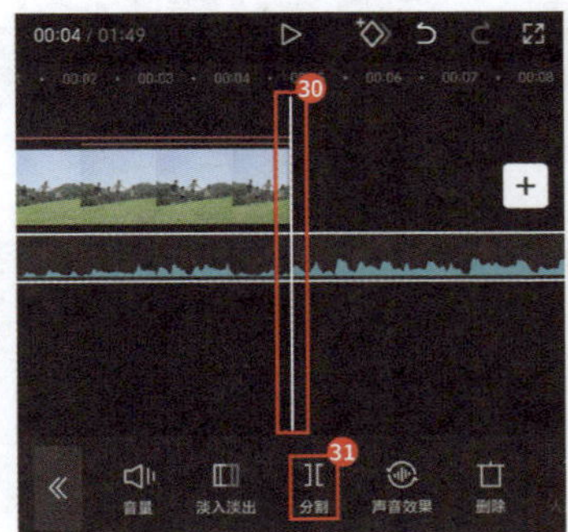

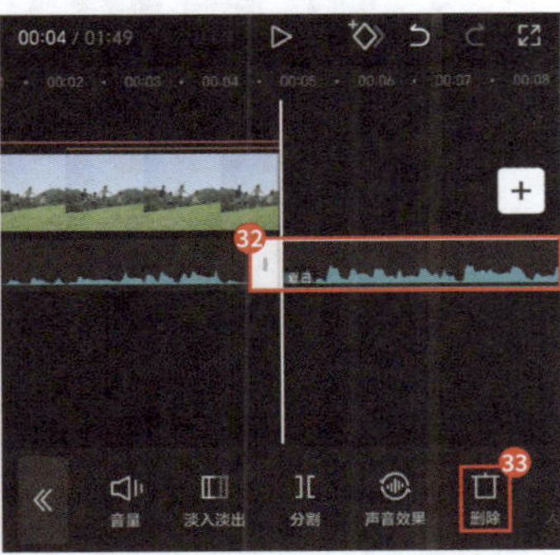

12 点击左侧的三角形按钮，直至显示出所需的按钮。返回素材起始位置，在底部工具栏中向左滑动以显示更多选项，选择“比例”。

13 在弹出的选项菜单中，选择“16：9”选项。点击“√”按钮，确认操作。擦除式片头制作完成。

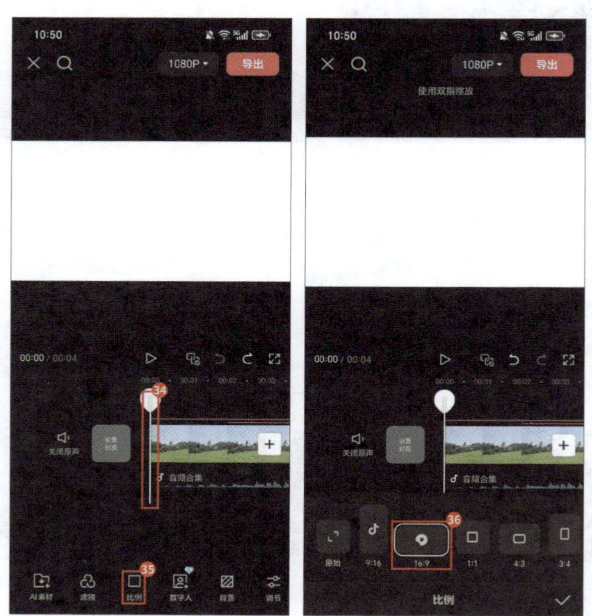

5.2 创意技巧：辅助视频过渡的小巧思

在短视频的制作中，通常需要将多个视频片段组合到一起。为了使片段间的过渡不显得那么生硬，可以通过添加转场效果来提升视频的流畅度。视频进度条可以帮助观众了解视频的播放状态，并能通过拖动滑块精准定位到想要观看的位置，极大地提升观看体验。

本节将分别介绍3种视频转场和视频进度条的制作方法，帮助创作者更好地完成短视频的制作。

01 无缝转场：如何实现自然衔接的转场？

无缝转场是视频剪辑中常用的一种过渡技巧，通过将两个镜头的画面逐渐融合，实现平滑的转场效果。

1 导入所需的多个视频素材，将白色滑竿移动到素材连接处。点击两段视频连接处的方形图标，进入“转场”选项界面，选择“叠化”分类下的“叠化”转场。

2 选中转场后，可以根据需要滑动圆形滑块以调整转场的持续时间。点击“√”按钮，确认操作。使用相同的方法为其他视频素材添加转场。可以根据需要为视频片段添加背景音乐，这里不再赘述。无缝转场制作完成。

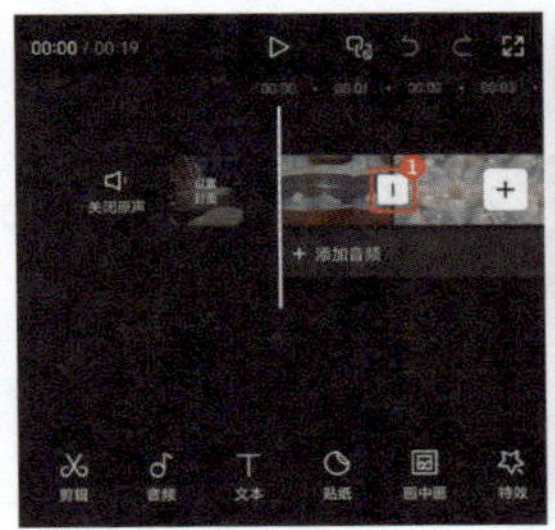
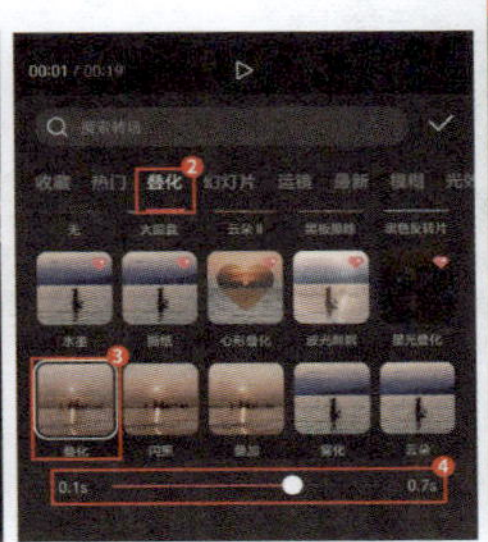

02 遮挡转场：如何制作简易遮挡转场？

遮挡转场是一种常见且富有创意的转场方式，利用画面中的物体或人物遮挡镜头的瞬间，实现场景的自然过渡。

1 导入所需的视频素材，将白色滑竿移动到遮挡物完全出现的位置。在底部工具栏中，执行“画中画 > 新增画中画”命令。

2 在“照片视频”界面中选择所需的素材，点击“添加”按钮，导入素材，并在预览区域放大画面。点击关键帧按钮，记录关键帧。

3 在底部工具栏中向左滑动以显示更多选项。点击“蒙版”，在弹出的选项菜单中选择“线性”选项。

4 在上方的预览窗口中旋转蒙版，并拖曳左侧的羽化调整滑块设置羽化效果。向右拖曳蒙版线到最右侧的位置。拖曳时间轴上的白色滑竿到 00:01 处，再向左拖曳蒙版线到遮挡物边缘的位置，自动生成关键帧。

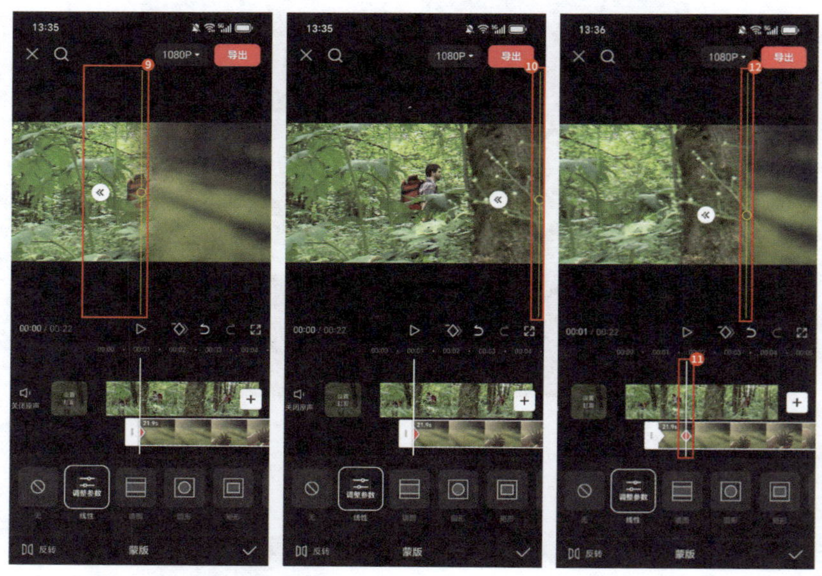

5 拖曳时间轴上的白色滑竿到 00:02 处，再向左拖曳蒙版线到遮挡物边缘的位置，自动生成关键帧。拖曳时间轴上的白色滑竿到 00:03 处，再向左拖曳蒙版线到遮挡物边缘的位置，自动生成关键帧。

6 拖曳时间轴上的白色滑竿到遮挡物完全消失的位置，再向左拖曳蒙版线到最左侧的位置，自动生成关键帧。可以根据需要为片段添加背景音乐，这里不再赘述。遮挡转场制作完成。

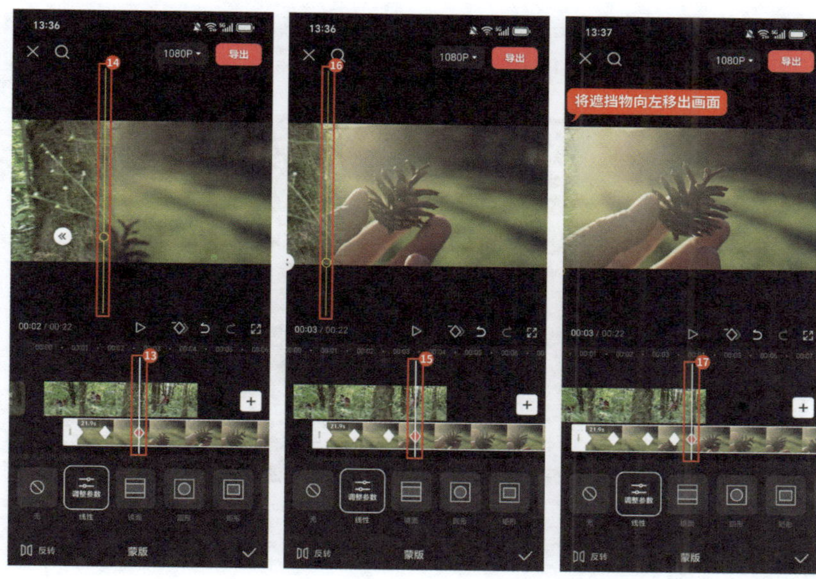

03 抠图转场：如何增加转场的艺术感?

抠图转场可以创造出独特的视觉风格，通过将视频中的某个元素从原始背景中分离出来，并放置在新的背景中，实现场景间的平滑过渡。

1 导入所需的视频素材并选中素材。在底部工具栏中向左滑动以显示更多选项。点击“定格”，定格画面。

2 选中定格的素材，在底部工具栏中向右滑动以显示更多选项。点击“切画中画”，将素材切换到另一个视频轨道。

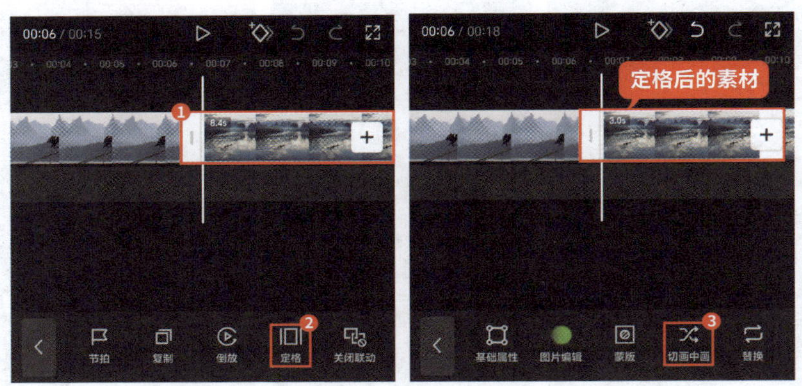

3 在底部工具栏中向右滑动以显示更多选项，执行“抠像 > 自定义抠像”命令，弹出选项菜单。

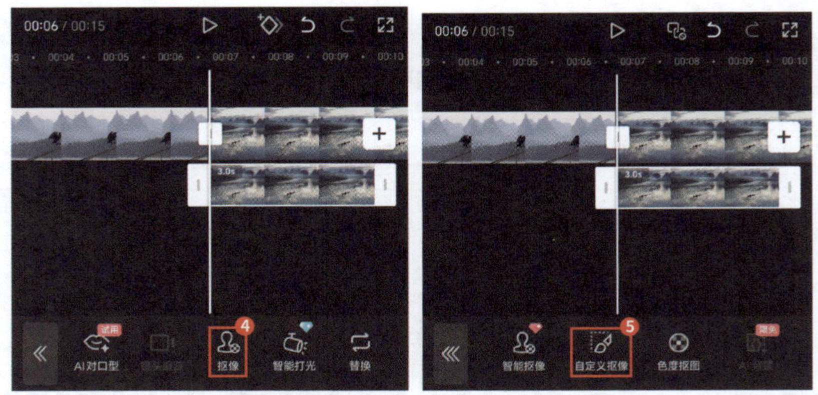

4 选择“快速画笔”，调整画笔大小，在预览区域选择需要抠图的部分。点击“√”按钮，确认操作。调整素材的时长并将其拖曳到两段视频素材的中间。在底部工具栏中点击“动画”，弹出选项菜单。

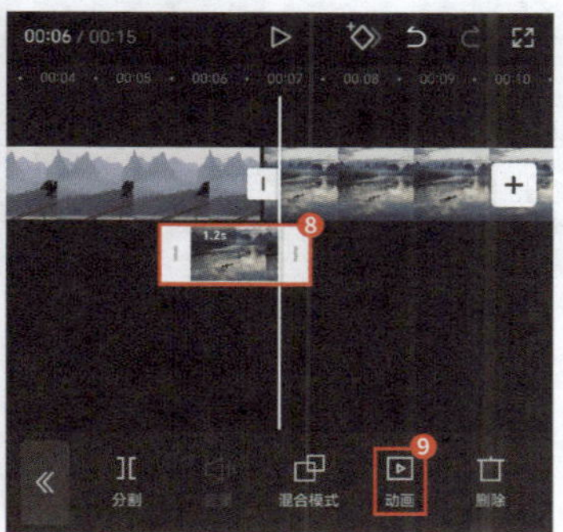

5 选择“入场”分类中的“向下滑动”，并设置动画时长，然后点击“√”按钮，确认操作。

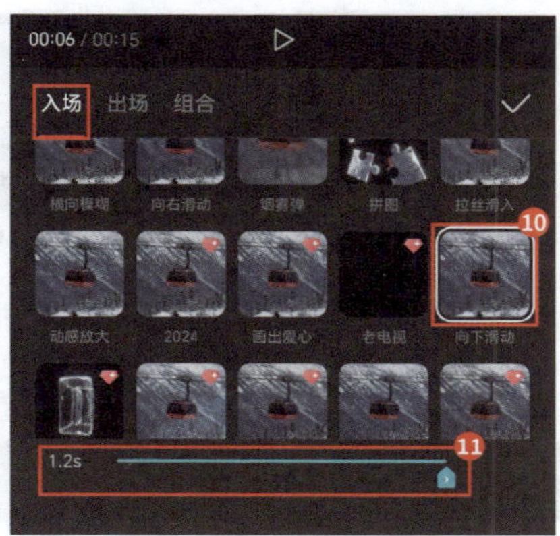

6 点击两段视频连接处的方形图标，进入“转场”选项界面。选择“叠化”分类下的“叠化”转场，然后点击“√”按钮，确认操作。

可以根据需要为片段添加背景音乐，这里不再赘述。抠图转场制作完成。

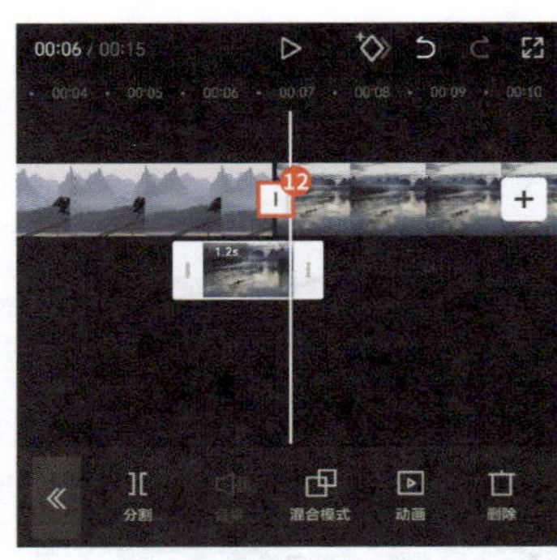

04 视频进度条：如何快速定位视频结构?

在观看较长的视频时，很多观众没有耐心从头看到尾，而视频进度条可以清晰地展示视频结构，帮助观众快速定位到感兴趣的内容。

1 导入所需的视频素材。在底部工具栏中，执行“画中画 > 新增画中画”命令。

2 在“素材库”界面中选择黑场素材，点击“添加”按钮，导入素材，并在上方的预览窗口中调整素材大小和位置。

3 在底部工具栏中向左滑动以显示更多选项，选择“不透明度”，在弹出的选项菜单中将“不透明度”设置为“60”。点击“√”按钮，确认操作。

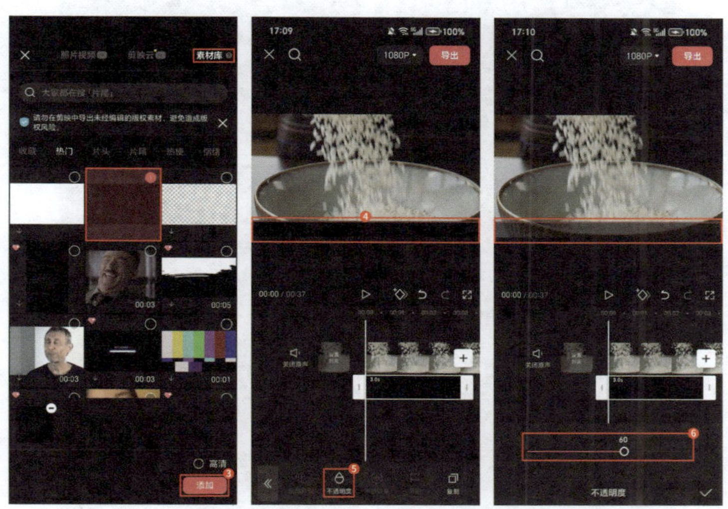

4 向右拖曳素材右侧的边界至背景视频的结束位置，调整素材时长。返回素材起始位置，点击左侧的三角形按钮，直至显示出所需的按钮，在底部工具栏中点击“新增画中画”。

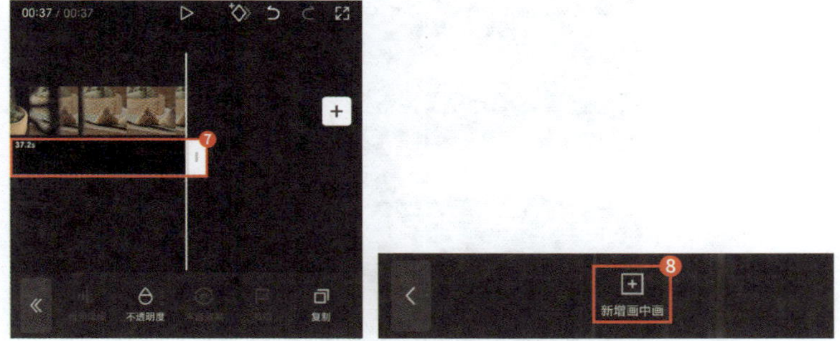

5 在“素材库”界面中选择白场素材，点击“添加”按钮，导入素材，并在上方的预览窗口中调整素材大小和位置，需与黑场素材保持一致。

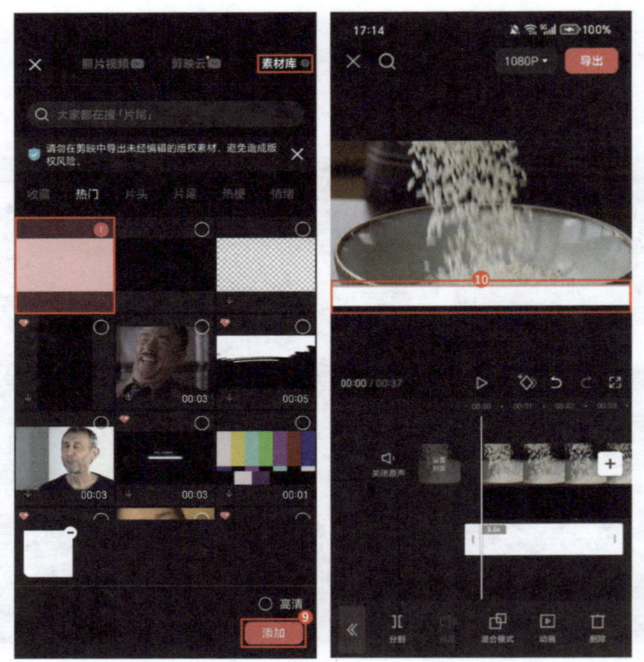

6 向右拖曳素材右侧的边界至背景视频的结束位置，调整素材时长。

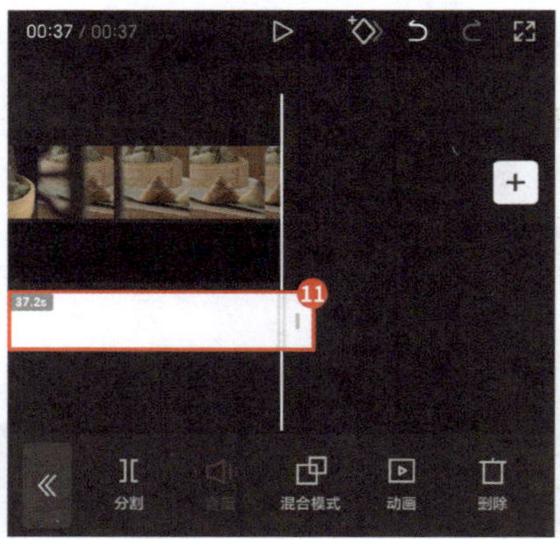

7 返回素材起始位置，在底部工具栏中向左滑动以显示更多选项。点击“蒙版”，在弹出的选项菜单中选择“线性”选项。

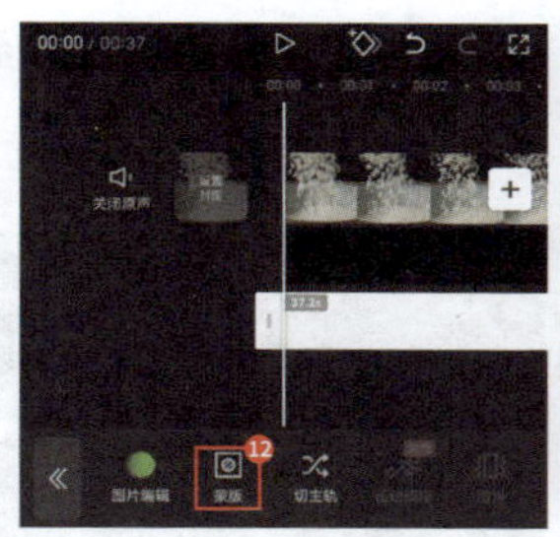

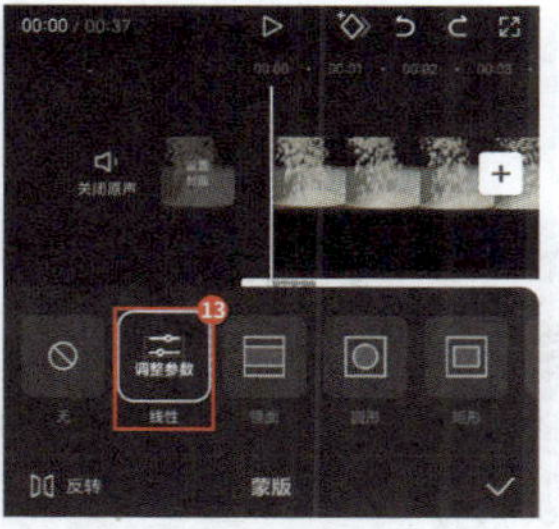

8 再次点击“线性”选项，进入参数调整界面。将“旋转”参数设置为“-90°　”。点击下箭头，收起参数调整界面。

9 在预览区域拖曳蒙版到最左侧的位置，点击关键帧按钮，记录关键帧。

10 拖曳时间轴上的白色滑竿到视频的结束位置，并在预览区域拖曳蒙版到最右侧的位置，自动生成关键帧。点击“√”按钮，确认操作。

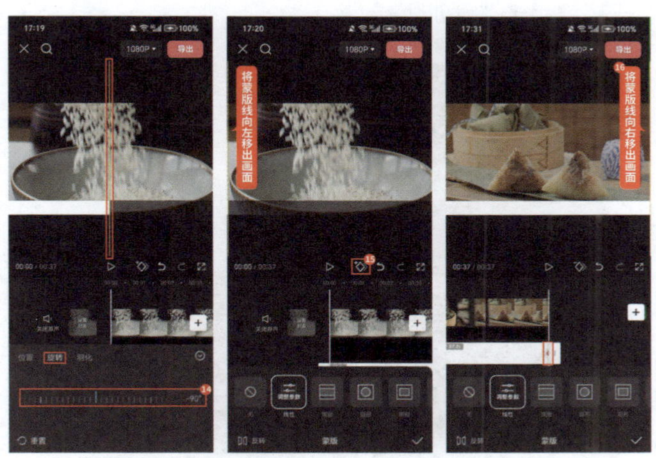

11 返回素材起始位置，点击左侧的三角形按钮，直至显示出所需的按钮。执行“文本 > 新建文本”命令。

12 在弹出的文本框中输入文字，并设置合适的样式。点击“√”按钮，

确认操作。向右拖曳文字右侧的边界至背景视频的结束位置，调整文字素材的时长。

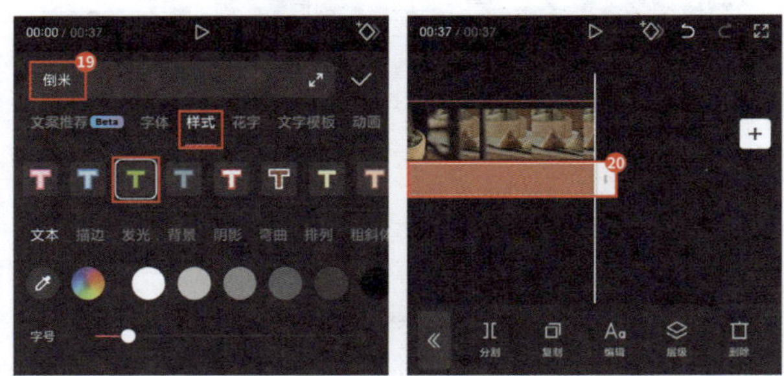

13 使用相同的方法分别输入不同内容对应的文字，并放置在进度条的相应位置上。返回素材起始位置，点击左侧的三角形按钮，直至显示出所需的按钮，点击“添加贴纸”。

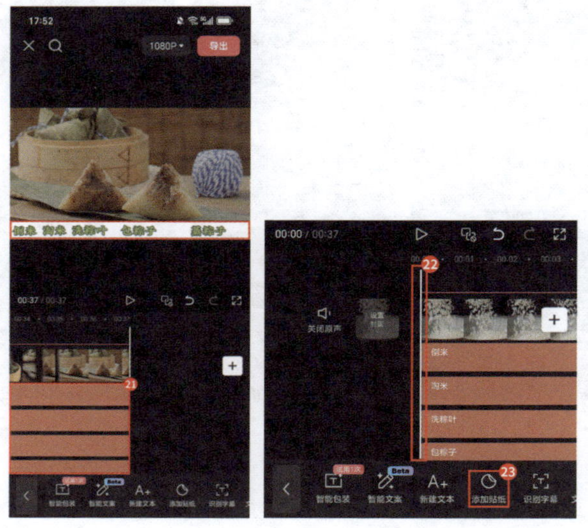

14 搜索“粽子”贴纸。点击“取消”，再点击“√”按钮，确认操作。在预览区域调整贴纸大小，并拖曳贴纸到最左侧的位置。点击关键帧按钮，记录关键帧。

15 向右拖曳贴纸右侧的边界到背景视频的结束位置，调整贴纸素材时长。在预览区域拖曳贴纸到最右侧的位置，自动生成关键帧。可以根据需要为视频片段添加背景音乐，这里不再赘述。视频进度条制作完成。

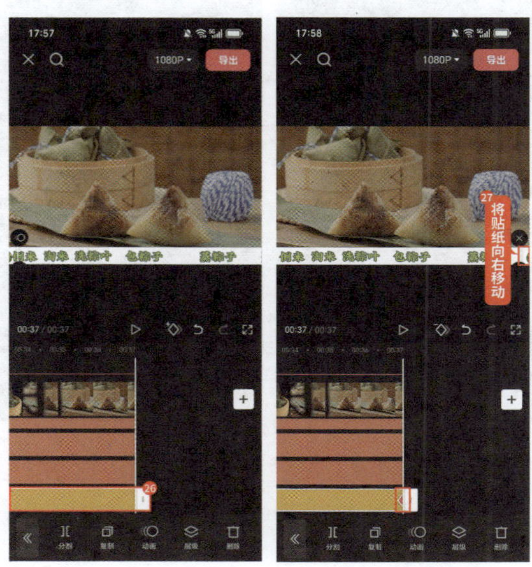

5.3 创意片尾：促进视频内容传播的重要手段

在完成了片头和主体内容的制作后，一个富有创意的片尾也是必不可少的。它不仅能够提升视频的整体品质，而且能给观众留下深刻的印象。本节将介绍 3 种创意片尾的制作方法，使整个视频在结尾处实现升华。

01 点赞收藏关注片尾：怎么为视频引流？

在片尾添加一个简单的动画效果，可以吸引用户的注意力，引导其进行点赞、收藏和关注等互动操作。

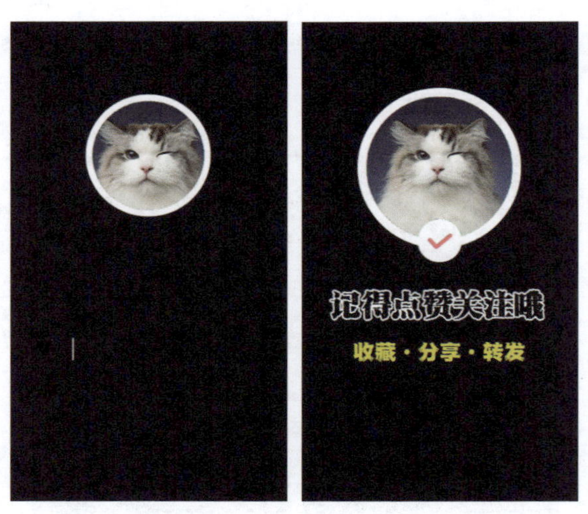

1 导入所需的素材。在底部工具栏中向左滑动以显示更多选项，选择“比例”。在弹出的选项菜单中，选择“9：16”选项。点击“√”按钮，确认操作。

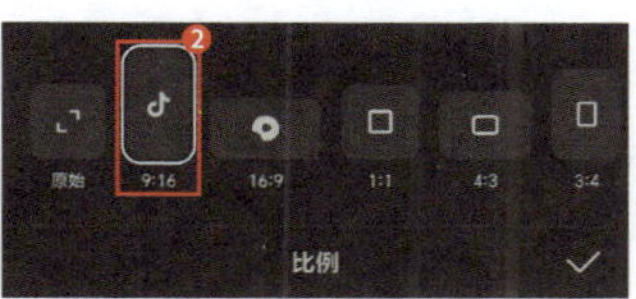

2 在底部工具栏中向右滑动以显示更多选项，执行“画中画 > 新增画中画”命令。

3 在“素材库”界面中点击搜索框，输入“关注”，点击“搜索”，获得相关的多个素材。选择所需的素材，点击“添加”按钮，导入素材。

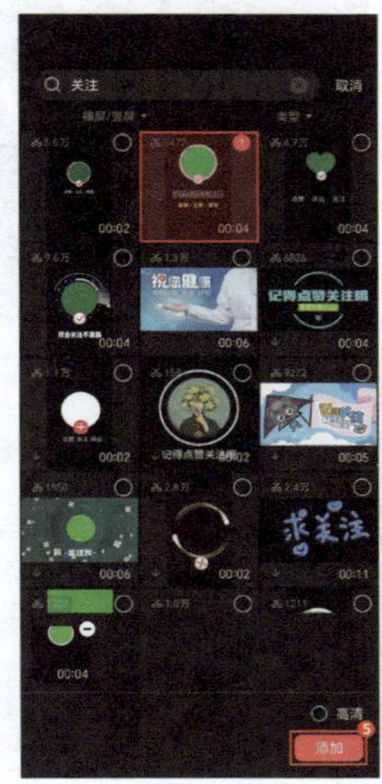

4 在预览区域放大画面。在底部工具栏中向左滑动以显示更多选项，执行“抠像 > 色度抠图”命令，弹出选项。

5 拖动“取色器”到绿色区域，点击“√”按钮，确认操作并返回编辑界面。选中所需的素材，在预览区域放大画面。点赞收藏关注片尾制作完成。

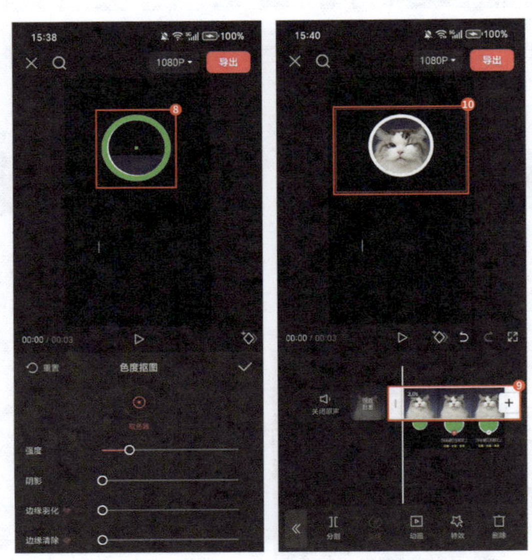

02 电影滚动感片尾：如何提升视频的整体质感?

在短视频片尾添加电影片尾的字幕滚动感效果，不仅能提升视频的专业性，还能够有效地传达信息，同时也是对制作团队的一种尊重和感谢。

1 导入所需的视频素材并选中素材。点击关键帧按钮，记录关键帧。
2 拖曳时间轴上的白色滑竿到 00:02 处，在预览区域中缩小视频素材并调整位置，自动生成关键帧。

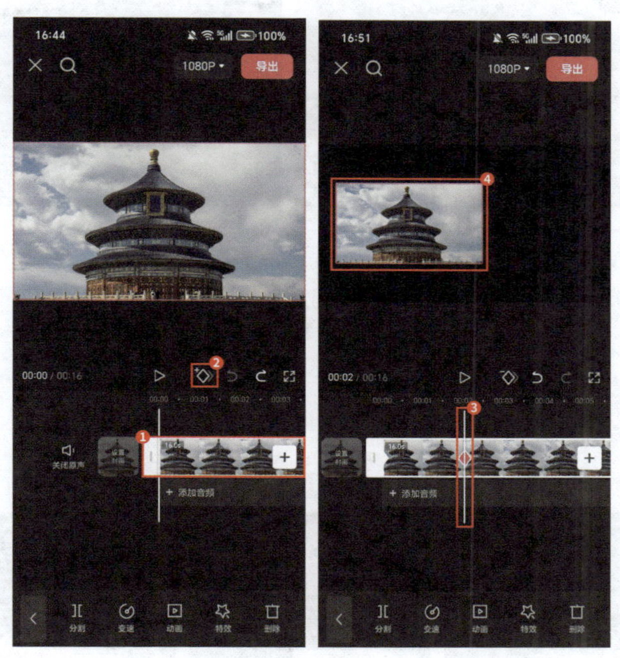

3 取消选中视频素材，显示所需的按钮。执行“文本 > 新建文本”命令，进入文本设置界面。

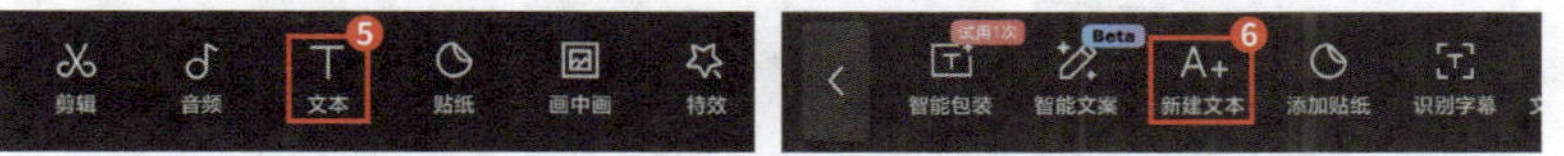

4 在文本框中输入文字，并设置合适的字体。在“样式”选项中将“字号”设置为“8”，将“行间距”设置为“8”。点击“√”按钮，确认操作。

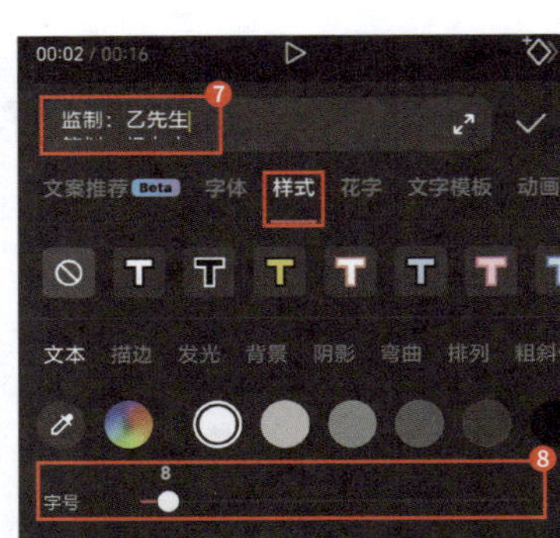

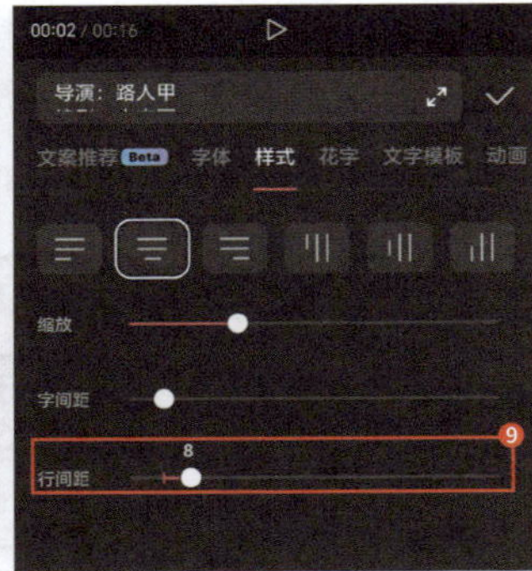

5 向右拖曳文字右侧的边界到视频的结束位置，调整文字素材的时长。拖曳时间轴上的白色滑竿到文字的起始位置，在预览区域中向下调整文字的位置。点击关键帧按钮，记录关键帧。

6 拖曳时间轴上的白色滑竿到文字的结束位置，在预览区域中向上调整文字的位置，自动生成关键帧。可以根据需要为视频片段添加背景音乐，这里不再赘述。电影滚动感片尾制作完成。

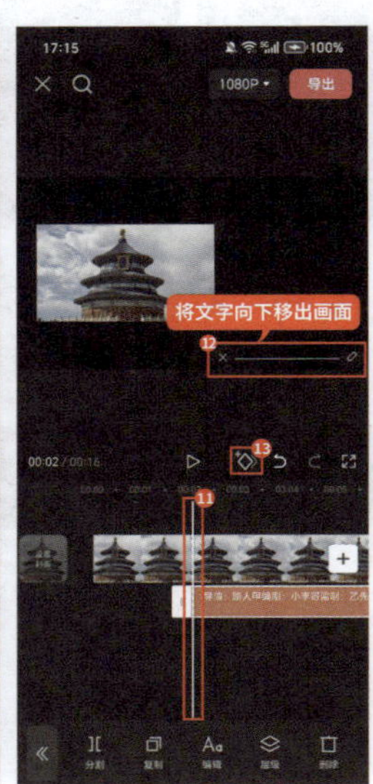

03 高级感片尾：如何制作高级感片尾？

高级感片尾在短视频制作中扮演着重要的角色，不仅能够提升作品的整体质感，还能给观众留下深刻的印象。

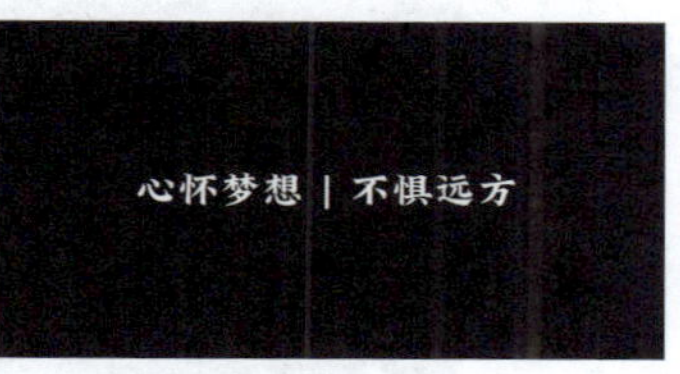

1 在首页中点击“开始创作”按钮，在“素材库”界面中选择黑场素材，点击“添加”按钮，导入素材。在底部工具栏中，执行“画中画 > 新增画中画”命令。

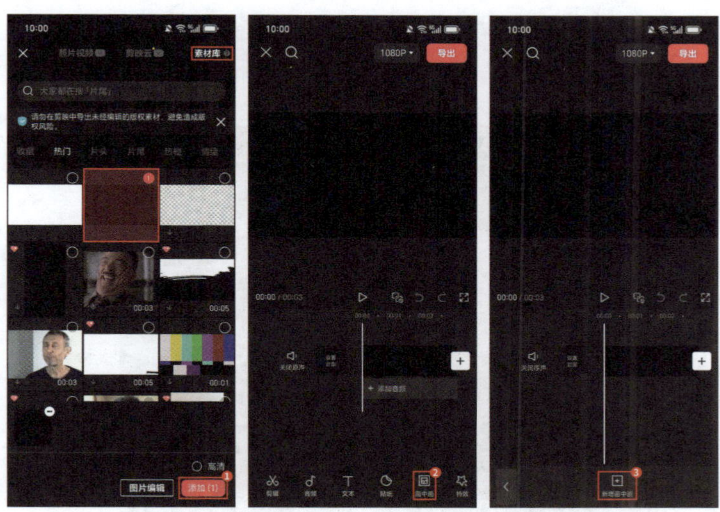

2 在“照片视频”界面中选择所需的素材，点击“添加”按钮，导入素材。选中并向右拖曳黑场素材右侧的边界到视频素材的结束位置，调整素材时长。

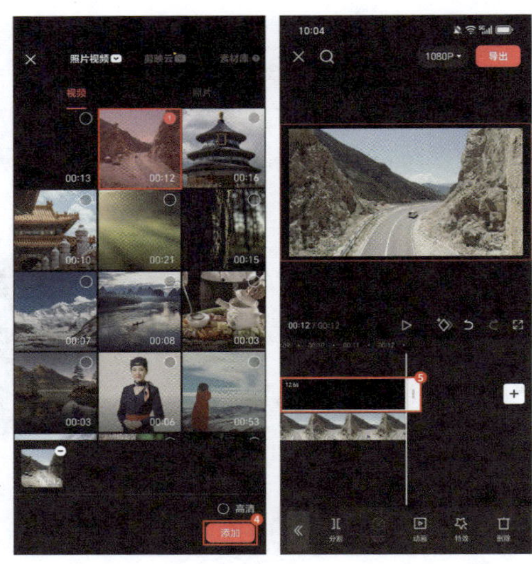

3 返回素材起始位置，选中素材，在底部工具栏中向左滑动以显示更多选项。点击“蒙版”，在弹出的选项菜单中选择“矩形”选项，在预览区域中调整画面大小。点击“√”按钮，确认操作。

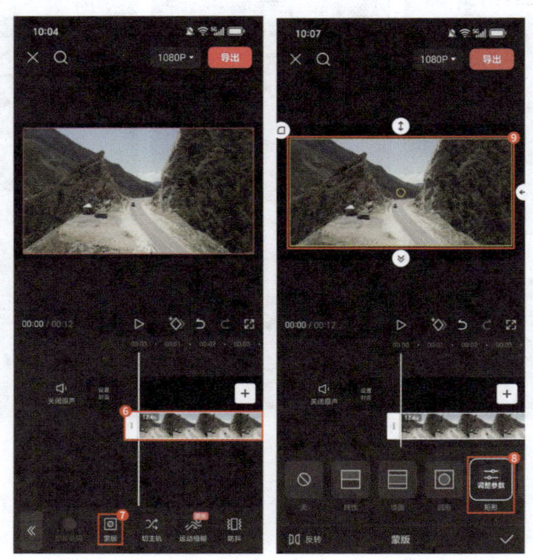

4 在底部工具栏中向左滑动以显示更多选项，选择“复制”，复制视频素材。将复制的素材拖动到下一轨道。

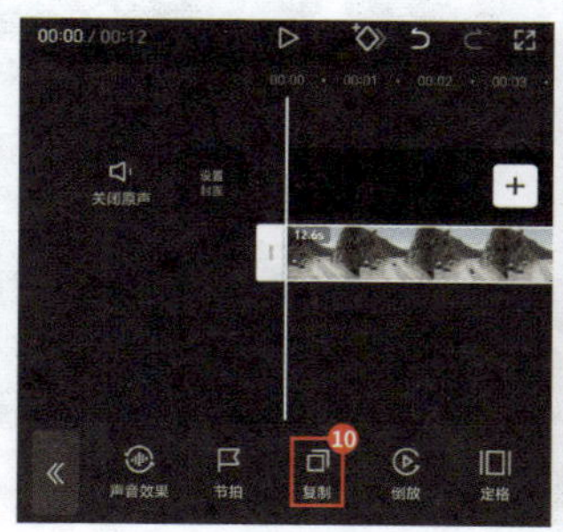
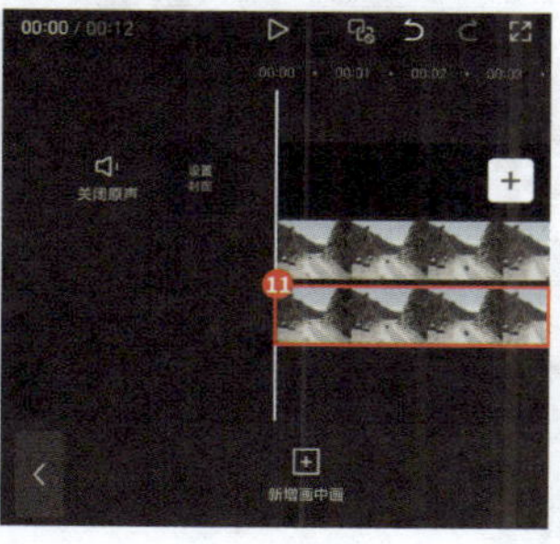

5 选中素材，在底部工具栏中向左滑动以显示更多选项。点击“替换”，在“素材库”界面中选择白场素材。

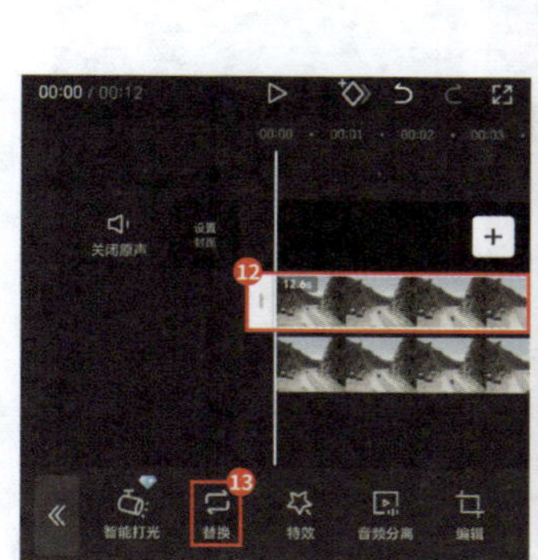
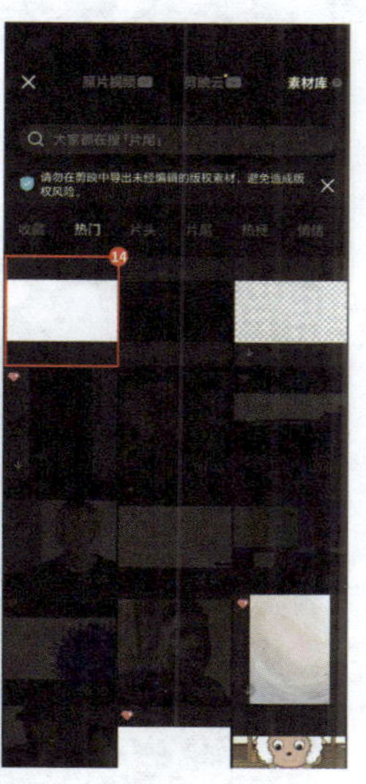

6 在底部工具栏中向左滑动以显示更多选项。点击“蒙版”，在预览区域中调整画面大小。

7 拖曳时间轴上的白色滑竿到 00:04 处，点击关键帧按钮，记录关键帧。继续使用相同的方法为视频素材记录关键帧。

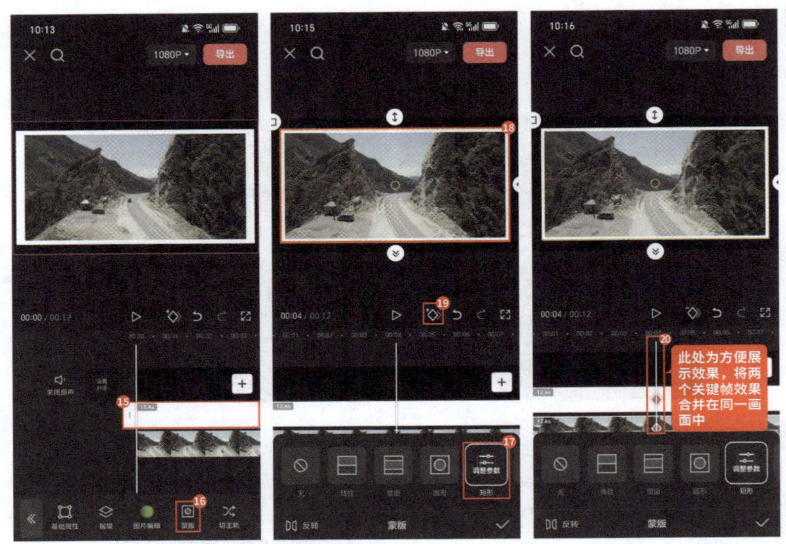

8 拖曳时间轴上的白色滑竿到 00:06 处，在预览区域中分别缩小白场素材和视频素材，自动生成关键帧。点击“√”按钮，确认操作。

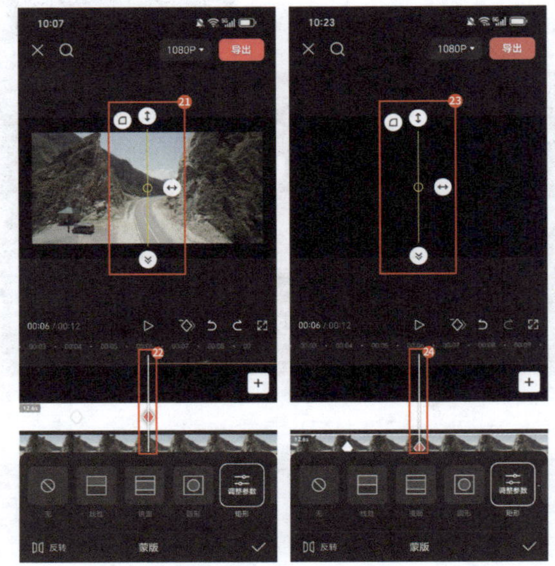

9 返回素材起始位置，点击左侧的三角形按钮，直至显示出所需的按钮。执行“文本 > 新建文本”命令，进入文本设置界面。

10 在文本框中输入文字，设置合适的字体，并在预览区域中调整文字的大小。点击“动画”选项，在“入场”动画分类中选择“渐显”，设置动画时长为 1.5 s。

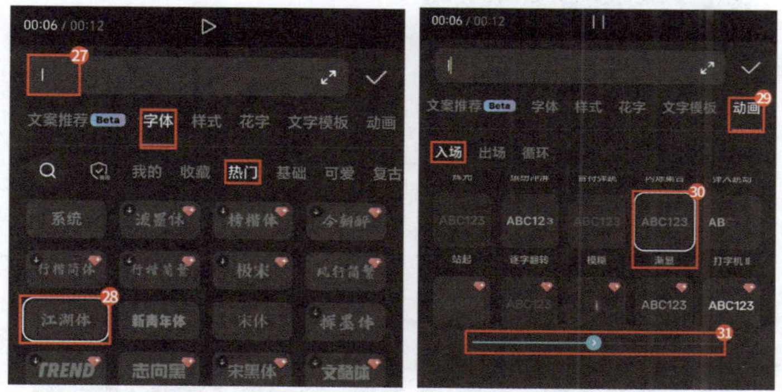

11 点击“√”按钮，确认操作。向右拖曳文字右侧的边界到背景视频的结束位置，调整文字素材时长。在底部工具栏中点击“复制”，复制文字。点击“编辑”，修改文字。

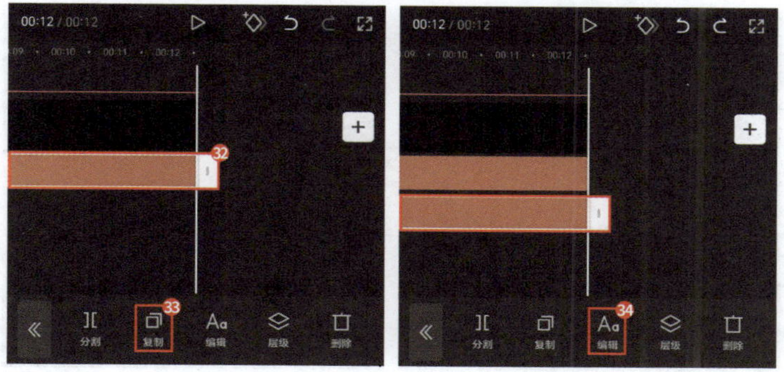

12 在预览区域中调整文字位置。点击“动画”选项，在“入场”动画分类中选择“向右露出”，设置动画时长为1.5 s。点击“√”按钮，确认操作。

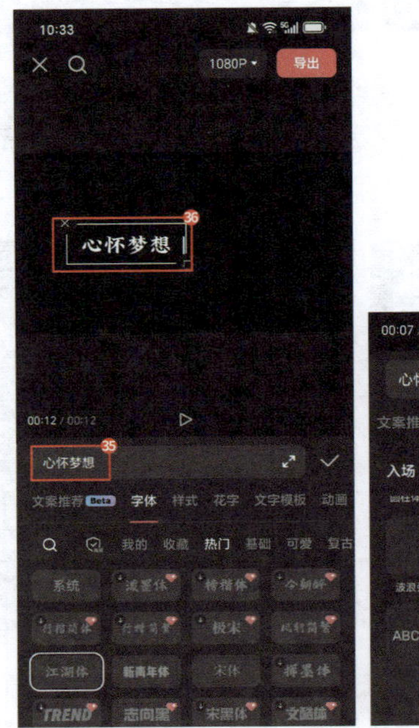

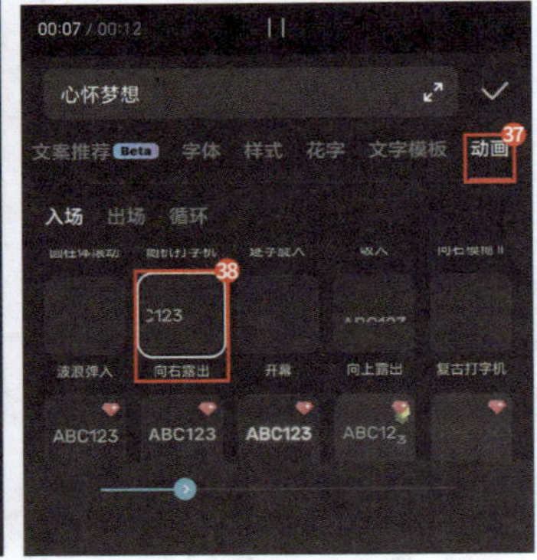

13 在底部工具栏中点击“复制”，复制文字。点击“编辑”，修改文字。

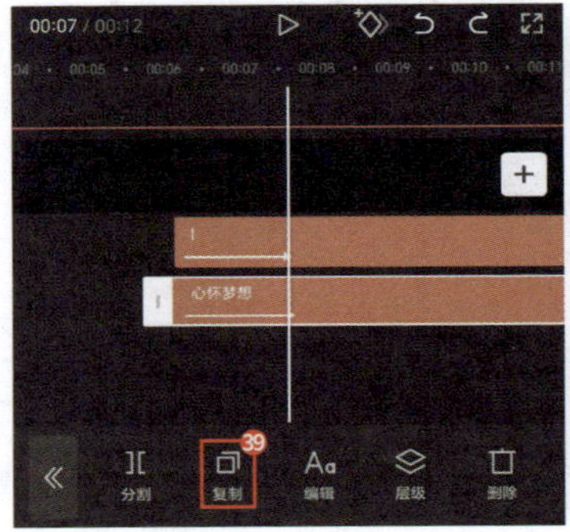

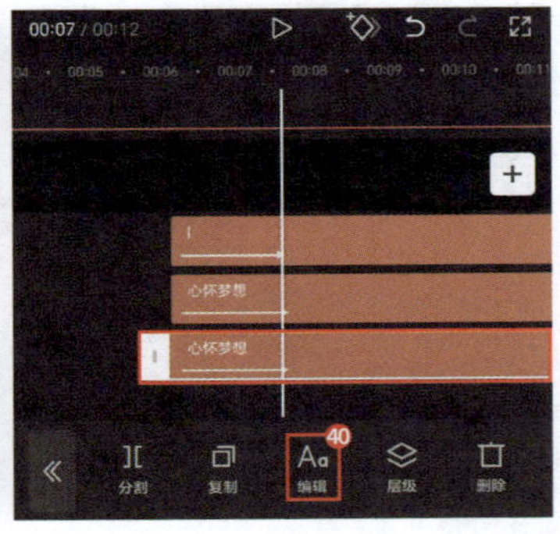

14 在预览区域中调整文字位置。点击“动画”选项，在“入场”动画分类中选择“向左露出”，设置动画时长为 1.5 s。点击“√”按钮，确认操作。可以根据需要为视频片段添加背景音乐，这里不再赘述。高级感片尾制作完成。

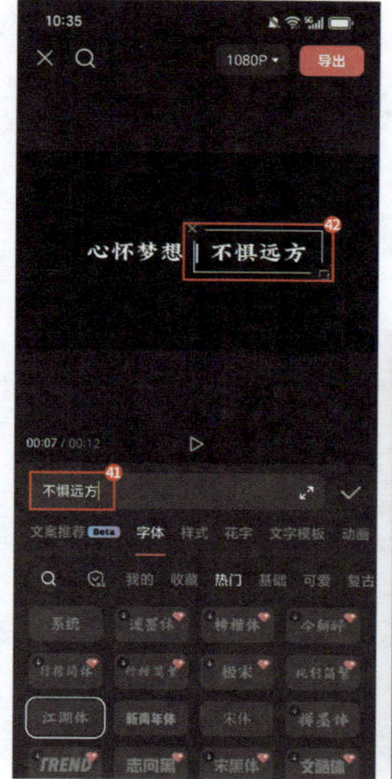

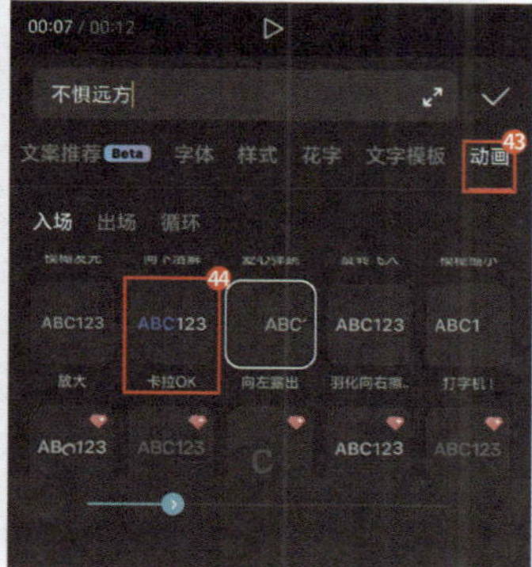

秒懂短视频剪辑：剪映+AI实例精讲（全彩印刷）

第 6 章 综合案例：掌握热门视频的剪辑方法

在充分了解剪映功能并完成大量练习后，相信读者已经掌握热门短视频的设计理念和技术要点。本章将整合前 5 章的学习内容，通过实际应用，制作出 4 个综合案例，帮助读者掌握热门短视频的剪辑方法。

6.1　高级感卡点视频：解密精准控制节奏感的视频怎么做

卡点是当下较为流行的剪辑方法，通过在音乐节奏点对视频进行剪辑与停顿处理，可以有效增强视频的节奏感和视觉效果。

1 导入所需的视频素材。在底部工具栏中，执行“音频 > 音乐”命令，进入“音乐”界面。

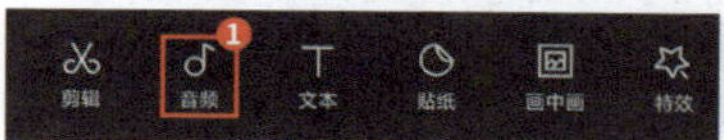

2 点击搜索框，输入“我好想你”，点击“搜索”，获得相关的音乐列表。点击相应的音乐，可以进行试听。点击“使用”按钮，可在编辑界面添加选取的音乐。

3 拖曳时间轴上的白色滑竿到00:03处，点击“分割”按钮，分割音乐。选取分割后左侧的音乐文件，点击“删除”按钮，删除音乐。

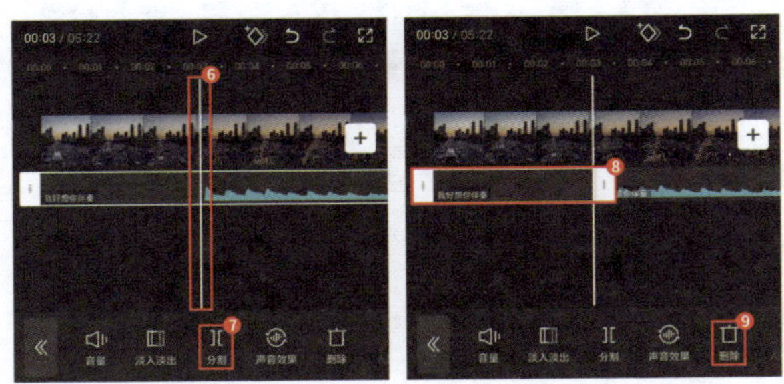

4 选中音乐文件，将其拖曳到视频起始位置。在底部工具栏中向左滑动以显示更多选项，选择“节拍”，在弹出的选项菜单中打开“自动踩点”开关，并调节踩点的速度。点击“√”按钮，确认操作。

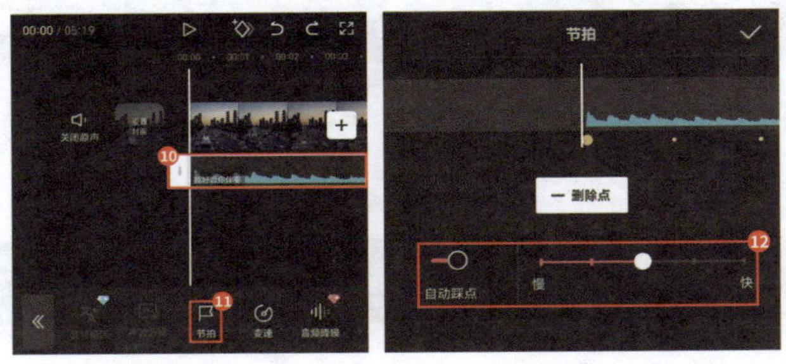

5 拖曳时间轴上的白色滑竿到第4个节奏点的位置，选中视频素材，点击“分割”按钮，分割视频。选取分割后右侧的视频文件，点击“删除”按钮，删除视频。

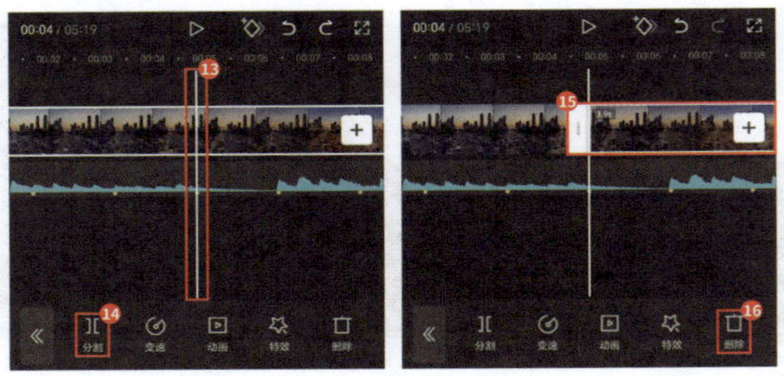

6 选中视频素材，在底部工具栏中向左滑动以显示更多选项，选择“定格”，定格视频。向左拖曳定格画面右侧的边界到第 5 个节奏点的位置，调整时长。

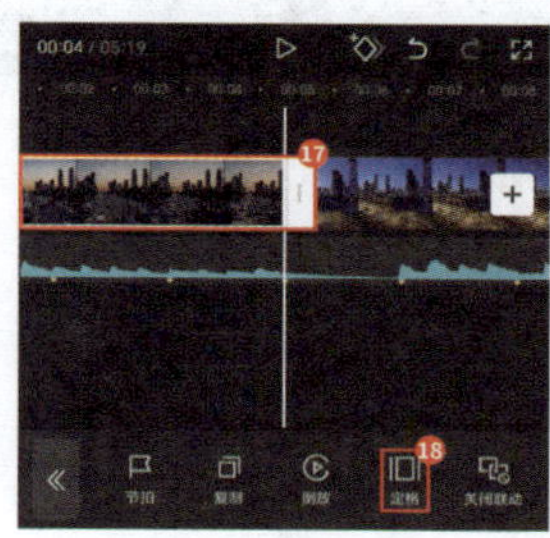
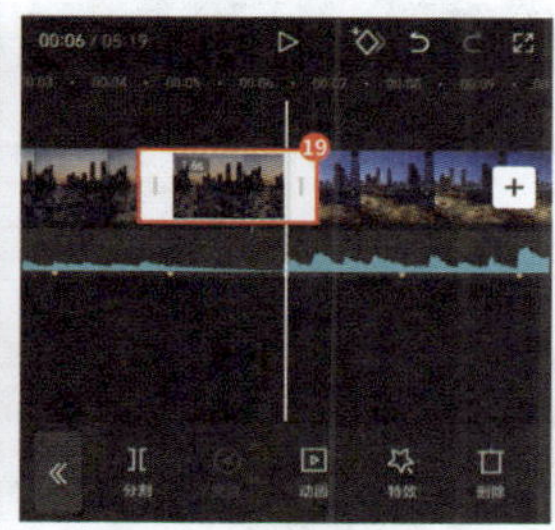

7 连续点击左侧的三角形按钮，直至显示出所需的按钮。拖曳时间轴上的白色滑竿到 00:04 处，在底部工具栏中向左滑动以显示更多选项，选择“滤镜”。在弹出的选项菜单中选择“风景”分类下的“落日海岛”。

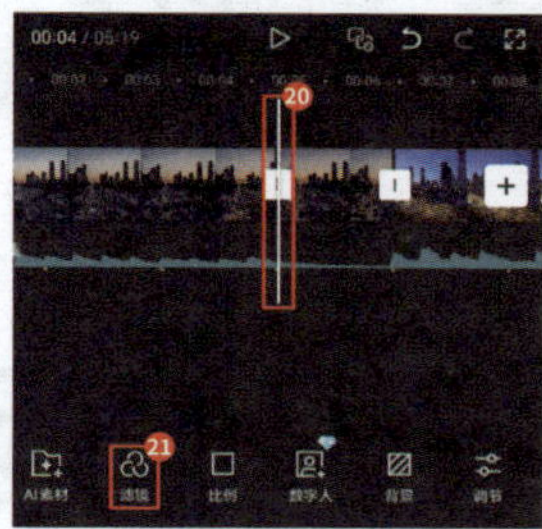

8 点击“调节”选项，选择“暗角”，向右滑动圆形滑块到“10”。选择“颗粒”，向右滑动圆形滑块到“30”。点击“√”按钮，确认操作并返回编辑界面。

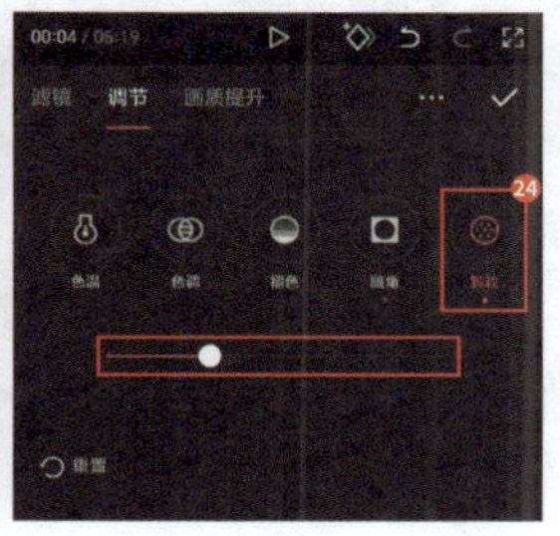

9 取消选中滤镜，点击左侧的三角形按钮，直至显示出所需的按钮，执行“特效 > 画面特效”命令，进入选项界面。

10 点击“基础”分类下的“动感模糊”特效。再次点击“动感模糊”，进入参数调整界面，将“水平位移”设置为“46”。

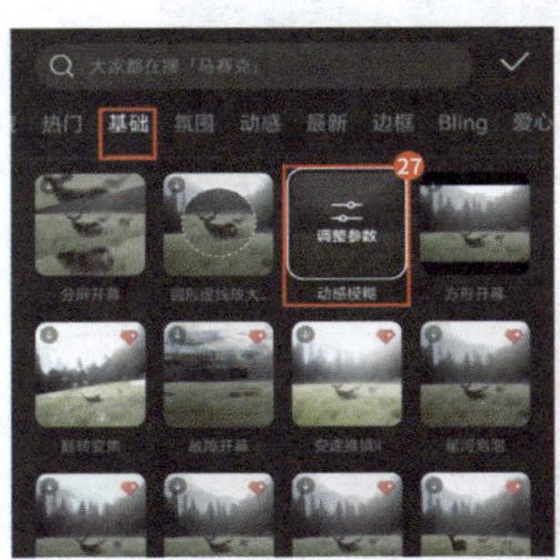

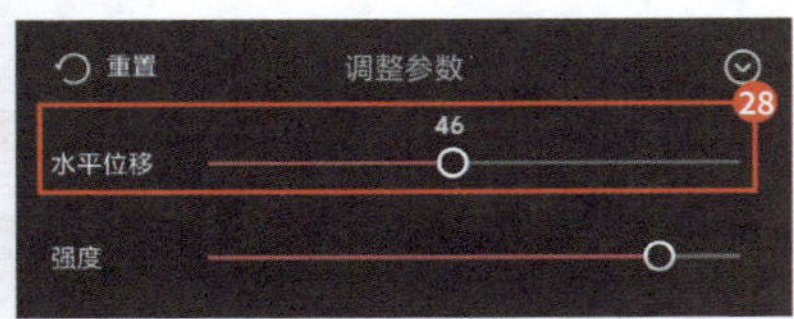

11 将“强度”设置为“30”，点击“√”按钮，确认操作并返回编辑界面。向左拖曳特效右侧的边界以调整时长。

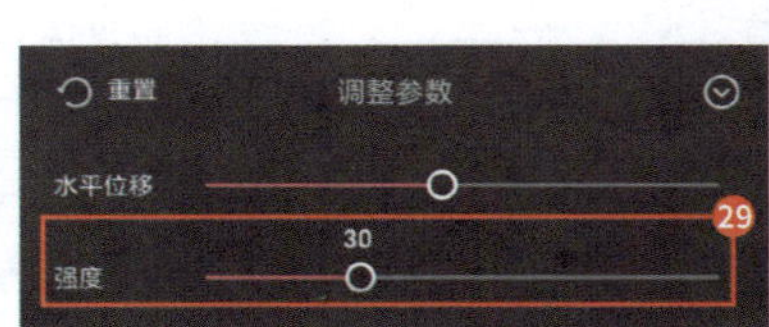

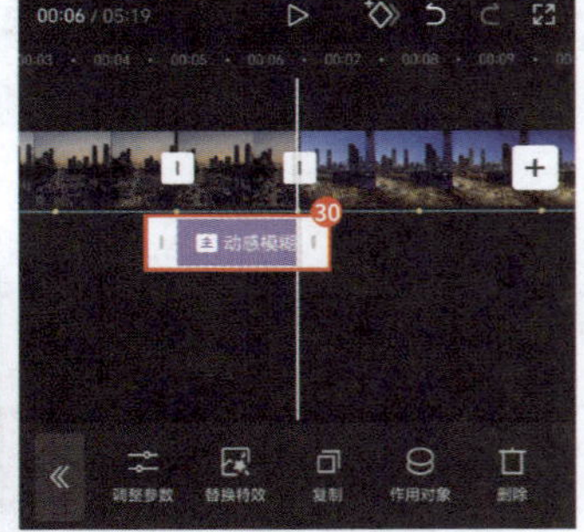

12 拖曳时间轴上的白色滑竿到第 7 个节奏点的位置，选中视频素材，点击“分割”按钮，分割视频。选取分割后右侧的视频文件，点击“删除”按钮，删除视频。

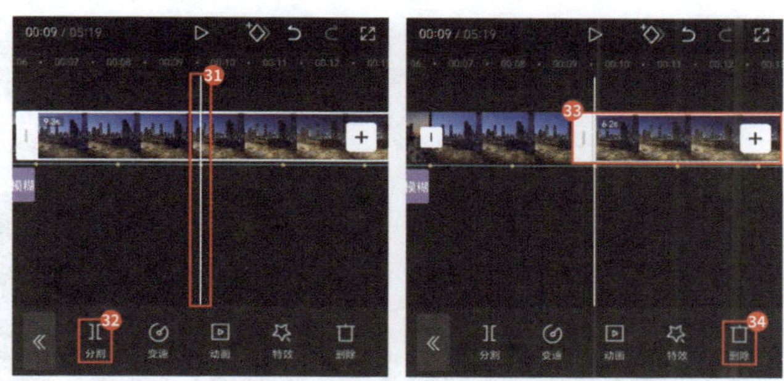

13 选中视频素材，在底部工具栏中向左滑动以显示更多选项，选择“定格”，定格视频。向左拖曳定格画面右侧的边界到第 8 个节奏点的位置，调整时长。

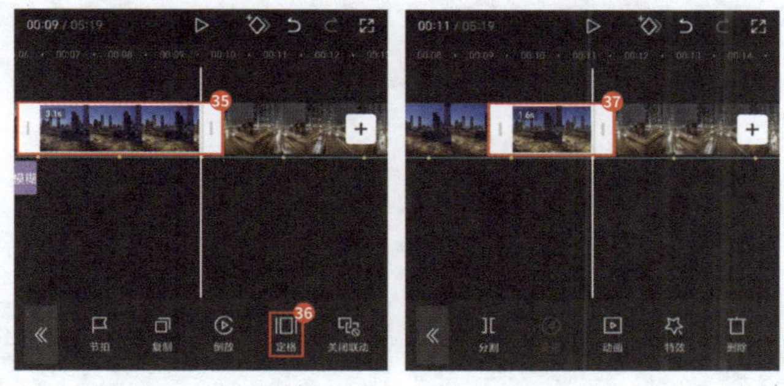

14 拖曳时间轴上的白色滑竿到 00:04 处，选中特效，点击“复制”，复制特效，并将其向后拖曳到下一个定格画面的位置。

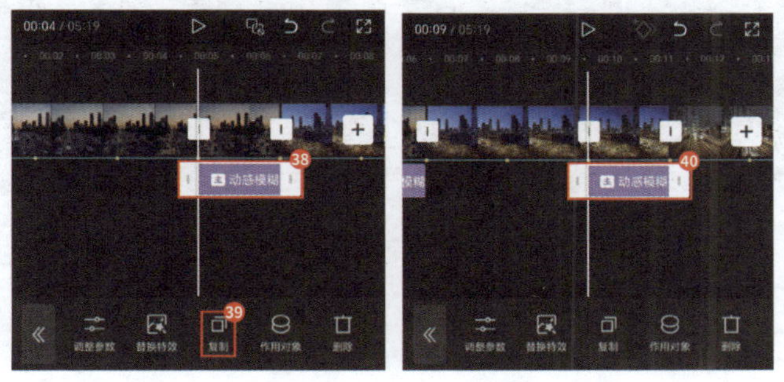

15 连续点击左侧的三角形按钮，直至显示出所需的按钮。在底部工具栏中向左滑动以显示更多选项，选择“滤镜”。拖曳时间轴上的白色滑竿到 00:04 处，选中滤镜，点击“复制”，复制滤镜。

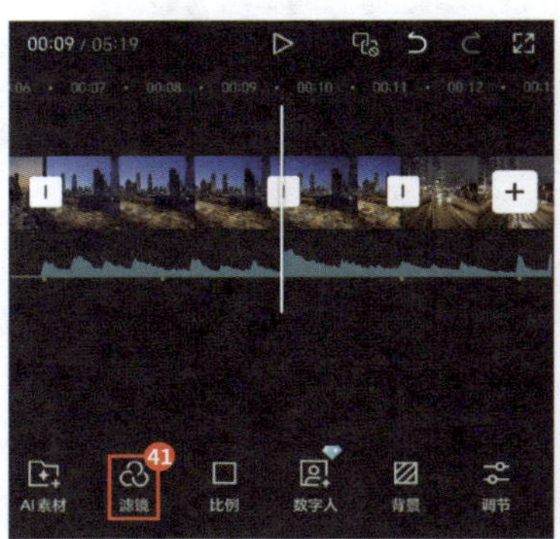

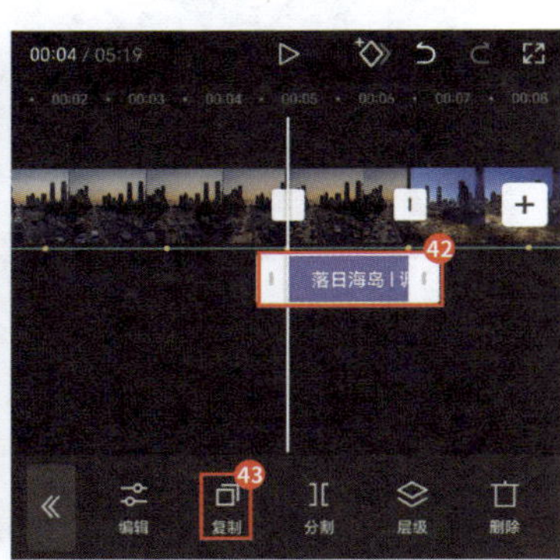

16 将复制后的滤镜向后拖曳到下一个定格画面的位置。使用相同的方法，剪辑后面两个视频素材，并为定格画面添加滤镜和特效。

17 拖曳时间轴上的白色滑竿到00:25处，选中视频素材，点击“分割”按钮，分割视频。

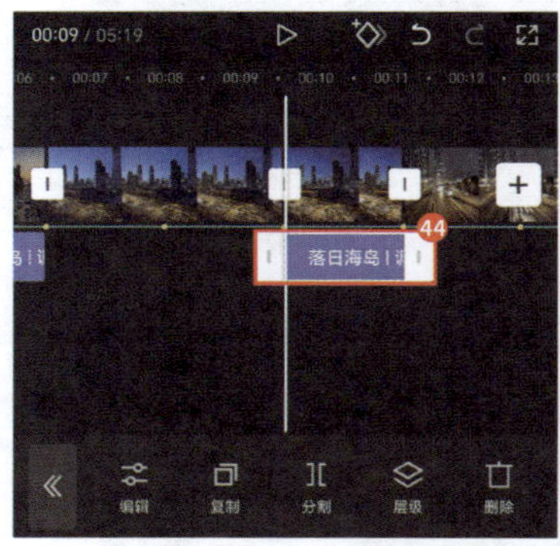

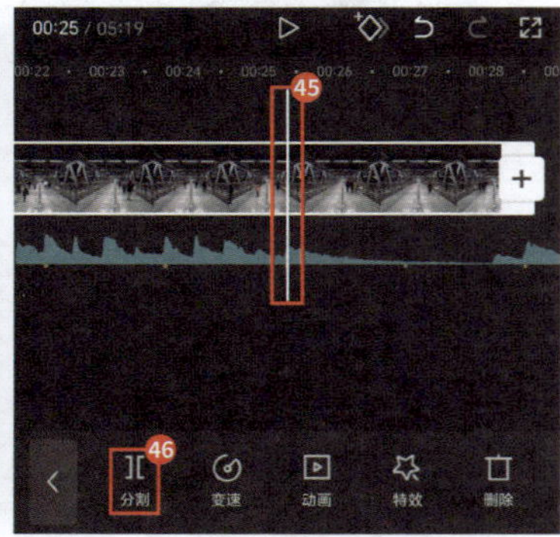

18 选取分割后右侧的视频文件，点击“删除”按钮，删除视频。选中左侧的视频素材，在预览区域中放大画面。

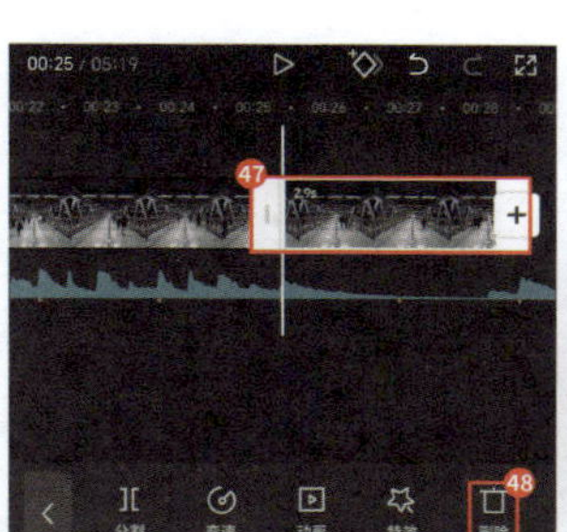

19 拖曳时间轴上的白色滑竿到 00:22 处，取消选中视频素材，执行“特效 > 画面特效”命令，进入选项界面。

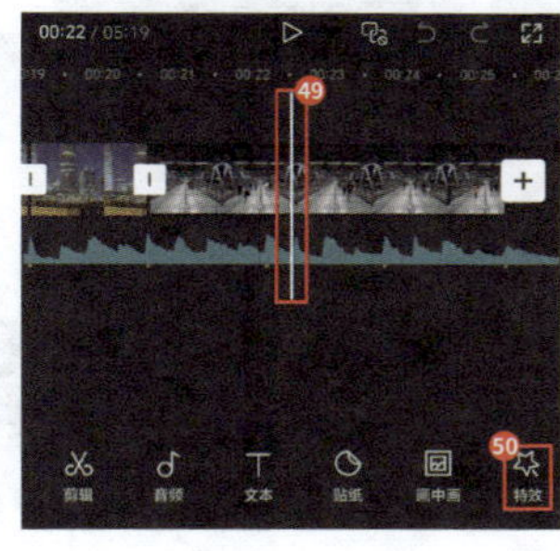
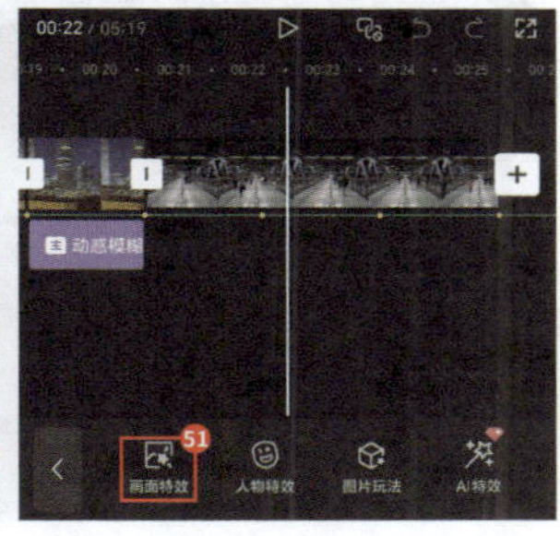

20 点击“基础”分类下的“闭幕”特效。点击“√”按钮，确认操作并返回编辑界面。向右拖曳特效右侧的边界以调整时长。

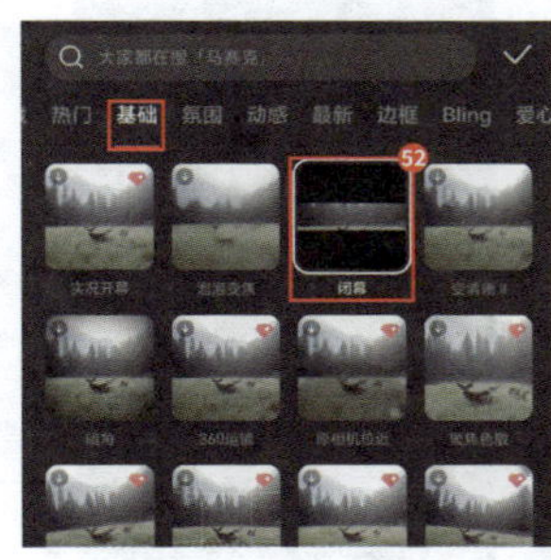
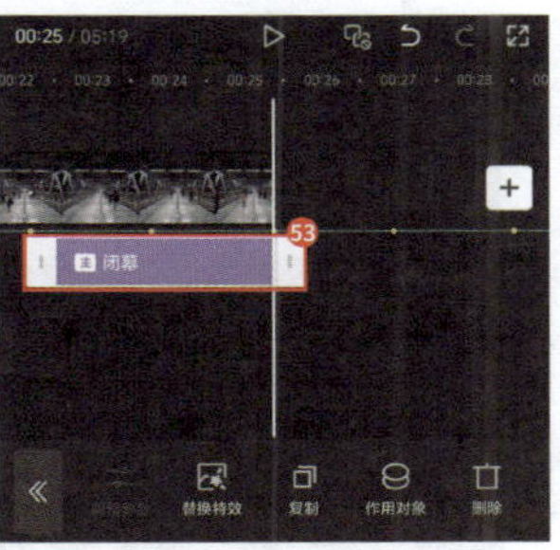

21 连续点击左侧的三角形按钮，直至显示出所需的按钮。点击右侧的“+”按钮，在“素材库”界面中选择黑场素材，点击“添加”按钮，导入素材。

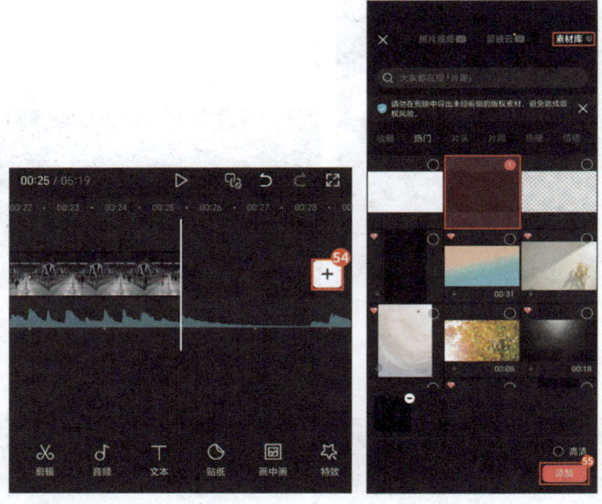

22 执行“文本 > 文字模板”命令，进入文本设置界面。

23 选择“手写字”分类中所需的样式，在上方的预览窗口中选中文字并进行修改。点击“√”按钮，确认操作并返回编辑界面。

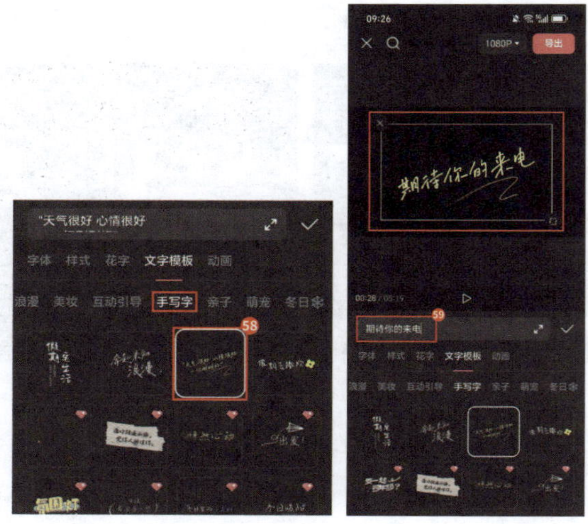

24 点击左侧的三角形按钮，直至显示出所需的按钮。选中音频文件，点击“分割”按钮，分割音乐。选取分割后右侧的音乐文件，点击“删除”按钮，删除音乐。

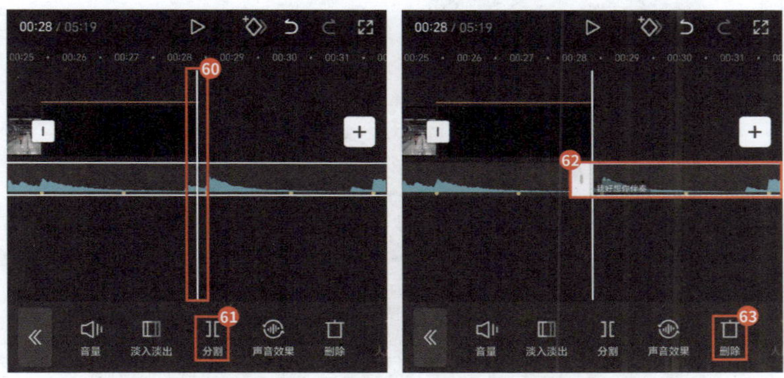

25 返回素材起始位置，点击左侧的三角形按钮，直至显示出所需的按钮。执行“文本 > 新建文本”命令，进入文本设置界面。

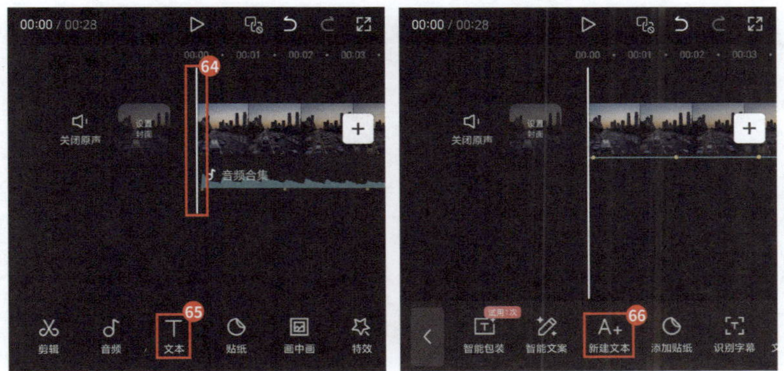

26 在文本框中输入文字，并设置合适的字体。在预览区域中放大文字，点击“√”按钮，确认操作。

27 点击“动画”选项，选择“入场”分类中的“逐字显影”动画，点击“√”按钮，确认操作。

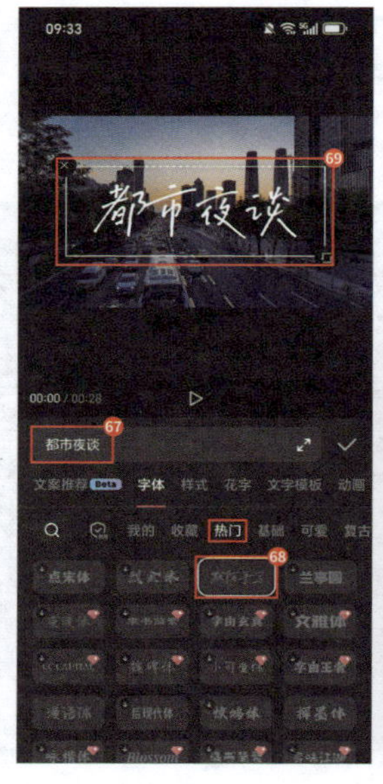

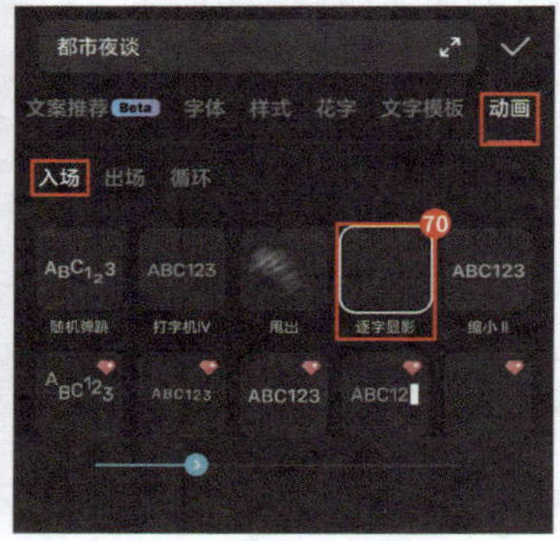

28 点击“复制”，复制文字。点击“编辑”，在弹出的界面中修改文字。

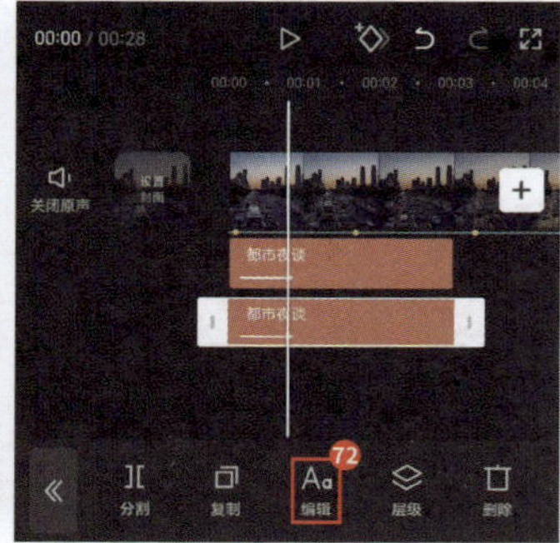

29 在预览区域中缩小文字并调整文字位置。点击“√”按钮，确认操作。

30 预览完成后的文件。点击界面上方的“1080P”，弹出导出选项设置界面。点击“导出”按钮，进入导出界面。导出完成后，点击“完成”按钮。关键帧卡点视频制作完成。

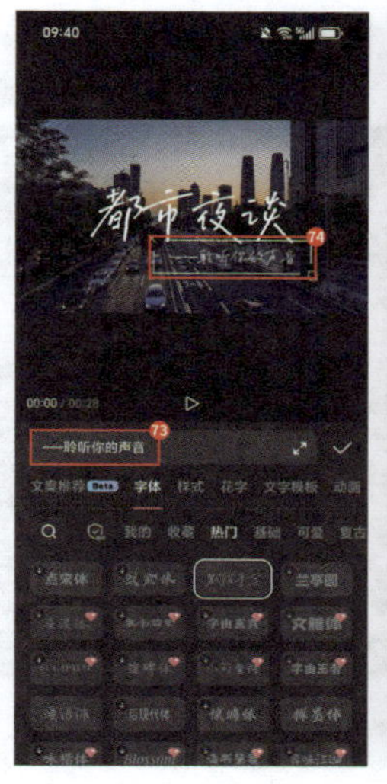

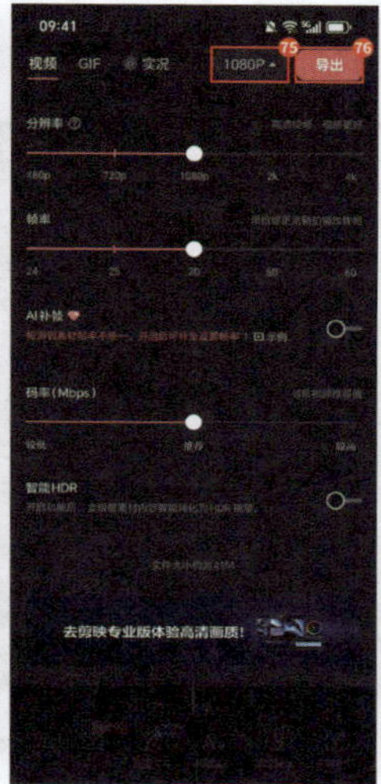

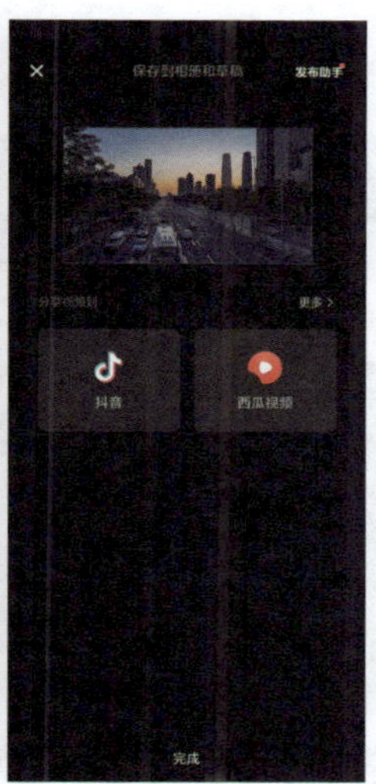

6.2　胶片滚动 Vlog：质感满分的播放器放映效果

胶片滚动 Vlog 的应用非常广泛。它模仿了传统胶片电影的滚动效果，能够营造复古、怀旧的视觉体验，使视频更加生动有趣。

1 导入所需的视频素材。拖曳时间轴上的白色滑竿到 00:03 处，选中视频素材，点击“分割”按钮，分割视频。选取分割后右侧的视频文件，点击“删除”按钮，删除视频。

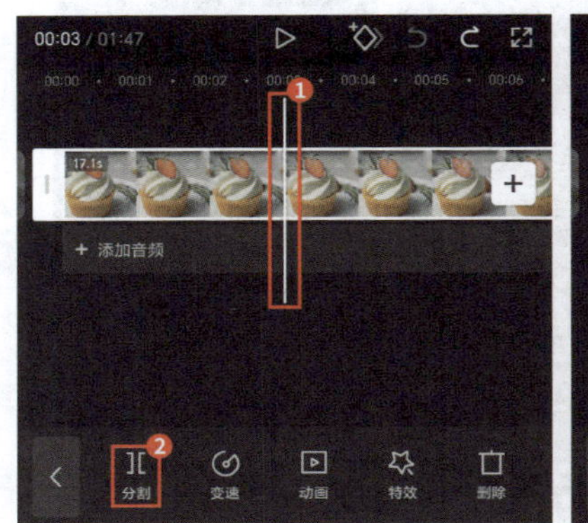

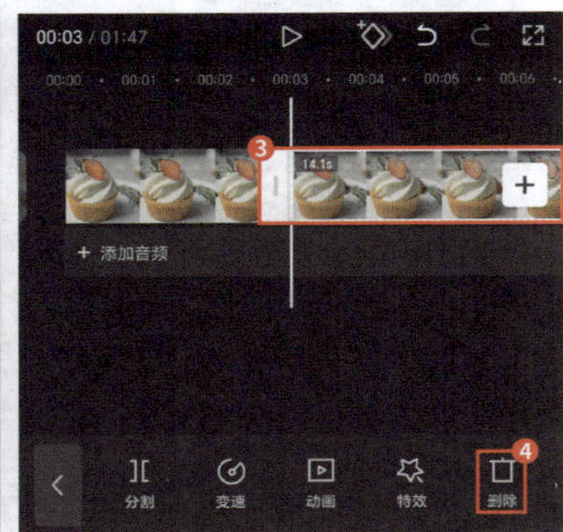

2 拖曳时间轴上的白色滑竿到 00:06 处，选中视频素材，点击“分割”按钮，分割视频。选取分割后右侧的视频文件，点击“删除”按钮，删除视频。

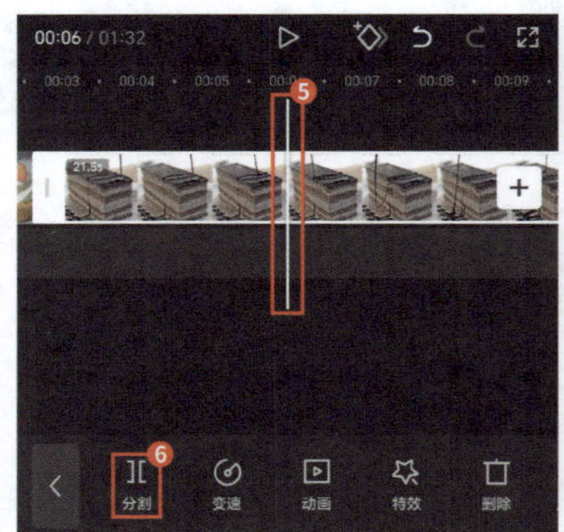

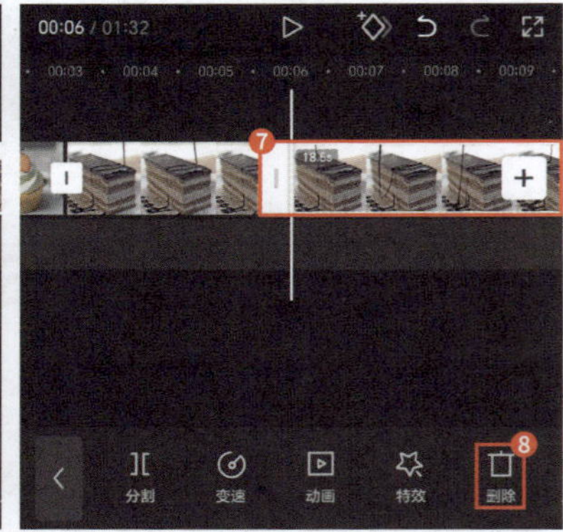

3 拖曳时间轴上的白色滑竿到 00:09 处，选中视频素材，点击“分割”按钮，分割视频。选取分割后右侧的视频文件，点击“删除”按钮，删除视频。

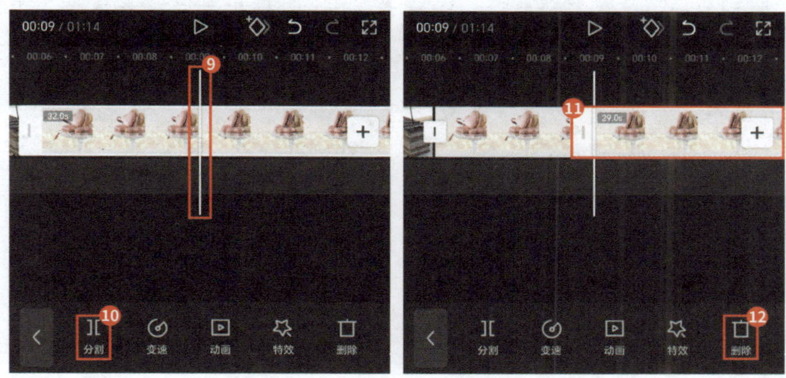

4 拖曳时间轴上的白色滑竿到 00:21 处，选中视频素材，点击“分割”按钮，分割视频。选取分割后左侧的视频文件，点击“删除”按钮，删除视频。

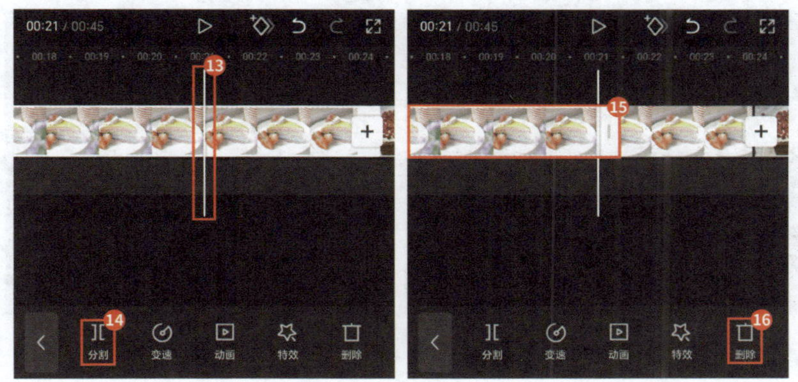

5 拖曳时间轴上的白色滑竿到 00:15 处，选中视频素材，点击“分割”按钮，分割视频。选取分割后右侧的视频文件，点击“删除”按钮，删除视频。

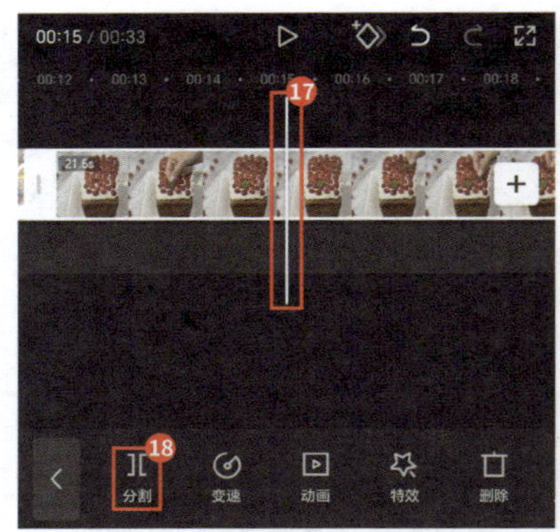

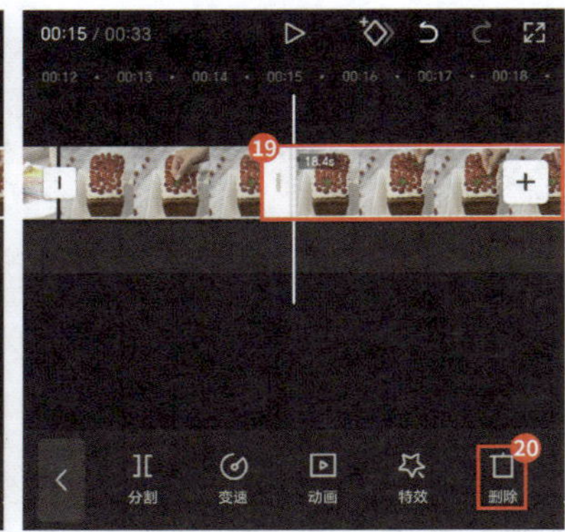

6 拖曳时间轴上的白色滑竿到 00:03 处，点击两段视频连接处的方形图标，进入“转场”选项界面，选择“运镜”分类下的“向下”转场。

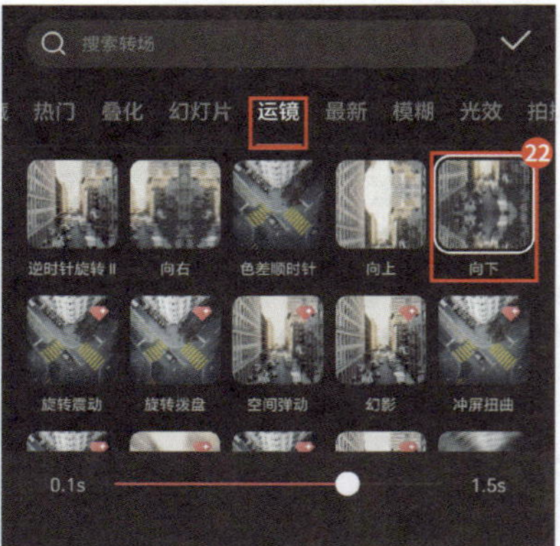

7 向上滑动到“运镜”分类的顶部，点击“全局应用”，将“向下”转场应用到每一处转场中。点击“√”按钮，确认操作。

8 拖曳时间轴上的白色滑竿到 00:02 处，执行“音频 > 音效”命令，进入选项界面。选择“机械”分类下的“快门声”。点击音效进行试听。点击“使用”按钮，在编辑界面添加选取的音效。

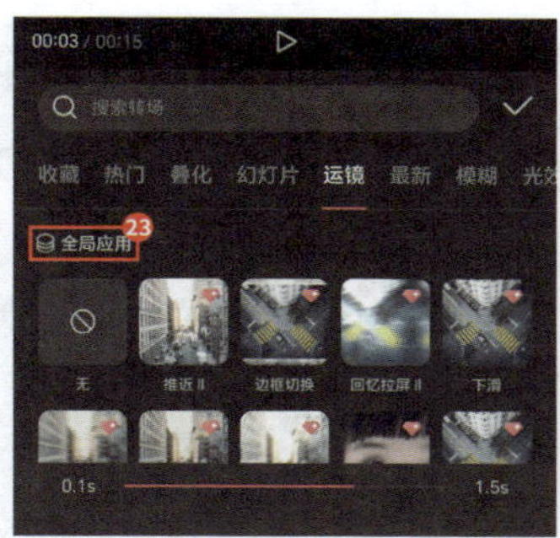

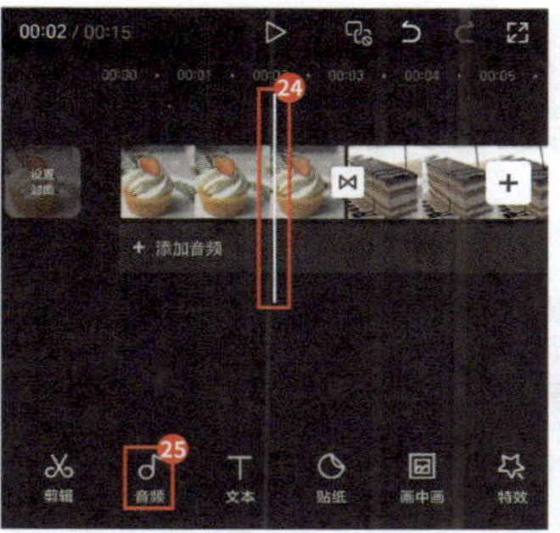

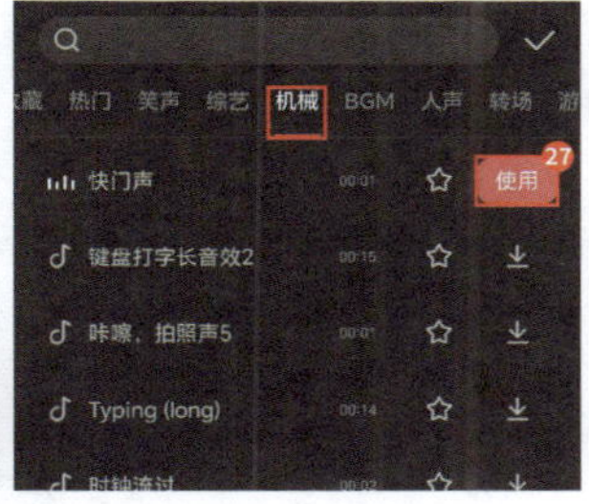

9 在底部工具栏中向左滑动以显示更多选项，选择“复制”，复制音效，并将其向后拖曳到下一个视频转场的位置。

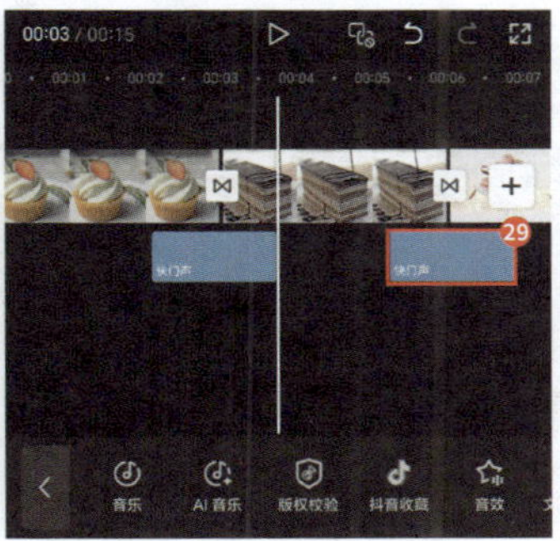

10 使用相同的方法为每一个视频转场添加同样的音效。点击“导出”按钮，进入导出界面。导出完成后，点击“完成”按钮。

11 重新导入刚刚导出的视频素材。点击右侧的“+”按钮。

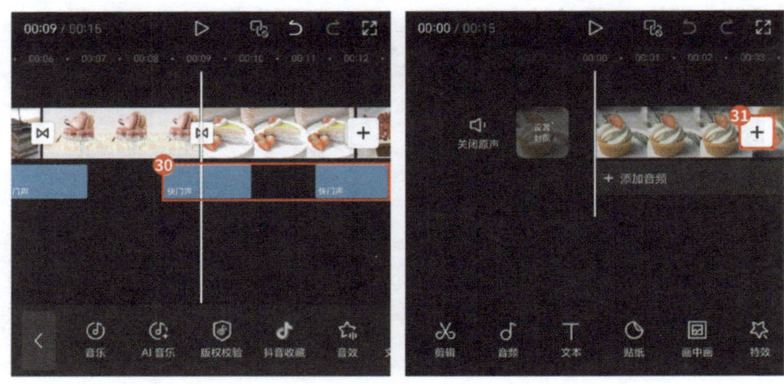

12 在“素材库”界面中点击搜索框，输入“倒数”，点击“搜索”，获得相关的素材。选中所需的素材，点击“添加”按钮，导入素材。

13 选中视频，在预览区域中放大画面。拖曳时间轴上的白色滑竿到 00:03 处，选中视频素材，点击“分割”按钮，分割视频。选取分割后右侧的视频文件，点击“删除”按钮，删除视频。

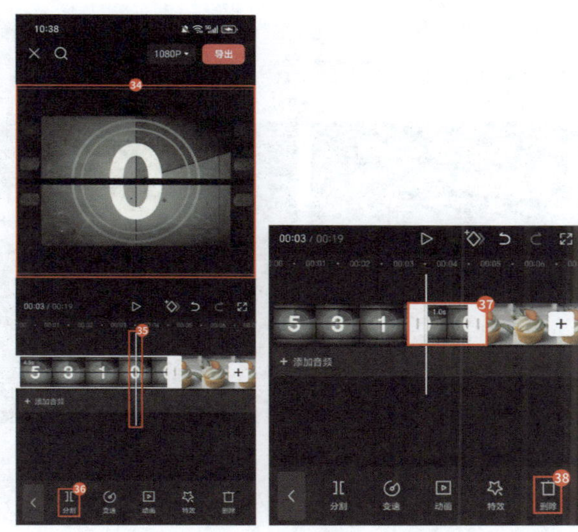

14 选中视频，在预览区域中缩小画面并调整画面位置。执行“特效 > 画面特效”命令，进入选项界面。

15 点击“Bling”分类下的“美式V”特效。点击“√”按钮，确认操作。取消选中视频，在底部工具栏中点击“贴纸”。

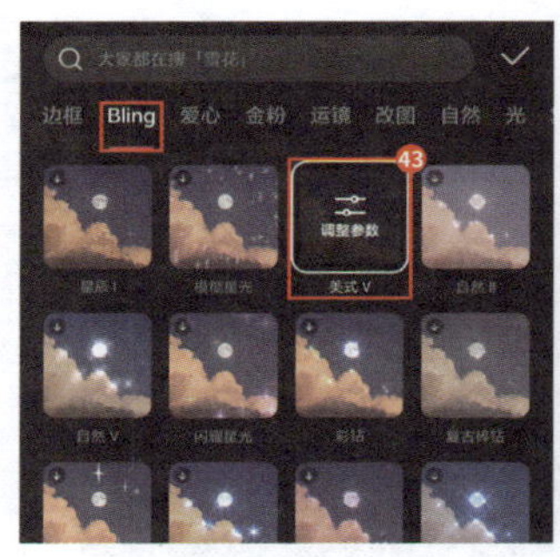

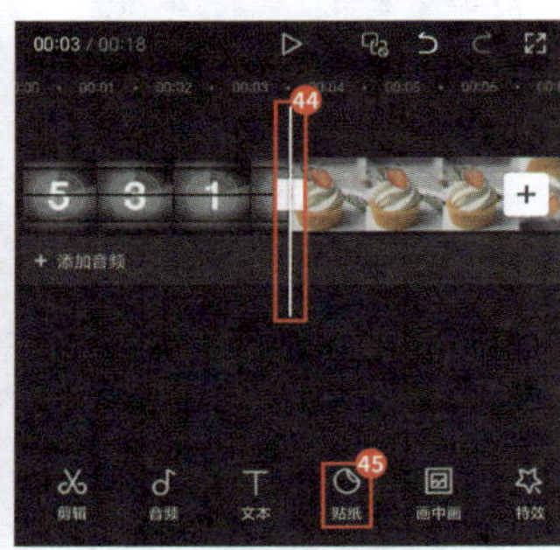

16 在弹出的选项菜单中点击搜索框，输入“播放器”，点击“搜索”，获得相关的素材。选中所需的素材，在预览区域中将其拖曳到适当的位置。点击“取消”，再点击“√”按钮，确认操作并返回编辑界面，向右拖曳贴纸右侧的边界调整时长。

17 使用相同的方法分别添加多个贴纸，这里不再赘述。

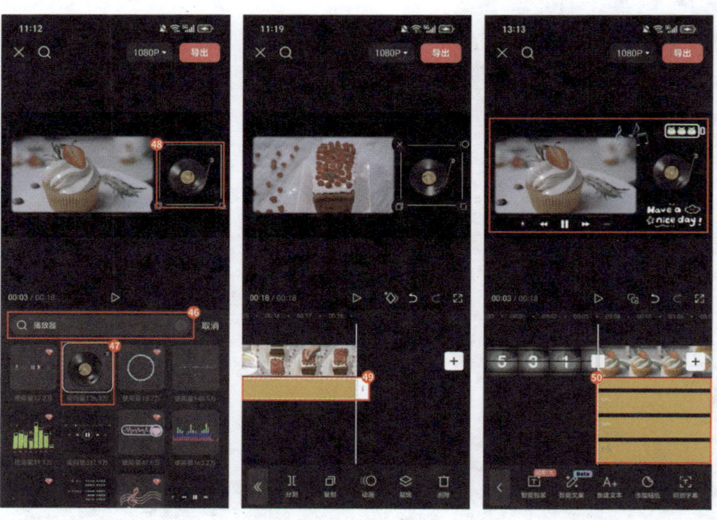

18 返回素材起始位置，点击左侧的三角形按钮，直至显示出所需的按

钮。执行“音频 > 音乐”命令，进入“音乐”界面。

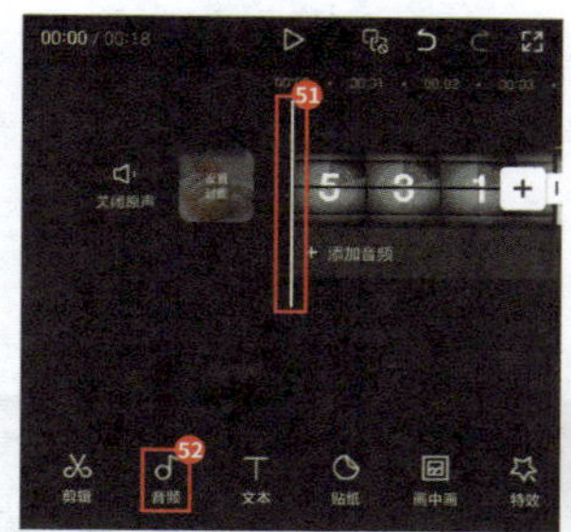

19 点击搜索框，输入“风摇盛夏”，点击“搜索”，获得相关的音乐列表。点击相应的音乐，可以进行试听。点击“使用”按钮，可在编辑界面添加选取的音乐。

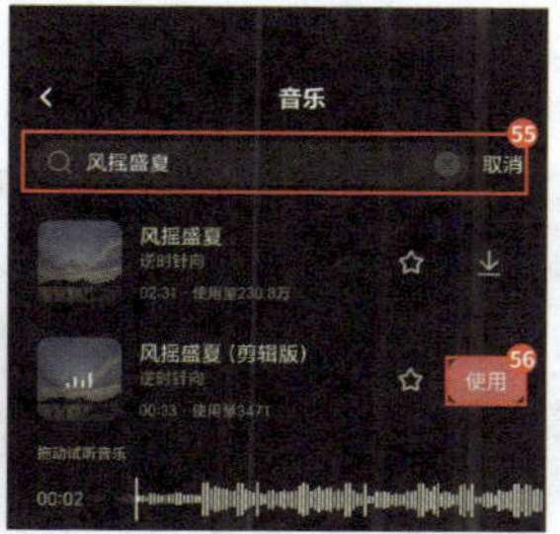

20 拖曳时间轴上的白色滑竿到 00:18 处，点击“分割”按钮，分割音乐。选取分割后右侧的音乐文件，点击“删除”按钮，删除音乐。

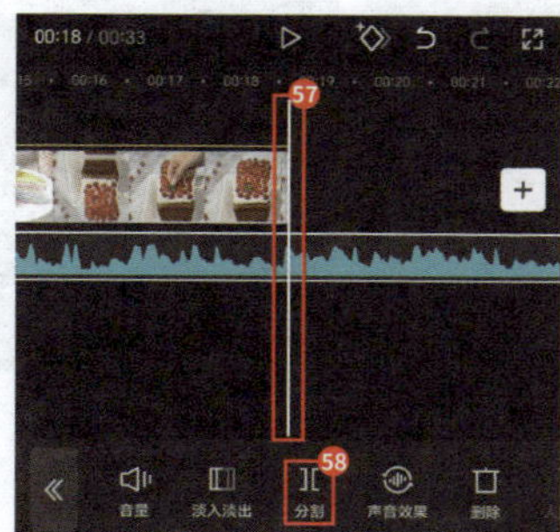

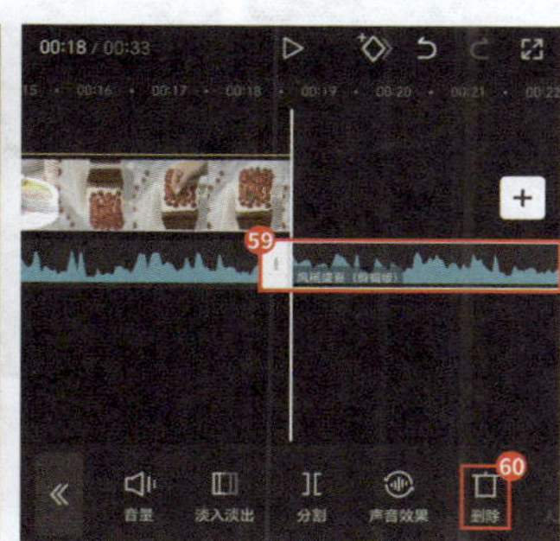

21 选中音乐文件，点击“淡入淡出”按钮，弹出“淡入淡出”设置菜单，调整“淡出时长”为 2 s，点击“√”按钮，确认操作。

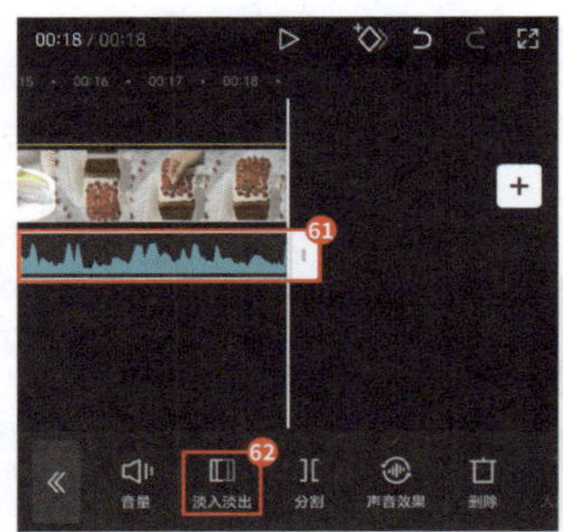

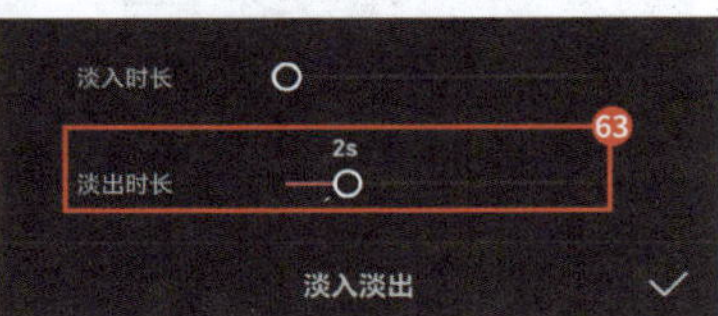

22 预览完成后的文件。点击界面上方的“1080P”，弹出导出选项设置界面。点击“导出”按钮，进入导出界面。导出完成后，点击“完成”按钮。胶片滚动 Vlog 制作完成。

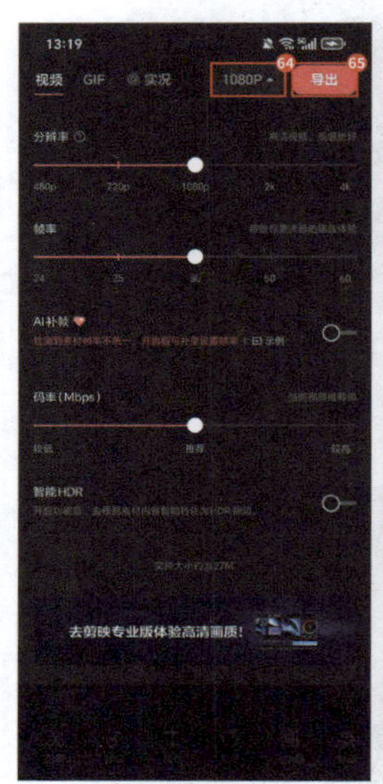

6.3　弧形电影感视频：模拟电影荧幕的高级感弧形轮播效果

弧形电影感短视频通常比较注重情感表达，通过细腻的画面、音乐和叙事手法，能够触动观众的情感神经，引发共鸣。

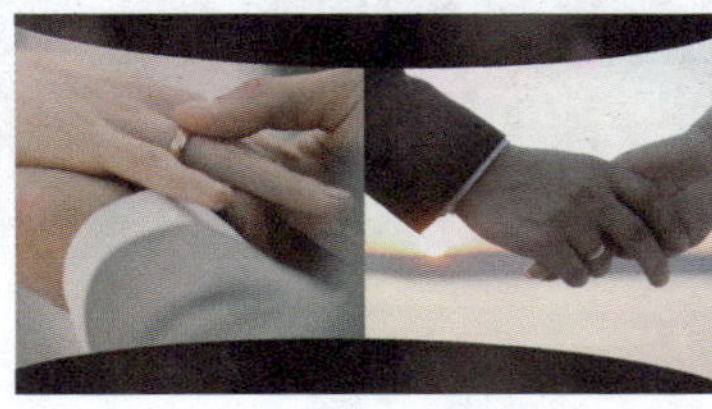

1 在首页中点击“开始创作”按钮，在弹出的界面中选择所需的素材，点击“分屏排版”，选择“布局”选项，选中所需的布局。

2 点击“比例”选项，选择“16：9”。点击“导入”按钮，导入所需的视频素材。

3 点击“画中画”，选择所需的视频素材。点击“动画”，弹出选项菜单。

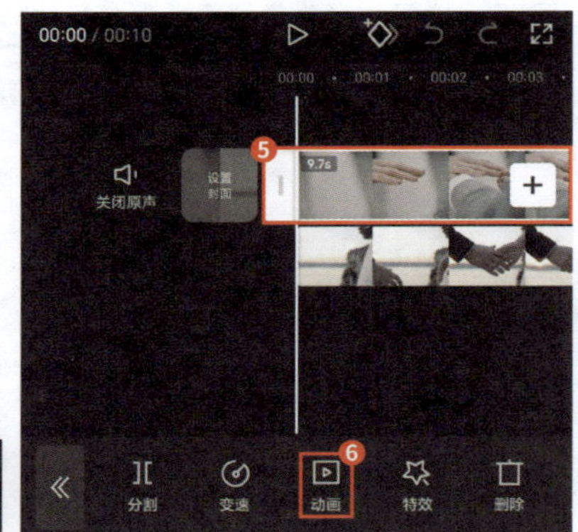

4 选择“入场”动画中的“向右滑动”，设置动画时长为“2.0 s”。点击“√”按钮，确认操作。选择所需的视频素材。点击“动画”，弹出选项菜单。

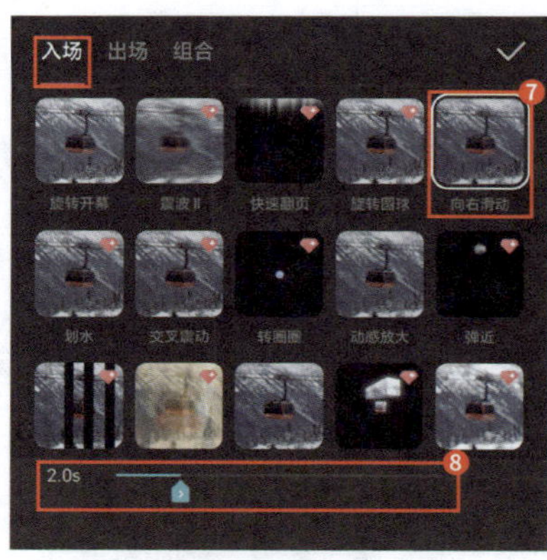

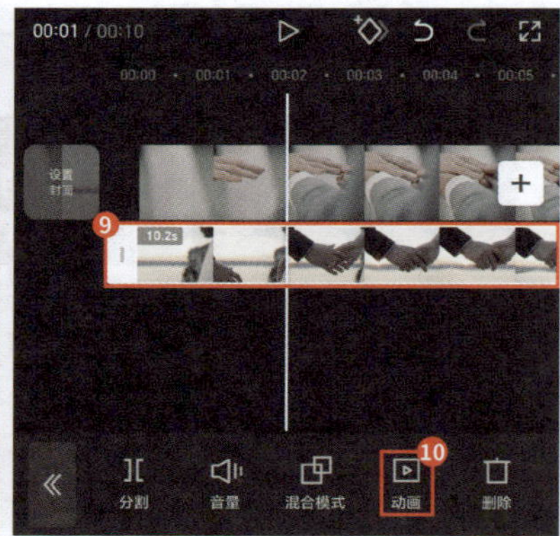

5 选择“入场”动画中的“向左滑动”，设置动画时长为“2.0 s”。点击“√”按钮，确认操作。

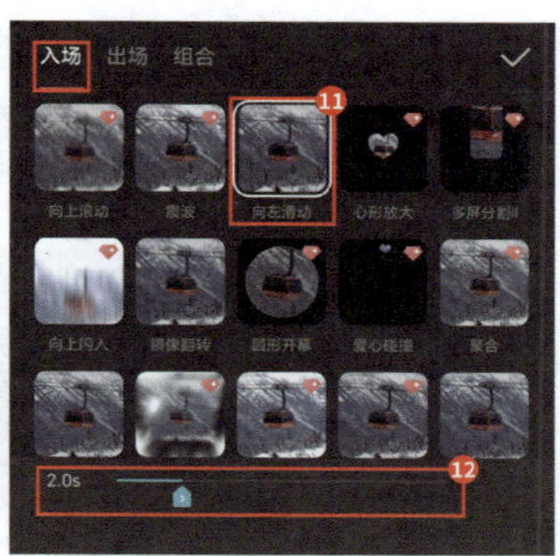

6 返回素材起始位置，连续点击左侧的三角形按钮，直至显示出所需的按钮。执行“音频 > 音乐”命令，进入“音乐”界面。

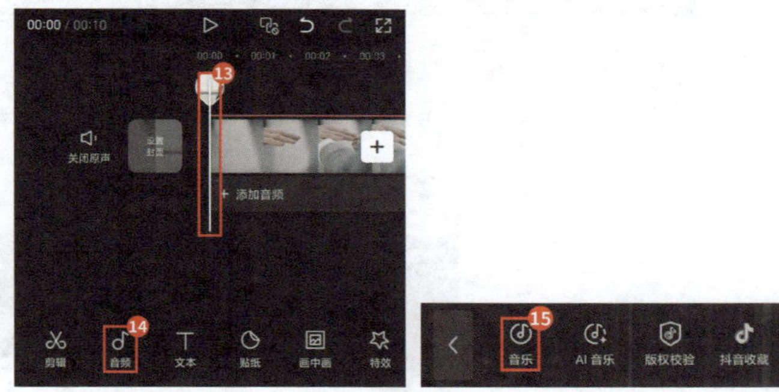

7 点击搜索框，输入“遇见爱情”，点击“搜索”，获得相关的音乐列表。点击相应的音乐，可以进行试听。点击“使用”按钮，可在编辑界面添加选取的音乐。

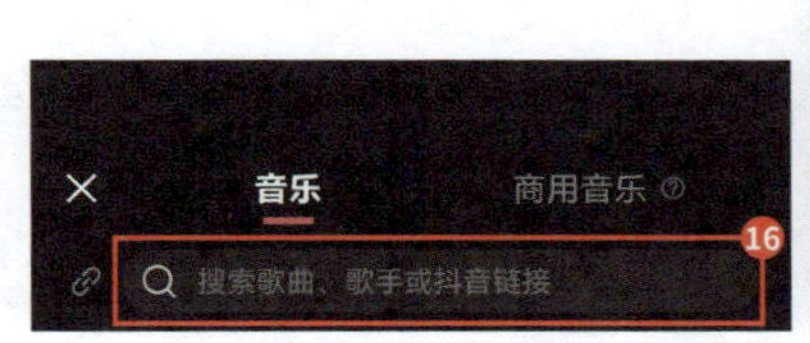

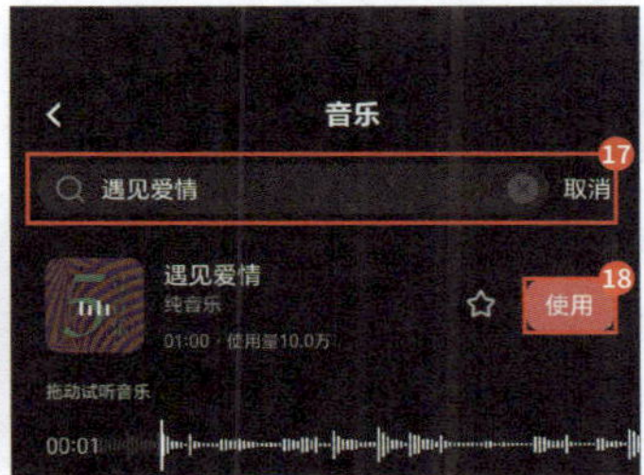

8 在底部工具栏中向左滑动以显示更多选项，选择“节拍”，在弹出的选项菜单中打开“自动踩点”开关，并调节踩点的速度。点击“√”按钮，确认操作。

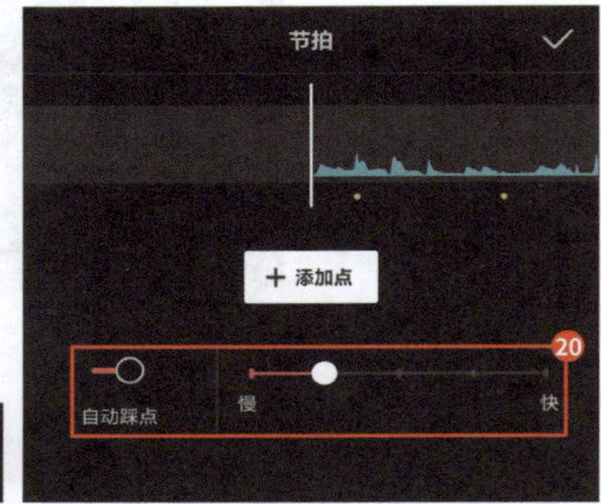

9 连续点击左侧的三角形按钮，直至显示出所需的按钮。点击“画中画”，选择所需的视频素材。将其向右拖曳到第 2 个节奏点的位置。

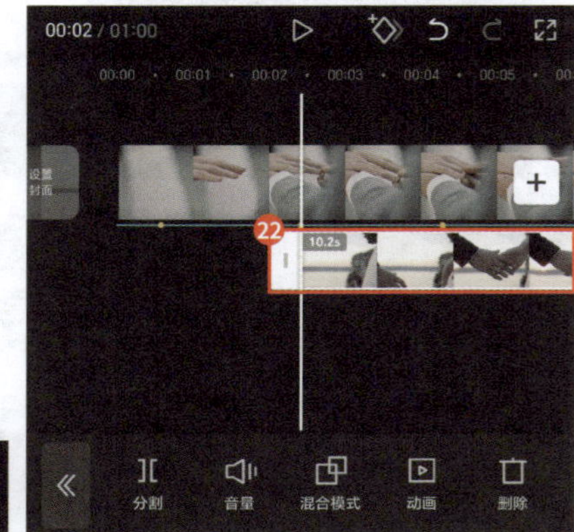

10 取消选中视频，拖曳时间轴上的白色滑竿到第 4 个节奏点的位置，点击“新增画中画”。

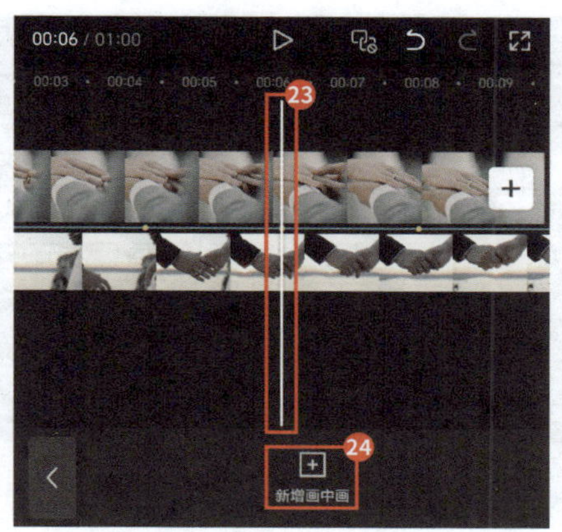

11 在“照片视频”界面中选择所需的素材，点击“添加”按钮，导入素材，在预览区域中放大画面。点击关键帧按钮，记录关键帧。

12 在底部工具栏中向左滑动以显示更多选项。点击“蒙版”，在弹出的选项菜单中，选择“镜面”选项。

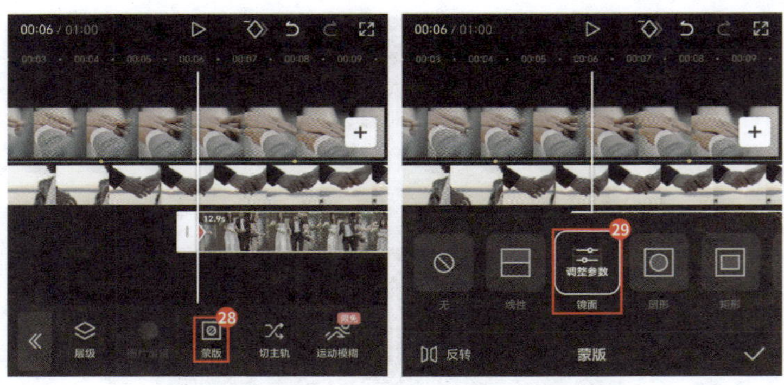

13 再次点击“镜面”选项，进入参数调整界面，将“旋转”参数设置为“-90°”。在预览区域中缩小画面，点击下箭头，收起参数调整界面。

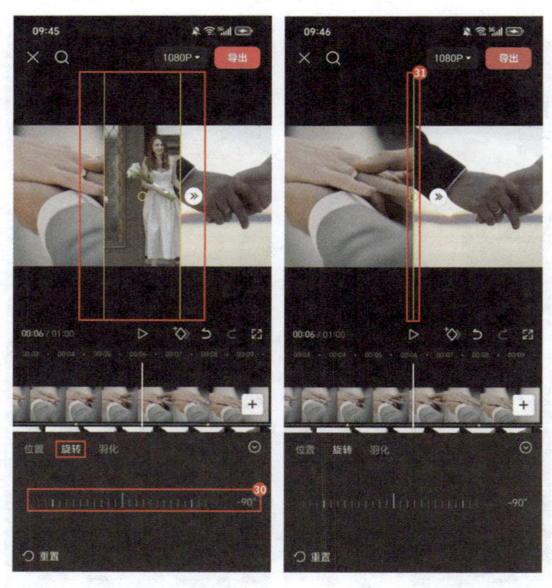

14 取消选中视频素材，拖曳时间轴上的白色滑竿到 00:10 处，在预览区域中放大画面，自动生成关键帧。点击下箭头，收起参数调整界面。点击“√”按钮，确认操作。

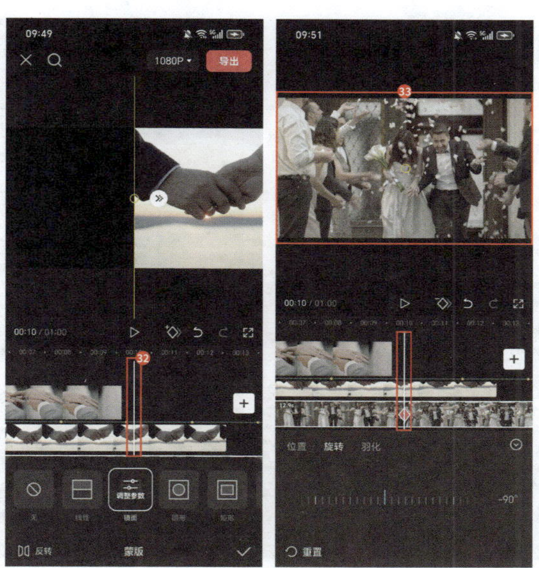

15 拖曳时间轴上的白色滑竿到 00:15 处，点击“分割”按钮，分割视频。选取分割后右侧的视频文件，点击“删除”按钮，删除视频。

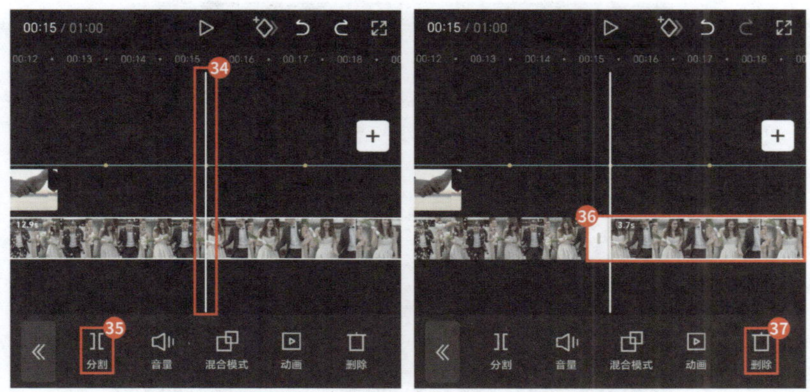

16 点击“新增画中画”，在“照片视频”界面中选择所需的素材，点击“添加”按钮，导入素材。

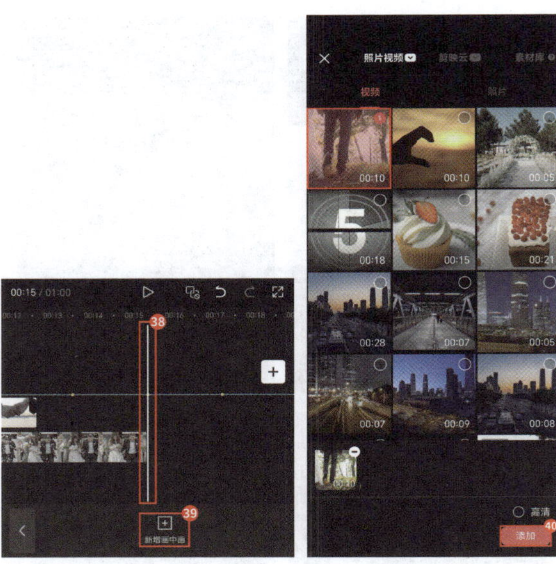

17 在预览区域中放大画面。点击关键帧按钮，记录关键帧。拖曳时间轴上的白色滑竿到 00:25 处，在预览区域中放大画面，自动生成关键帧。

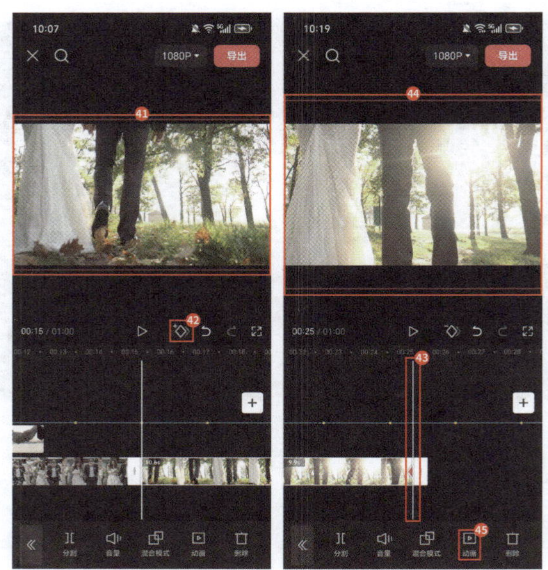

18 点击“动画”，弹出选项菜单。选择“出场”动画中的“渐隐”，设置动画时长为“1.5 s”。点击“√”按钮，确认操作。

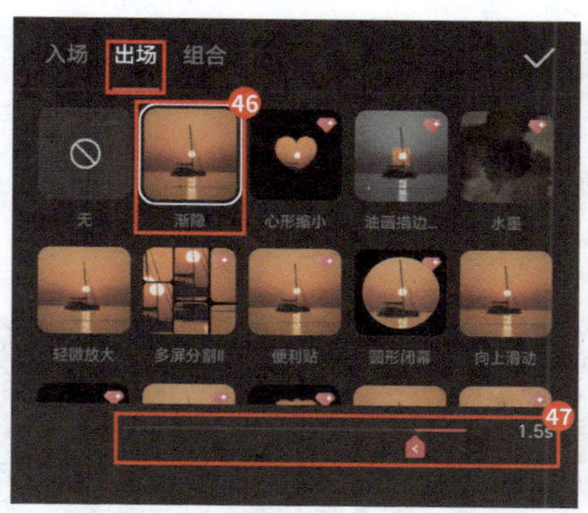

19 取消选中视频。点击“新增画中画”，在“照片视频”界面中选择所需的素材，点击“添加”按钮，导入素材。

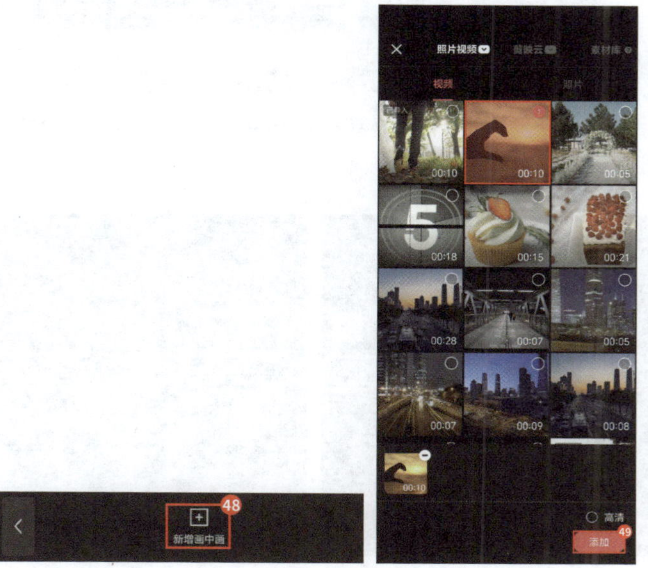

20 在预览区域中缩小画面，拖曳时间轴上的白色滑竿到 00:31 处，点

击“分割”按钮，分割视频。选取分割后右侧的视频文件，点击“删除”按钮，删除视频。

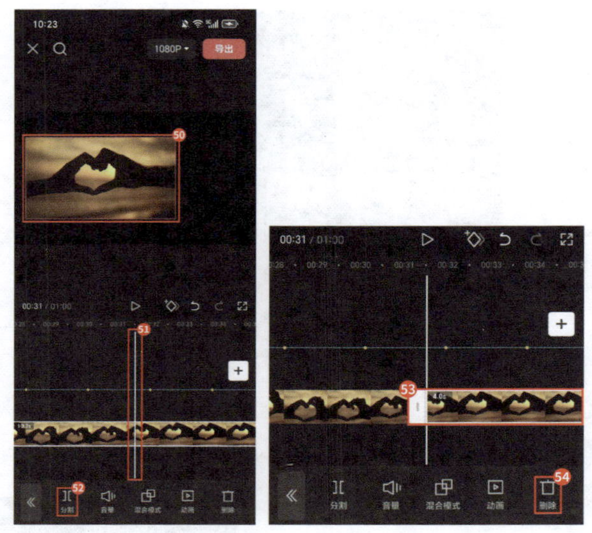

21 连续点击左侧的三角形按钮，直至显示出所需的按钮。选中音频素材，点击“分割”按钮，分割音乐。选取分割后右侧的音乐文件，点击“删除”按钮，删除音乐。

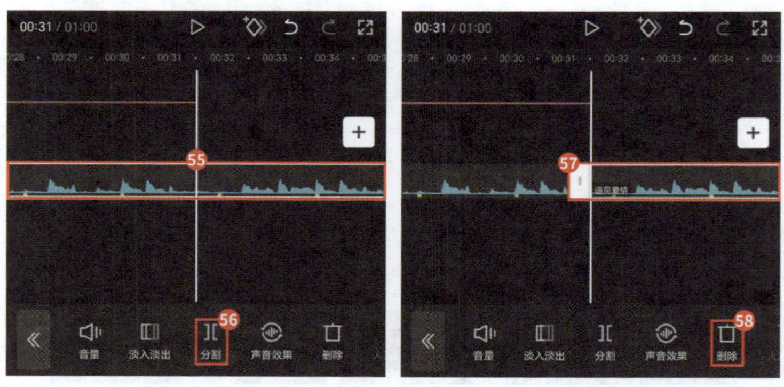

22 连续点击左侧的三角形按钮，直至显示出所需的按钮，拖曳时间轴

上的白色滑竿到 00:28 处。执行“文本 > 新建文本”命令，进入文本设置界面。

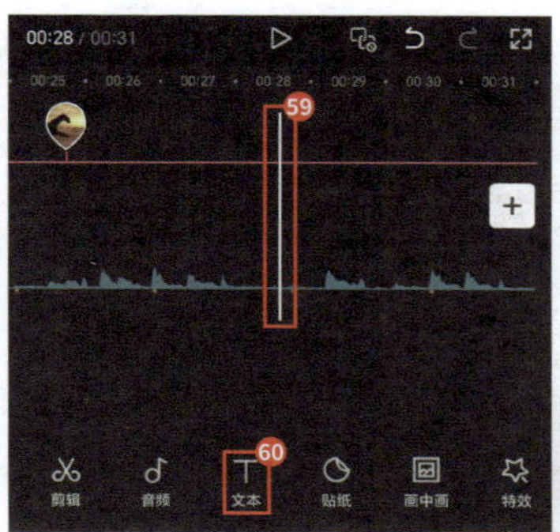

23 在文本框中输入文字，并设置合适的字体。在“样式”选项中将“字号”设置为“6”，将“行间距”设置为“12”。点击“√”按钮，确认操作。向右拖曳文字右侧的边界到视频的结束位置，调整文字素材时长。

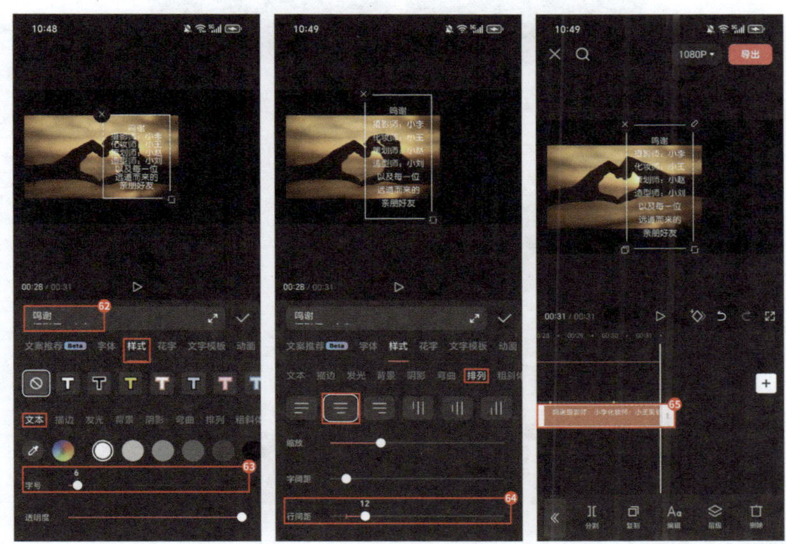

24 拖曳时间轴上的白色滑竿到文字的起始位置，在预览区域中向下调

整文字的位置。点击关键帧按钮，记录关键帧。

25 拖曳时间轴上的白色滑竿到文字的结束位置，在预览区域中向上调整文字的位置，自动生成关键帧。

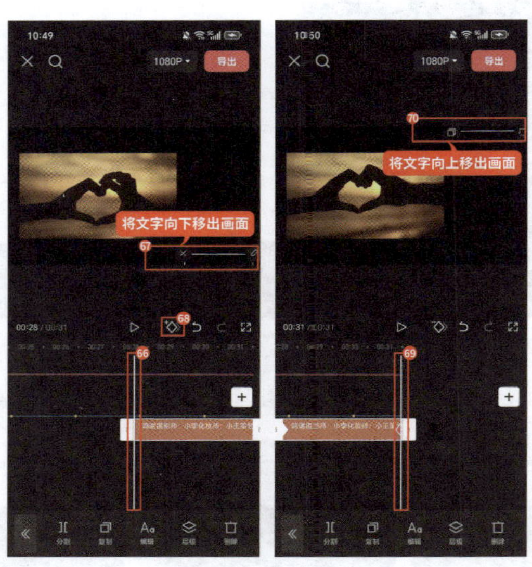

26 返回素材起始位置，点击左侧的三角形按钮，直至显示出所需的按钮。在底部工具栏中执行“画中画 > 新增画中画”命令。

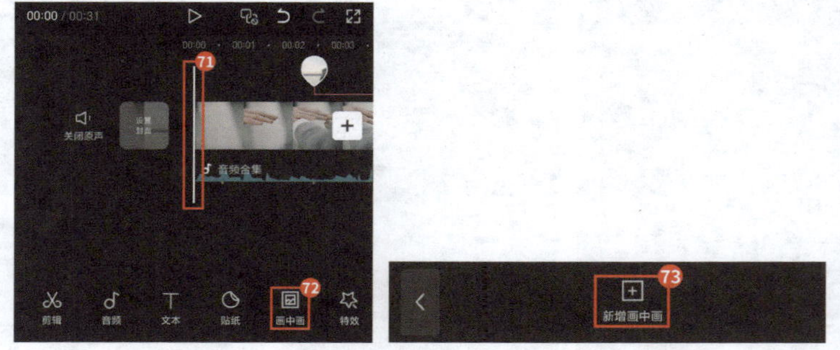

27 在“素材库”界面中选择黑场素材，点击“添加”按钮，导入素材，并在预览区域中放大画面。向右拖曳黑场素材右侧的边界到视频素材

的结束位置，调整素材时长。

28 在底部工具栏中向左滑动以显示更多选项。点击“蒙版”，在弹出的选项菜单中选择“圆形”选项，并在预览区域中调整画面大小。点击“√”按钮，确认操作。

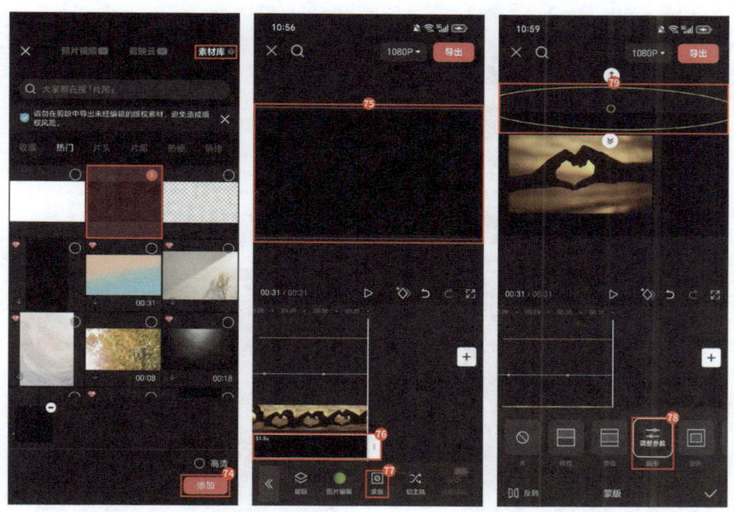

29 在底部工具栏中向左滑动以显示更多选项。点击“复制”，复制素材，并将复制的素材拖动到下一轨道。在底部工具栏中向左滑动以显示更多选项，选择“蒙版”。

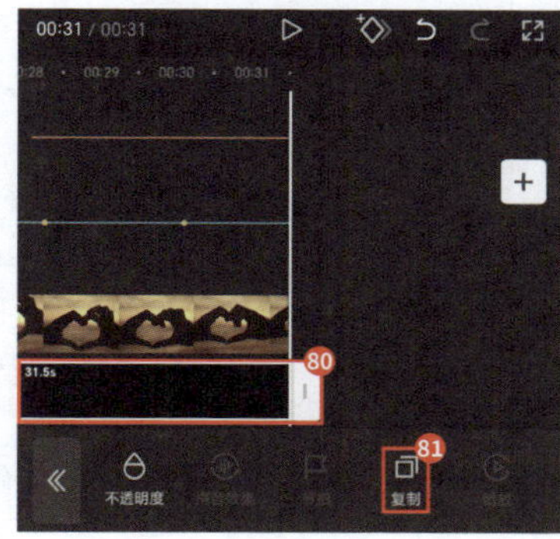

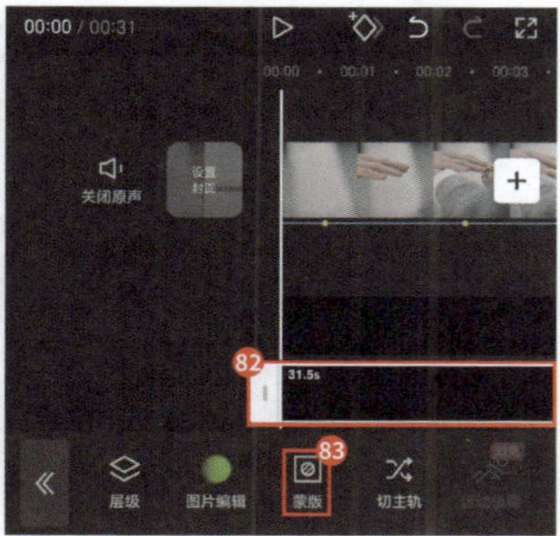

30 拖曳时间轴上的白色滑竿到 00:05 处。在预览区域中调整蒙版位置。点击“√”按钮，确认操作。

31 返回素材起始位置，连续点击左侧的三角形按钮，直至显示出所需的按钮。执行“特效 > 画面特效”命令，进入选项界面。点击“氛围”分类下的“浪漫氛围”特效。

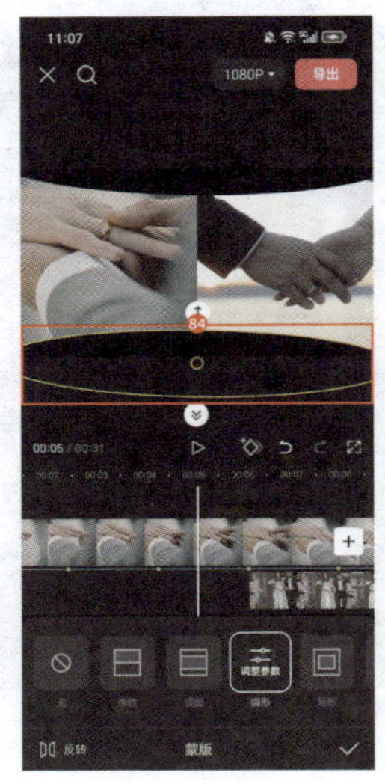

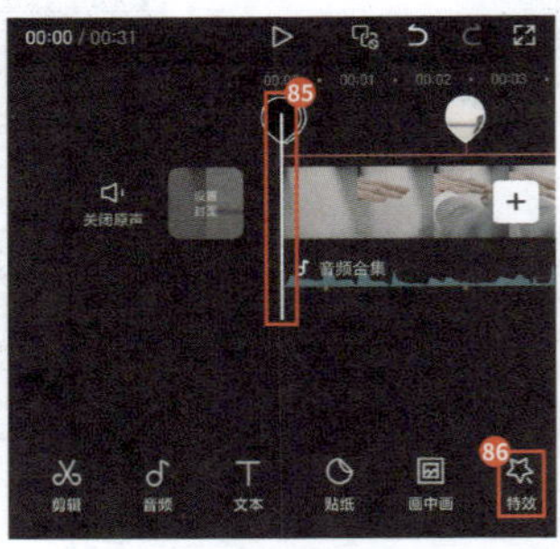

32 再次点击所选特效，进入参数调整界面，将“速度”设置为“15”，将“不透明度”设置为“40”。点击下箭头，收起参数调整界面。点击“√”按钮，确认操作。

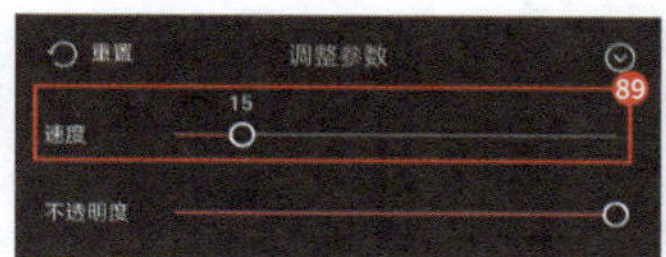

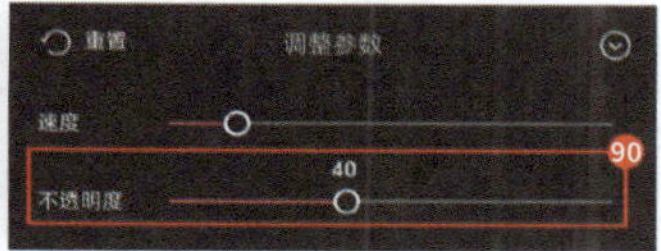

33 点击“作用对象”，在弹出的选项菜单中设置作用对象为“全局”。点击“√”按钮，确认操作。

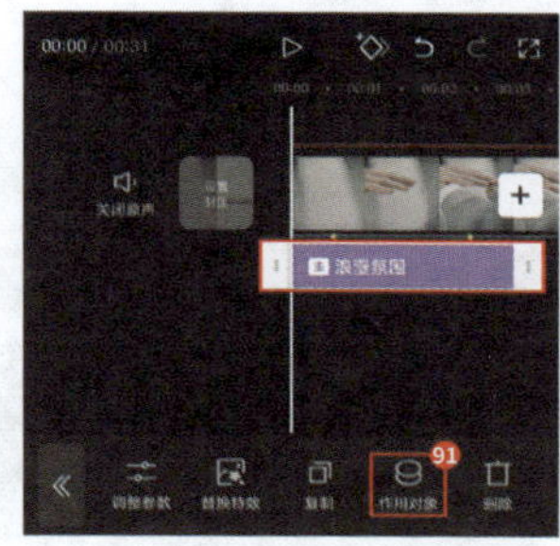

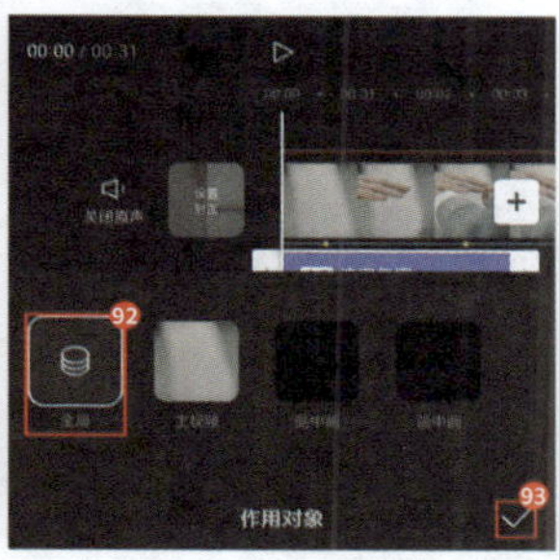

34 向右拖曳特效右侧的边界以调整时长。预览完成后的文件。点击界面上方的“1080P”，弹出导出选项设置界面。点击“导出”按钮，进入导出界面。导出完成后，点击“完成”按钮。弧形电影感视频制作完成。

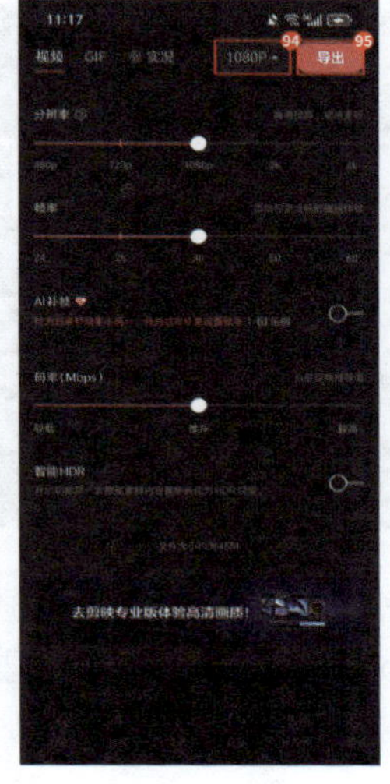

6.4 动态朋友圈：轻而易举拿捏个性朋友圈

九宫格视频是当下短视频平台上非常流行的视频类型，具有非常独特的视觉效果，发布在朋友圈中更是让人眼前一亮。

1 导入并选中所需的图片素材，向右拖曳图片右侧的边界以调整时长。

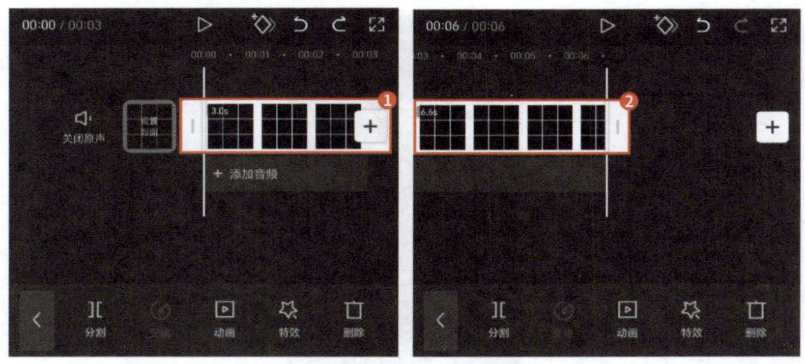

2 返回素材起始位置，点击左侧的三角形按钮，直至显示出所需的按钮。在底部工具栏中，执行“画中画 > 新增画中画”命令。

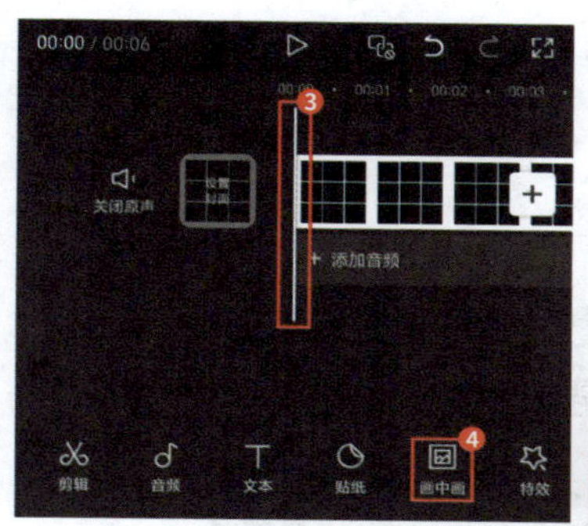

3 在“照片视频”界面中选择所需的素材，点击“添加”按钮，导入素材。在底部工具栏中向左滑动以显示更多选项，执行“编辑 > 调整大小”命令。

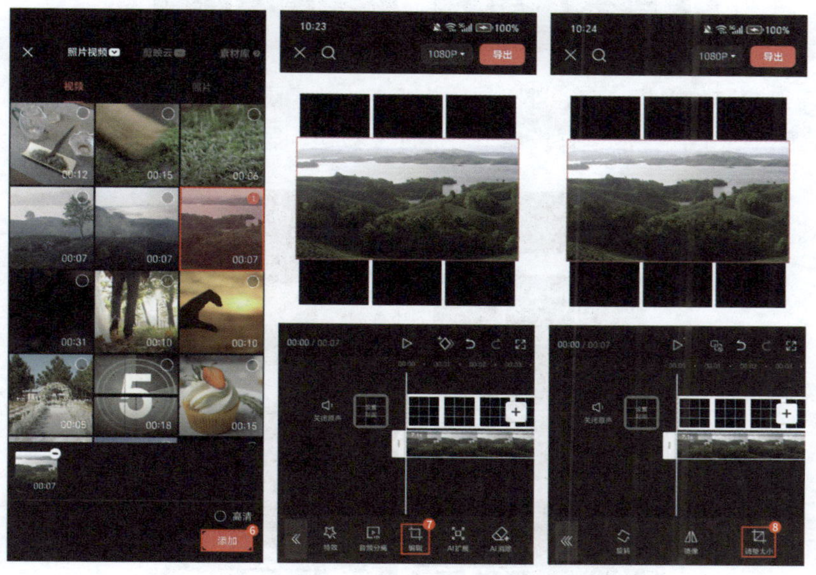

4 在弹出的界面中，设置“裁剪比例”为 1：1。点击“√”按钮，确认操作。在预览区域缩小画面，并将其拖曳到适当的位置。

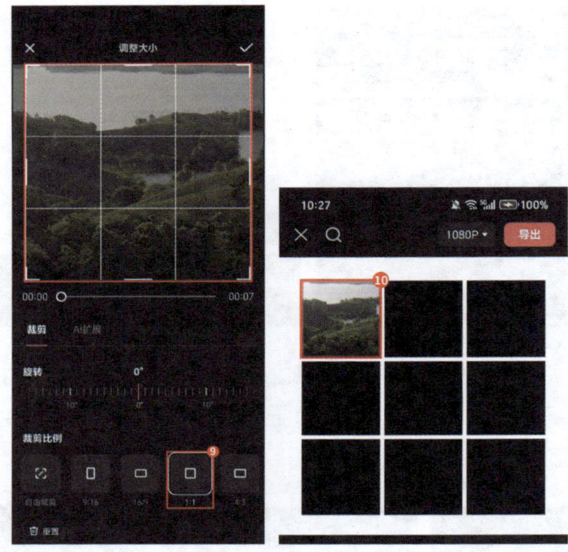

5 取消选中视频。在底部工具栏中点击“新增画中画”。在“照片视频”界面中选择所需的素材，点击“添加”按钮，导入素材。

6 在底部工具栏中向左滑动以显示更多选项，执行“编辑 > 调整大小”命令。

7 在弹出的界面中，设置“裁剪比例”为 1：1。点击“√”按钮，确认操作。在预览区域缩小画面，并将其拖曳到适当的位置。使用相同的方法分别导入并裁剪其他视频素材。

8 点击左侧的三角形按钮，直至显示出所需的按钮，执行“音频 > 音乐”命令，进入“音乐”界面。

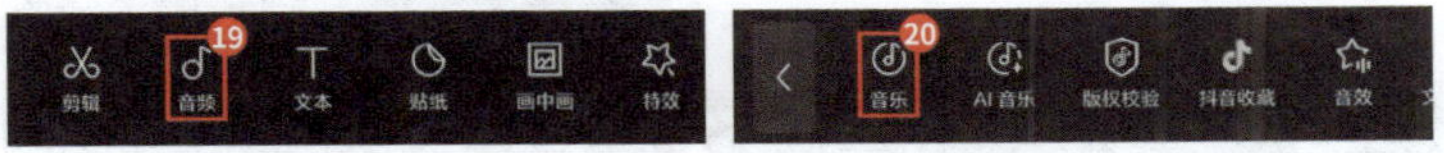

9 点击搜索框，输入“茶”，点击“搜索”，获得相关的音乐列表。点击相应的音乐，可以进行试听。点击“使用”按钮，可在编辑界面添加选取的音乐。

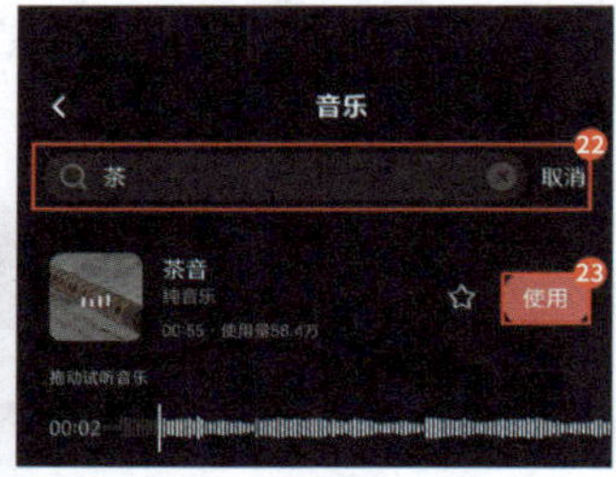

10 在底部工具栏中向左滑动以显示更多选项，选择“节拍”，在弹出的选项菜单中打开“自动踩点”开关。点击“√”按钮，确认操作。

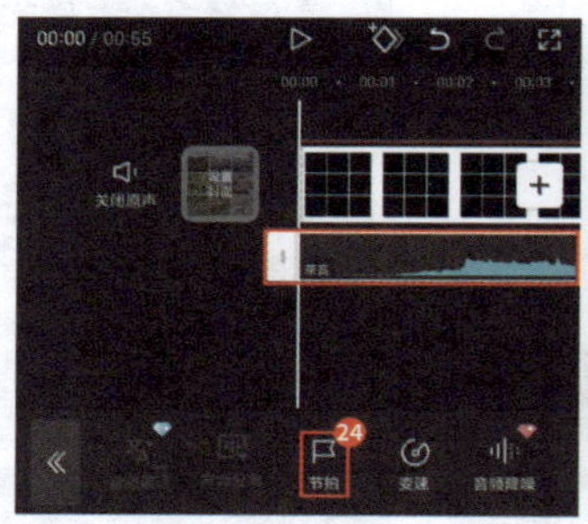

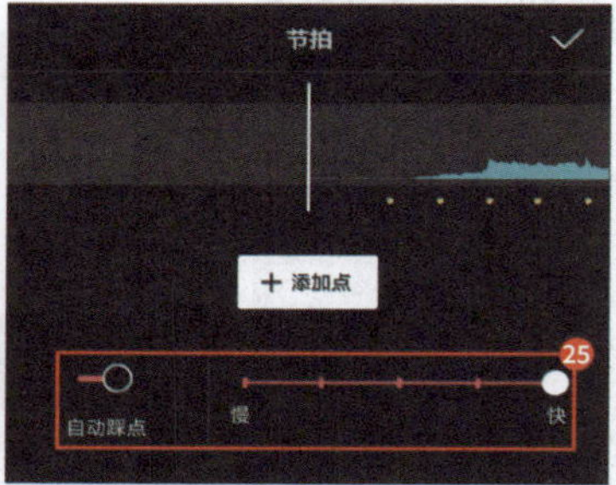

11 连续点击左侧的三角形按钮，直至显示出所需的按钮。点击“画中画”，选择所需的视频素材，将其向右拖曳到第 1 个节奏点的位置。

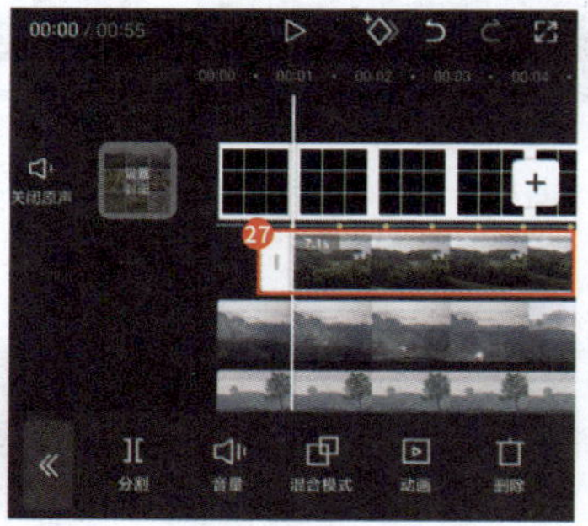

12 选择所需的视频素材，将其向右拖曳到第 2 个节奏点的位置。使用相同的方法分别拖曳其他视频素材与节奏点的位置对齐。

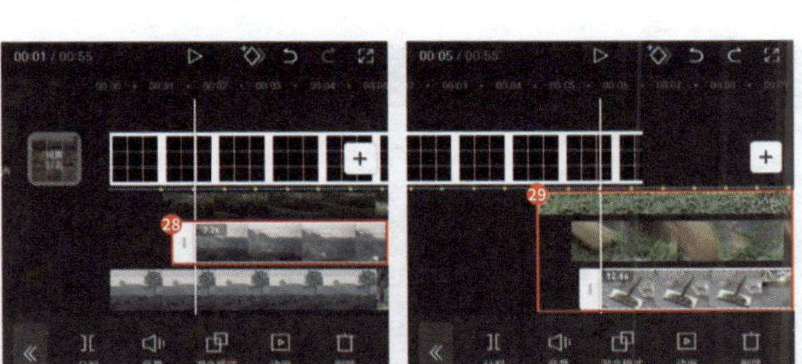

13 拖曳时间轴上的白色滑竿到 00:06 处，选中视频素材，向左拖曳视频右侧的边界以调整时长。

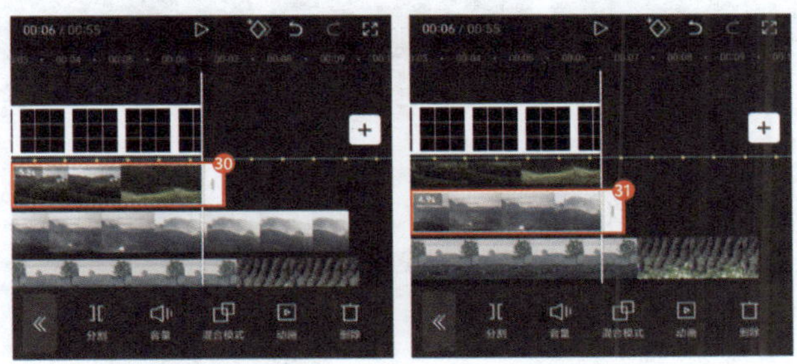

14 使用相同的方法分别调整其他视频素材的时长。连续点击左侧的三角形按钮，直至显示出所需的按钮，点击右侧的“+”按钮。

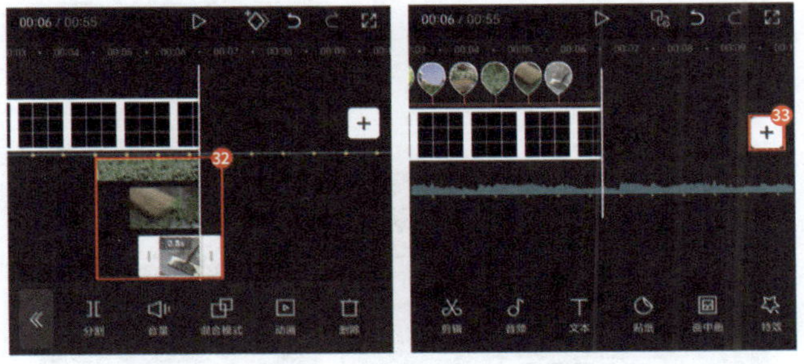

15 在“照片视频”界面中选择所需的素材，点击“添加”按钮，导入素材。选中视频素材，在预览区域放大图像。在底部工具栏中，执行“变速 > 常规变速”命令。

16 在弹出的选项菜单中向右滑动圆形滑块到“1.8×”，调整视频速度。点击“√”按钮，确认操作。

17 拖曳时间轴上的白色滑竿到00:13处，选中视频素材，在预览区域放大图像。点击“分割”按钮，分割视频。

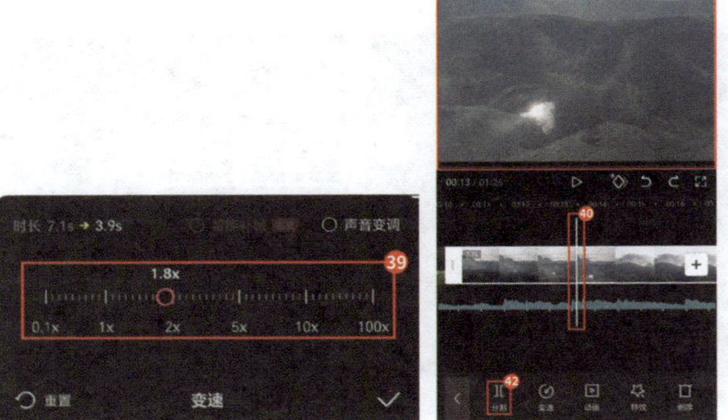

18 选取分割后右侧的视频文件，点击“删除”按钮，删除视频。

19 选中视频素材，在预览区域放大图像。在底部工具栏中，执行“变速 > 常规变速”命令。在弹出的选项菜单中向右滑动圆形滑块到

“2.0×”，调整视频速度。点击“√”按钮，确认操作。

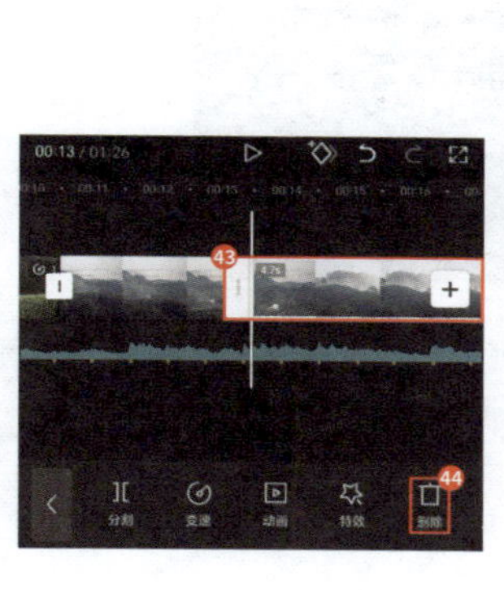

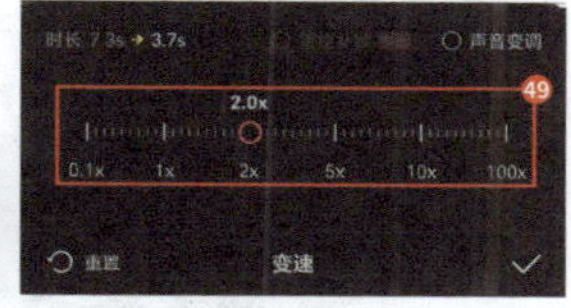

20 选中视频素材，在预览区域放大图像。在底部工具栏中，执行“变速 > 常规变速”命令。

21 在弹出的选项菜单中向右滑动圆形滑块到“2.3×”，调整视频速度。点击“√”按钮，确认操作。

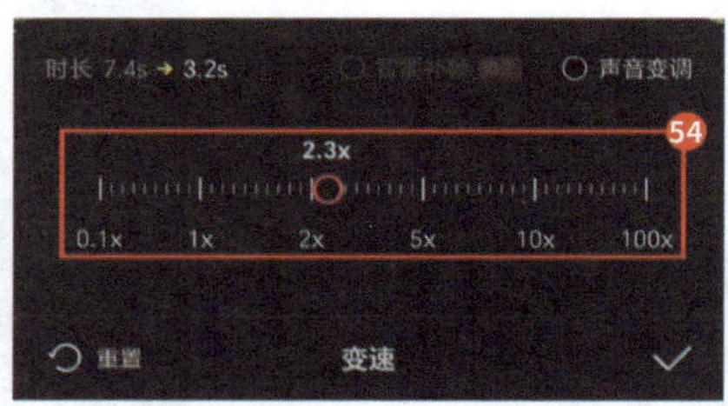

22 拖曳时间轴上的白色滑竿到 00:26 处，选中视频素材，在预览区域放大图像。点击“分割”按钮，分割视频。选取分割后左侧的视频文件，点击“删除”按钮，删除视频。

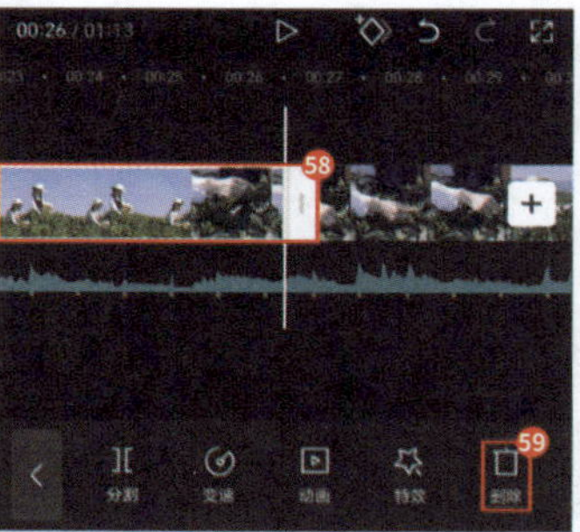

23 拖曳时间轴上的白色滑竿到 00:28 处，选中视频素材，在预览区域放大图像。点击“分割”按钮，分割视频。选取分割后右侧的视频文件，点击“删除”按钮，删除视频。

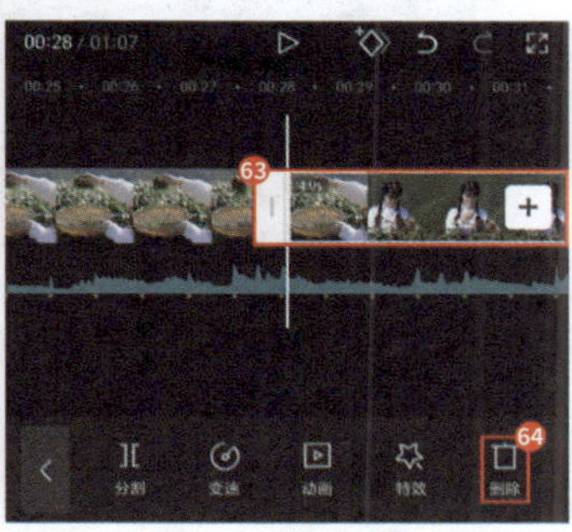

24 选中视频素材，在预览区域放大图像。在底部工具栏中，执行“变速 > 常规变速”命令。

25 在弹出的选项菜单中向右滑动圆形滑块到“2.0×”，调整视频速度。点击“√”按钮，确认操作。

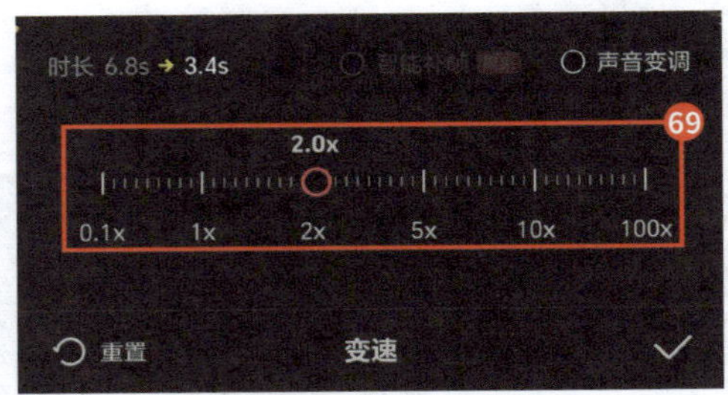

26 拖曳时间轴上的白色滑竿到00:39处，选中视频素材，在预览区域放大图像。点击“分割”按钮，分割视频。选取分割后左侧的视频文件，点击“删除”按钮，删除视频。

27 选中视频素材，在底部工具栏中，执行“变速 > 常规变速”命令。

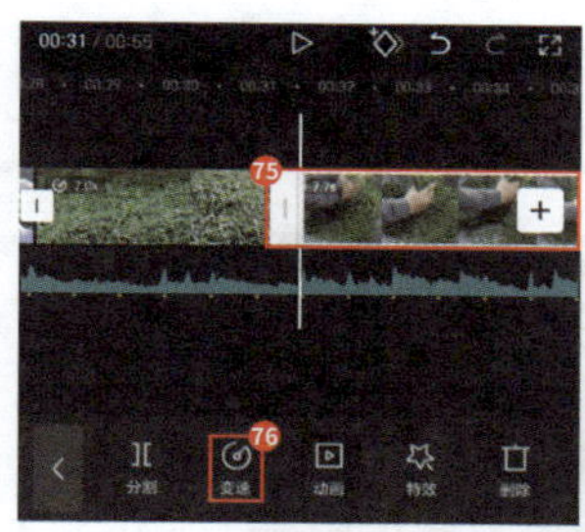

28 在弹出的选项菜单中向右滑动圆形滑块到“2.3×”，调整视频速度。点击“√”按钮，确认操作。

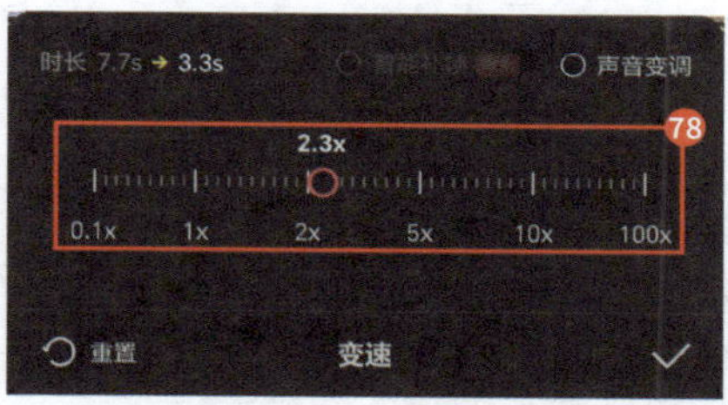

29 选中视频素材，在预览区域放大图像。在底部工具栏中，执行“变速 > 常规变速”命令。

30 在弹出的选项菜单中向右滑动圆形滑块到“2.0×”，调整视频速度。点击“√”按钮，确认操作。

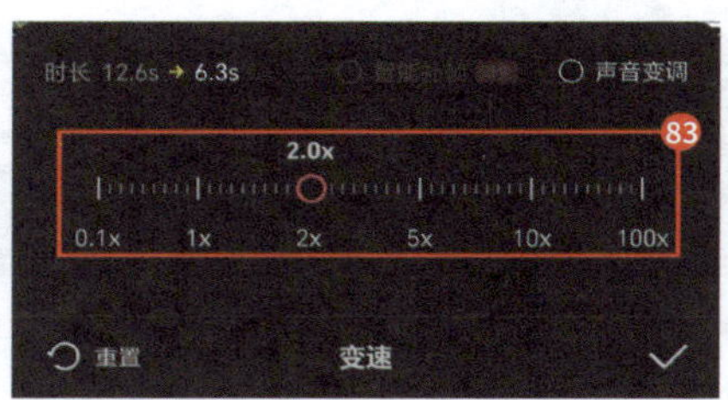

31 拖曳时间轴上的白色滑竿到00:34处，点击两段视频连接处的方形图标，进入“转场”选项界面，选择“运镜”分类下的“推近”转场。

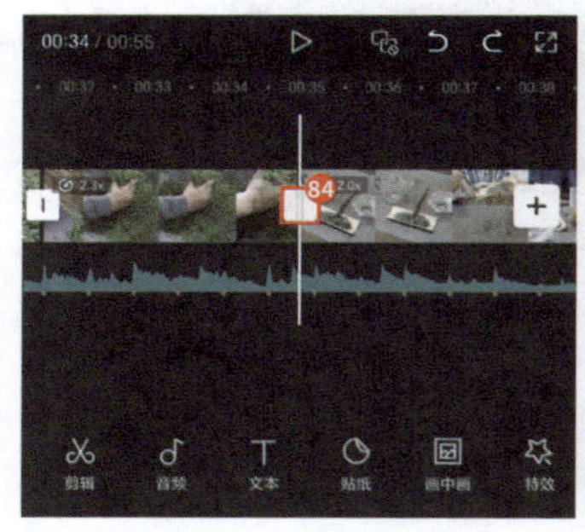

32 向上滑动到“运镜”分类的顶部，点击“全局应用”，将“推近”转场应用到每一处转场。点击“√”按钮，确认操作。

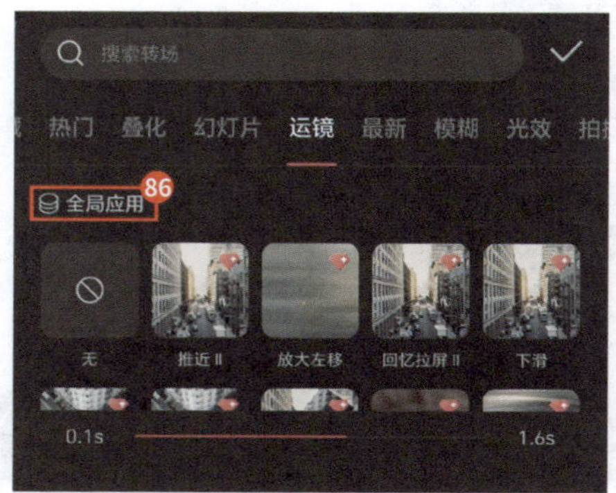

33 拖曳时间轴上的白色滑竿到 00:06 处，点击两段视频连接处的方形图标，进入“转场”选项界面，选择“模糊”分类下的“模糊”转场。点击“√”按钮，确认操作。

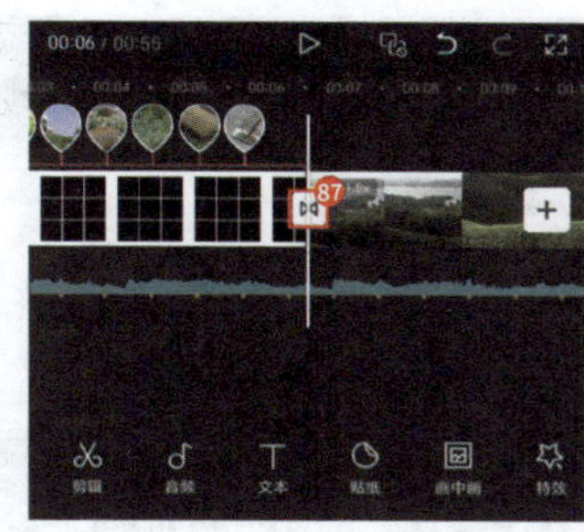

34 拖曳时间轴上的白色滑竿到 00:41 处，点击“分割”按钮，分割音乐。选取分割后右侧的音乐文件，点击“删除”按钮，删除音乐。

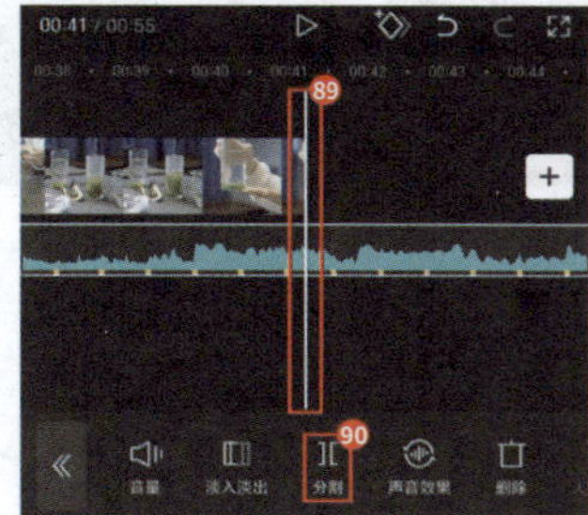

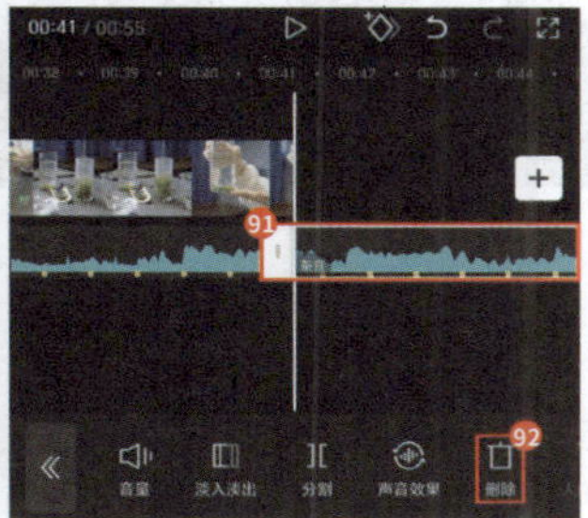

35 选中音乐文件，点击“淡入淡出”按钮，弹出“淡入淡出”参数设置选项，调整“淡出时长”为“2 s”。点击“√”按钮，确认操作。

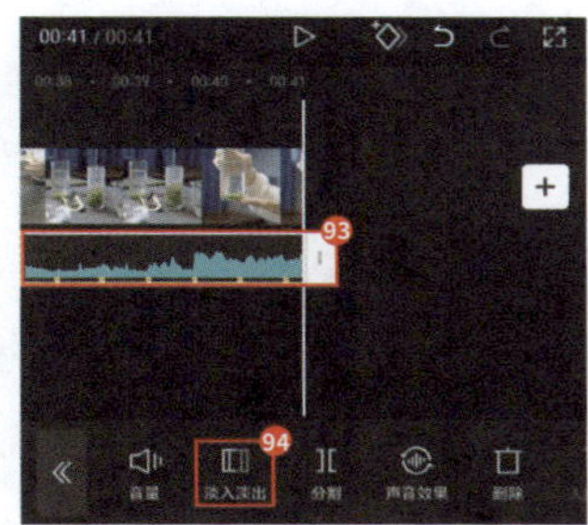

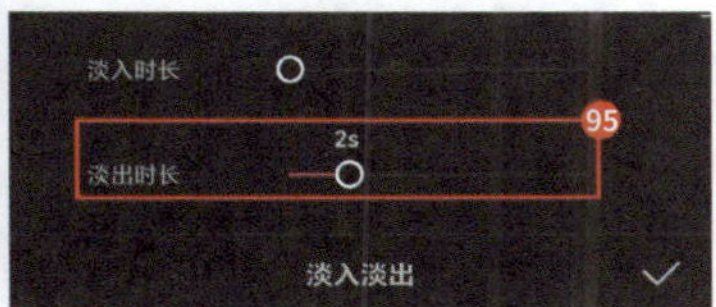

36 预览完成后的文件。点击界面上方的“1080P”，弹出导出选项设置界面。点击“导出”按钮，进入导出界面。导出完成后，点击“完成”按钮。动态朋友圈制作完成。